T&P BOOKS

GREGO

VOCABULÁRIO

PALAVRAS MAIS ÚTEIS

PORTUGUÊS GREGO

Para alargar o seu léxico e apurar as suas competências linguísticas

9000 palavras

Vocabulário Português-Grego - 9000 palavras

Por Andrey Taranov

Os vocabulários da T&P Books destinam-se a ajudar a aprender, a memorizar, e a rever palavras estrangeiras. O dicionário é dividido em temas, cobrindo todas as principais esferas de atividades quotidianas, negócios, ciência, cultura, etc.

O processo de aprendizagem, utilizando os dicionários baseados em temáticas da T&P Books dá-lhe as seguintes vantagens:

- Informação de origem corretamente agrupada predetermina o sucesso em fases subsequentes da memorização de palavras
- Disponibilização de palavras derivadas da mesma raiz, o que permite a memorização de unidades de texto (em vez de palavras separadas)
- Pequenas unidades de palavras facilitam o processo de estabelecimento de vínculos associativos necessários para a consolidação do vocabulário
- O nível de conhecimento da língua pode ser estimado pelo número de palavras aprendidas

T&P Books Publishing
www.tpbooks.com

ISBN: 978-1-78400-849-9

Este livro também está disponível em formato E-book.
Por favor visite www.tpbooks.com ou as principais livrarias on-line.

VOCABULÁRIO GREGO
palavras mais úteis

Os vocabulários da T&P Books destinam-se a ajudar a aprender, a memorizar, e a rever palavras estrangeiras. O vocabulário contém mais de 9000 palavras de uso comum organizadas tematicamente.

O vocabulário contém as palavras mais comummente usadas
Recomendado como adicional para qualquer curso de línguas
Satisfaz as necessidades dos iniciados e dos alunos avançados de línguas estrangeiras
Conveniente para o uso diário, sessões de revisão e atividades de auto-teste
Permite avaliar o seu vocabulário

Características especias do vocabulário

- As palavras estão organizadas de acordo com o seu significado, e não por ordem alfabética
- As palavras são apresentadas em três colunas para facilitar os processos de revisão e auto-teste
- As palavras compostas são divididas em pequenos blocos para facilitar o processo de aprendizagem
- O vocabulário oferece uma transcrição simples e adequada de cada palavra estrangeira

O vocabulário contém 256 tópicos incluindo:

Conceitos básicos, Números, Cores, Meses, Estações do ano, Unidades de medida, Roupas & Acessórios, Alimentos & Nutrição, Restaurante, Membros da Família, Parentes, Caráter, Sentimentos, Emoções, Doenças, Cidade, Passeios, Compras, Dinheiro, Casa, Lar, Escritório, Trabalho no Escritório, Importação & Exportação, Marketing, Pesquisa de Emprego, Desportos, Educação, Computador, Internet, Ferramentas, Natureza, Países, Nacionalidades e muito mais ...

TABELA DE CONTEÚDOS

GUIA DE PRONUNCIAÇÃO

Alfabeto fonético T&P	Exemplo Grego	Exemplo Português
[a]	**αγαπάω** [aɣapáo]	chamar
[e]	**έπαινος** [épenos]	metal
[i]	**φυσικός** [fisikós]	sinónimo
[o]	**οθόνη** [oθóni]	lobo
[u]	**βουτάω** [vutáo]	bonita
[b]	**καμπάνα** [kabána]	barril
[d]	**ντετέκτιβ** [detéktiv]	dentista
[f]	**ράμφος** [rámfos]	safári
[g]	**γκολφ** [golʲf]	gosto
[ɣ]	**γραβάτα** [ɣraváta]	agora
[j]	**μπάιτ** [bájt]	géiser
[j̥]	**Αίγυπτος** [éj̥iptos]	géiser
[k]	**ακόντιο** [akóndio]	kiwi
[lʲ]	**αλάτι** [alʲáti]	barulho
[m]	**μάγος** [máɣos]	magnólia
[n]	**ασανσέρ** [asansér]	natureza
[p]	**βλέπω** [vlépo]	presente
[r]	**ρόμβος** [rómvos]	riscar
[s]	**σαλάτα** [salʲáta]	sanita
[ð]	**πόδι** [póði]	[z] - fricativa dental sonora não-sibilante
[θ]	**λάθος** [lʲáθos]	[s] - fricativa dental surda não-sibilante
[t]	**κινητό** [kinitó]	tulipa
[ʧ]	**check-in** [ʧek-in]	Tchau!
[v]	**βραχιόλι** [vraxióli]	fava
[x]	**νύχτα** [níxta]	fricativa uvular surda
[w]	**ουίσκι** [wíski]	página web
[z]	**κουζίνα** [kuzína]	sésamo
[']	**έξι** [éksi]	acento principal

ABREVIATURAS
usadas no vocabulário

Abreviaturas do Português

adj	-	adjetivo
adv	-	advérbio
anim.	-	animado
conj.	-	conjunção
desp.	-	desporto
etc.	-	etecetra
ex.	-	por exemplo
f	-	nome feminino
f pl	-	feminino plural
fem.	-	feminino
inanim.	-	inanimado
m	-	nome masculino
m pl	-	masculino plural
m, f	-	masculino, feminino
masc.	-	masculino
mat.	-	matemática
mil.	-	militar
pl	-	plural
prep.	-	preposição
pron.	-	pronome
sb.	-	sobre
sing.	-	singular
v aux	-	verbo auxiliar
vi	-	verbo intransitivo
vi, vt	-	verbo intransitivo, transitivo
vr	-	verbo reflexivo
vt	-	verbo transitivo

Abreviaturas do Grego

αρ.	-	nome masculino
αρ.πλ.	-	masculino plural
αρ./θηλ.	-	masculino, feminino
θηλ.	-	nome feminino
θηλ.πλ.	-	feminino plural
ουδ.	-	neutro
ουδ.πλ.	-	neutro plural
πλ.	-	plural

CONCEITOS BÁSICOS

Conceitos básicos. Parte 1

1. Pronomes

eu	**εγώ**	[eɣó]
tu	**εσύ**	[esí]
ele	**αυτός**	[aftós]
ela	**αυτή**	[aftí]
ele, ela (neutro)	**αυτό**	[aftó]
nós	**εμείς**	[emís]
vocês	**εσείς**	[esís]

2. Cumprimentos. Saudações. Despedidas

Olá!	**Γεια σου!**	[ja su]
Bom dia! (formal)	**Γεια σας!**	[ja sas]
Bom dia! (de manhã)	**Καλημέρα!**	[kaliméra]
Boa tarde!	**Καλό απόγευμα!**	[kalʲó apójevma]
Boa noite!	**Καλησπέρα!**	[kalispéra]
cumprimentar (vt)	**χαιρετώ**	[xeretó]
Olá!	**Γεια!**	[ja]
saudação (f)	**χαιρετισμός** (αρ.)	[xeretizmós]
saudar (vt)	**χαιρετώ**	[xeretó]
O que há de novo?	**Τι νέα;**	[ti néa]
Até breve!	**Τα λέμε σύντομα!**	[ta léme síndoma]
Adeus! (sing.)	**Αντίο!**	[adío]
Adeus! (pl)	**Αντίο σας!**	[adío sas]
despedir-se (vr)	**αποχαιρετώ**	[apoxeretó]
Até logo!	**Γεια!**	[ja]
Obrigado! -a!	**Ευχαριστώ!**	[efxaristó]
Muito obrigado! -a!	**Ευχαριστώ πολύ!**	[efxaristó polí]
De nada	**Παρακαλώ**	[parakalʲó]
Não tem de quê	**Δεν είναι τίποτα**	[ðen íne típota]
De nada	**Τίποτα**	[típota]
Desculpa!	**Με συγχωρείς!**	[me sinxorís]
Desculpe!	**Με συγχωρείτε!**	[me sinxoríte]
desculpar (vt)	**συγχωρώ**	[sinxoró]
desculpar-se (vr)	**ζητώ συγγνώμη**	[zitó siɣnómi]
As minhas desculpas	**Συγγνώμη**	[siɣnómi]

Desculpe!	**Με συγχωρείτε!**	[me sinxoríte]
perdoar (vt)	**συγχωρώ**	[sinxoró]
por favor	**παρακαλώ**	[parakalʲó]
Não se esqueça!	**Μην ξεχάσετε!**	[min ksexásete]
Certamente! Claro!	**Βεβαίως! Φυσικά!**	[vevéos], [fisiká]
Claro que não!	**Όχι βέβαια!**	[óxi vévea]
Está bem! De acordo!	**Συμφωνώ!**	[simfonó]
Basta!	**Αρκετά!**	[arketá]

3. Como se dirigir a alguém

senhor	**Κύριε**	[kírie]
senhora	**Κυρία**	[kiría]
rapariga	**Δεσποινίς**	[ðespinís]
rapaz	**Νεαρέ**	[nearé]
menino	**Αγόρι**	[aɣóri]
menina	**δεσποινίς**	[ðespinís]

4. Números cardinais. Parte 1

zero	**μηδέν**	[miðén]
um	**ένα**	[éna]
dois	**δύο**	[ðío]
três	**τρία**	[tría]
quatro	**τέσσερα**	[tésera]
cinco	**πέντε**	[pénde]
seis	**έξι**	[éksi]
sete	**εφτά**	[eftá]
oito	**οχτώ**	[oxtó]
nove	**εννέα**	[enéa]
dez	**δέκα**	[ðéka]
onze	**ένδεκα**	[énðeka]
doze	**δώδεκα**	[ðóðeka]
treze	**δεκατρία**	[ðekatría]
catorze	**δεκατέσσερα**	[ðekatésera]
quinze	**δεκαπέντε**	[ðekapénde]
dezasseis	**δεκαέξι**	[ðekaéksi]
dezassete	**δεκαεφτά**	[ðekaeftá]
dezoito	**δεκαοχτώ**	[ðekaoxtó]
dezanove	**δεκαεννέα**	[ðekaenéa]
vinte	**είκοσι**	[íkosi]
vinte e um	**είκοσι ένα**	[íkosi éna]
vinte e dois	**είκοσι δύο**	[ikosi ðío]
vinte e três	**είκοσι τρία**	[ikosi tría]
trinta	**τριάντα**	[triánda]
trinta e um	**τριάντα ένα**	[triánda éna]

trinta e dois	**τριάντα δύο**	[triánda ðío]
trinta e três	**τριάντα τρία**	[triánda tría]
quarenta	**σαράντα**	[saránda]
quarenta e um	**σαράντα ένα**	[saránda éna]
quarenta e dois	**σαράντα δύο**	[saránda ðío]
quarenta e três	**σαράντα τρία**	[saránda tría]
cinquenta	**πενήντα**	[penínda]
cinquenta e um	**πενήντα ένα**	[penínda éna]
cinquenta e dois	**πενήντα δύο**	[penínda ðío]
cinquenta e três	**πενήντα τρία**	[penínda tría]
sessenta	**εξήντα**	[eksínda]
sessenta e um	**εξήντα ένα**	[eksínda éna]
sessenta e dois	**εξήντα δύο**	[eksínda ðío]
sessenta e três	**εξήντα τρία**	[eksínda tría]
setenta	**εβδομήντα**	[evðomínda]
setenta e um	**εβδομήντα ένα**	[evðomínda éna]
setenta e dois	**εβδομήντα δύο**	[evðomínda ðío]
setenta e três	**εβδομήντα τρία**	[evðomínda tría]
oitenta	**ογδόντα**	[oɣðónda]
oitenta e um	**ογδόντα ένα**	[oɣðónda éna]
oitenta e dois	**ογδόντα δύο**	[oɣðónda ðío]
oitenta e três	**ογδόντα τρία**	[oɣðónda tría]
noventa	**ενενήντα**	[enenínda]
noventa e um	**ενενήντα ένα**	[enenínda éna]
noventa e dois	**ενενήντα δύο**	[enenínda ðío]
noventa e três	**ενενήντα τρία**	[enenínda tría]

5. Números cardinais. Parte 2

cem	**εκατό**	[ekató]
duzentos	**διακόσια**	[ðiakósia]
trezentos	**τριακόσια**	[triakósia]
quatrocentos	**τετρακόσια**	[tetrakósia]
quinhentos	**πεντακόσια**	[pendakósia]
seiscentos	**εξακόσια**	[eksakósia]
setecentos	**εφτακόσια**	[eftakósia]
oitocentos	**οχτακόσια**	[oxtakósia]
novecentos	**εννιακόσια**	[eniakósia]
mil	**χίλια**	[xília]
dois mil	**δύο χιλιάδες**	[ðío xiliáðes]
De quem são ...?	**τρεις χιλιάδες**	[tris xiliáðes]
dez mil	**δέκα χιλιάδες**	[ðéka xiliáðes]
cem mil	**εκατό χιλιάδες**	[ekató xiliáðes]
um milhão	**εκατομμύριο** (ουδ.)	[ekatomírio]
mil milhões	**δισεκατομμύριο** (ουδ.)	[ðisekatomírio]

6. Números ordinais

primeiro	**πρώτος**	[prótos]
segundo	**δεύτερος**	[ðéfteros]
terceiro	**τρίτος**	[trítos]
quarto	**τέταρτος**	[tétartos]
quinto	**πέμπτος**	[pémptos]
sexto	**έκτος**	[éktos]
sétimo	**έβδομος**	[évðomos]
oitavo	**όγδοος**	[óɣðoos]
nono	**ένατος**	[énatos]
décimo	**δέκατος**	[ðékatos]

7. Números. Frações

fração (f)	**κλάσμα** (ουδ.)	[klʲázma]
um meio	**ένα δεύτερο**	[éna ðéftero]
um terço	**ένα τρίτο**	[éna tríto]
um quarto	**ένα τέταρτο**	[éna tétarto]
um oitavo	**ένα όγδοο**	[éna óɣðoo]
um décimo	**ένα δέκατο**	[éna ðékato]
dois terços	**δύο τρίτα**	[ðío tríta]
três quartos	**τρία τέταρτα**	[tría tétarta]

8. Números. Operações básicas

subtração (f)	**αφαίρεση** (θηλ.)	[aféresi]
subtrair (vi, vt)	**αφαιρώ**	[aferó]
divisão (f)	**διαίρεση** (θηλ.)	[ðiéresi]
dividir (vt)	**διαιρώ**	[ðieró]
adição (f)	**πρόσθεση** (θηλ.)	[prósθesi]
somar (vt)	**αθροίζω**	[aθrízo]
adicionar (vt)	**προσθέτω**	[prosθéto]
multiplicação (f)	**πολλαπλασιασμός** (αρ.)	[polʲaplʲasiazmós]
multiplicar (vt)	**πολλαπλασιάζω**	[polʲaplʲasiázo]

9. Números. Diversos

algarismo, dígito (m)	**ψηφίο** (ουδ.)	[psifío]
número (m)	**αριθμός** (αρ.)	[ariθmós]
numeral (m)	**αριθμητικό** (ουδ.)	[ariθmitikó]
menos (m)	**μείον** (ουδ.)	[míon]
mais (m)	**συν** (ουδ.)	[sin]
fórmula (f)	**τύπος** (αρ.)	[típos]
cálculo (m)	**υπολογισμός** (αρ.)	[ipolʲojizmós]
contar (vt)	**μετράω**	[metráo]

calcular (vt)	**υπολογίζω**	[ipolʲojízo]
comparar (vt)	**συγκρίνω**	[singríno]
Quanto?	**Πόσο;**	[póso]
Quantos? -as?	**Πόσα;**	[pósa]
soma (f)	**ποσό** (ουδ.)	[posó]
resultado (m)	**αποτέλεσμα** (ουδ.)	[apotélezma]
resto (m)	**υπόλοιπο** (ουδ.)	[ipólipo]
alguns, algumas ...	**μερικοί**	[merikí]
um pouco de ...	**λίγο**	[líɣo]
resto (m)	**υπόλοιπο** (ουδ.)	[ipólipo]
um e meio	**ενάμισι** (ουδ.)	[enámisi]
dúzia (f)	**δωδεκάδα** (θηλ.)	[ðoðekáða]
ao meio	**στα δύο**	[sta ðío]
em partes iguais	**ισομερώς**	[isomerós]
metade (f)	**μισό** (ουδ.)	[misó]
vez (f)	**φορά** (θηλ.)	[forá]

10. Os verbos mais importantes. Parte 1

abrir (vt)	**ανοίγω**	[aníɣo]
acabar, terminar (vt)	**τελειώνω**	[telióno]
aconselhar (vt)	**συμβουλεύω**	[simvulévo]
adivinhar (vt)	**μαντεύω**	[mandévo]
advertir (vt)	**προειδοποιώ**	[proiðopió]
ajudar (vt)	**βοηθώ**	[voiθó]
almoçar (vi)	**τρώω μεσημεριανό**	[tróo mesimerianó]
alugar (~ um apartamento)	**νοικιάζω**	[nikiázo]
ameaçar (vt)	**απειλώ**	[apilʲó]
anotar (escrever)	**σημειώνω**	[simióno]
apanhar (vt)	**πιάνω**	[piáno]
apressar-se (vr)	**βιάζομαι**	[viázome]
arrepender-se (vr)	**λυπάμαι**	[lipáme]
assinar (vt)	**υπογράφω**	[ipoɣráfo]
atirar, disparar (vi)	**πυροβολώ**	[pirovolʲó]
brincar (vi)	**αστειεύομαι**	[astiévome]
brincar, jogar (crianças)	**παίζω**	[pézo]
buscar (vt)	**ψάχνω**	[psáxno]
caçar (vi)	**κυνηγώ**	[kiniɣó]
cair (vi)	**πέφτω**	[péfto]
cavar (vt)	**σκάβω**	[skávo]
cessar (vt)	**σταματώ**	[stamató]
chamar (~ por socorro)	**καλώ**	[kalʲó]
chegar (vi)	**έρχομαι**	[érxome]
chorar (vi)	**κλαίω**	[kléo]
começar (vt)	**αρχίζω**	[arxízo]
comparar (vt)	**συγκρίνω**	[singríno]

compreender (vt)	**καταλαβαίνω**	[katalʲavéno]
concordar (vi)	**συμφωνώ**	[simfonó]
confiar (vt)	**εμπιστεύομαι**	[embistévome]
confundir (equivocar-se)	**μπερδεύω**	[berðévo]
conhecer (vt)	**γνωρίζω**	[ɣnorízo]
contar (fazer contas)	**υπολογίζω**	[ipolʲoʝízo]
contar com (esperar)	**υπολογίζω σε ...**	[ipolʲoʝízo se]
continuar (vt)	**συνεχίζω**	[sinexízo]
controlar (vt)	**ελέγχω**	[elénxo]
convidar (vt)	**προσκαλώ**	[proskalʲó]
correr (vi)	**τρέχω**	[tréxo]
criar (vt)	**δημιουργώ**	[ðimiurɣó]
custar (vt)	**κοστίζω**	[kostízo]

11. Os verbos mais importantes. Parte 2

dar (vt)	**δίνω**	[ðíno]
dar uma dica	**υπαινίσσομαι**	[ipenísome]
decorar (enfeitar)	**στολίζω**	[stolízo]
defender (vt)	**υπερασπίζω**	[iperaspízo]
deixar cair (vt)	**ρίχνω**	[ríxno]
descer (para baixo)	**κατεβαίνω**	[katevéno]
desculpar-se (vr)	**ζητώ συγνώμη**	[zitó siɣnómi]
dirigir (~ uma empresa)	**διευθύνω**	[ðiefθíno]
discutir (notícias, etc.)	**συζητώ**	[sizitó]
dizer (vt)	**λέω**	[léo]
duvidar (vt)	**αμφιβάλλω**	[amfiválʲo]
encontrar (achar)	**βρίσκω**	[vrísko]
enganar (vt)	**εξαπατώ**	[eksapató]
entrar (na sala, etc.)	**μπαίνω**	[béno]
enviar (uma carta)	**στέλνω**	[stélʲno]
errar (equivocar-se)	**κάνω λάθος**	[káno lʲáθos]
escolher (vt)	**επιλέγω**	[epiléɣo]
esconder (vt)	**κρύβω**	[krívo]
escrever (vt)	**γράφω**	[ɣráfo]
esperar (o autocarro, etc.)	**περιμένω**	[periméno]
esperar (ter esperança)	**ελπίζω**	[elʲpízo]
esquecer (vt)	**ξεχνάω**	[ksexnáo]
estudar (vt)	**μελετάω**	[meletáo]
exigir (vt)	**απαιτώ**	[apetó]
existir (vi)	**υπάρχω**	[ipárxo]
explicar (vt)	**εξηγώ**	[eksiɣó]
falar (vi)	**μιλάω**	[milʲáo]
faltar (clases, etc.)	**απουσιάζω**	[apusiázo]
fazer (vt)	**κάνω**	[káno]
ficar em silêncio	**σιωπώ**	[siopó]
gabar-se, jactar-se (vr)	**καυχιέμαι**	[kafxiéme]
gostar (apreciar)	**μου αρέσει**	[mu arési]

gritar (vi)	**φωνάζω**	[fonázo]
guardar (cartas, etc.)	**διατηρώ**	[ðiatiró]
informar (vt)	**πληροφορώ**	[pliroforó]
insistir (vi)	**επιμένω**	[epiméno]
insultar (vt)	**προσβάλλω**	[prozválʲo]
interessar-se (vr)	**ενδιαφέρομαι**	[enðiaférome]
ir (a pé)	**πηγαίνω**	[pijéno]
ir nadar	**κάνω μπάνιο**	[káno bánio]
jantar (vi)	**τρώω βραδινό**	[tróo vraðinó]

12. Os verbos mais importantes. Parte 3

ler (vt)	**διαβάζω**	[ðiavázo]
libertar (cidade, etc.)	**απελευθερώνω**	[apelefθeróno]
matar (vt)	**σκοτώνω**	[skotóno]
mencionar (vt)	**αναφέρω**	[anaféro]
mostrar (vt)	**δείχνω**	[ðíxno]
mudar (modificar)	**αλλάζω**	[alʲázo]
nadar (vi)	**κολυμπώ**	[kolibó]
negar-se a ...	**αρνούμαι**	[arnúme]
objetar (vt)	**αντιλέγω**	[andiléɣo]
observar (vt)	**παρατηρώ**	[paratiró]
ordenar (mil.)	**διατάζω**	[ðiatázo]
ouvir (vt)	**ακούω**	[akúo]
pagar (vt)	**πληρώνω**	[pliróno]
parar (vi)	**σταματάω**	[stamatáo]
participar (vi)	**συμμετέχω**	[simetéxo]
pedir (comida)	**παραγγέλνω**	[parangélʲno]
pedir (um favor, etc.)	**ζητώ**	[zitó]
pegar (tomar)	**παίρνω**	[pérno]
pensar (vt)	**σκέφτομαι**	[skéftome]
perceber (ver)	**παρατηρώ**	[paratiró]
perdoar (vt)	**συγχωρώ**	[sinxoró]
perguntar (vt)	**ρωτάω**	[rotáo]
permitir (vt)	**επιτρέπω**	[epitrépo]
pertencer a ...	**ανήκω σε ...**	[aníko se]
planear (vt)	**σχεδιάζω**	[sxeðiázo]
poder (vi)	**μπορώ**	[boró]
possuir (vt)	**κατέχω**	[katéxo]
preferir (vt)	**προτιμώ**	[protimó]
preparar (vt)	**μαγειρεύω**	[majirévo]
prever (vt)	**προβλέπω**	[provlépo]
prometer (vt)	**υπόσχομαι**	[ipósxome]
pronunciar (vt)	**προφέρω**	[proféro]
propor (vt)	**προτείνω**	[protíno]
punir (castigar)	**τιμωρώ**	[timoró]

13. Os verbos mais importantes. Parte 4

quebrar (vt)	**σπάω**	[spáo]
queixar-se (vr)	**παραπονιέμαι**	[paraponiéme]
querer (desejar)	**θέλω**	[θélʲo]
recomendar (vt)	**προτείνω**	[protíno]
repetir (dizer outra vez)	**επαναλαμβάνω**	[epanalʲamváno]
repreender (vt)	**μαλώνω**	[malʲóno]
reservar (~ um quarto)	**κλείνω**	[klíno]
responder (vt)	**απαντώ**	[apandó]
rezar, orar (vi)	**προσεύχομαι**	[proséfxome]
rir (vi)	**γελάω**	[ʝelʲáo]
roubar (vt)	**κλέβω**	[klévo]
saber (vt)	**ξέρω**	[kséro]
sair (~ de casa)	**βγαίνω**	[vʝéno]
salvar (vt)	**σώζω**	[sózo]
seguir ...	**ακολουθώ**	[akolʲuθó]
sentar-se (vr)	**κάθομαι**	[káθome]
ser necessário	**χρειάζομαι**	[xriázome]
ser, estar	**είμαι**	[íme]
significar (vt)	**σημαίνω**	[siméno]
sorrir (vi)	**χαμογελάω**	[xamoʝelʲáo]
subestimar (vt)	**υποτιμώ**	[ipotimó]
surpreender-se (vr)	**εκπλήσσομαι**	[ekplísome]
tentar (vt)	**προσπαθώ**	[prospaθó]
ter (vt)	**έχω**	[éxo]
ter fome	**πεινάω**	[pináo]
ter medo	**φοβάμαι**	[fováme]
ter sede	**διψάω**	[ðipsáo]
tocar (com as mãos)	**αγγίζω**	[angízo]
tomar o pequeno-almoço	**παίρνω πρωινό**	[pérno proinó]
trabalhar (vi)	**δουλεύω**	[ðulévo]
traduzir (vt)	**μεταφράζω**	[metafrázo]
unir (vt)	**ενώνω**	[enóno]
vender (vt)	**πουλώ**	[pulʲó]
ver (vt)	**βλέπω**	[vlépo]
virar (ex. ~ à direita)	**στρίβω**	[strívo]
voar (vi)	**πετάω**	[petáo]

14. Cores

cor (f)	**χρώμα** (ουδ.)	[xróma]
matiz (m)	**απόχρωση** (θηλ.)	[apóxrosi]
tom (m)	**τόνος** (αρ.)	[tónos]
arco-íris (m)	**ουράνιο τόξο** (ουδ.)	[uránio tókso]
branco	**λευκός, άσπρος**	[lefkós], [áspros]

preto	**μαύρος**	[mávros]
cinzento	**γκρίζος**	[grízos]
verde	**πράσινος**	[prásinos]
amarelo	**κίτρινος**	[kítrinos]
vermelho	**κόκκινος**	[kókinos]
azul	**μπλε**	[ble]
azul claro	**γαλανός**	[ɣalʲanós]
rosa	**ροζ**	[roz]
laranja	**πορτοκαλί**	[portokalí]
violeta	**βιολετί**	[violetí]
castanho	**καφετής**	[kafetís]
dourado	**χρυσός**	[xrisós]
prateado	**αργυρόχροος**	[arɣiróxroos]
bege	**μπεζ**	[bez]
creme	**κρεμ**	[krem]
turquesa	**τιρκουάζ, τουρκουάζ**	[tirkuáz], [turkuáz]
vermelho cereja	**βυσσινής**	[visinís]
lilás	**λιλά, λουλακής**	[lilʲá], [lʲulʲakís]
carmesim	**βαθυκόκκινος**	[vaθikókinos]
claro	**ανοιχτός**	[anixtós]
escuro	**σκούρος**	[skúros]
vivo	**έντονος**	[édonos]
de cor	**έγχρωμος**	[énxromos]
a cores	**έγχρωμος**	[énxromos]
preto e branco	**ασπρόμαυρος**	[asprómavros]
unicolor	**μονόχρωμος**	[monóxromos]
multicor	**πολύχρωμος**	[políxromos]

15. Questões

Quem?	**Ποιος;**	[pios]
Que?	**Τι;**	[ti]
Onde?	**Πού;**	[pú]
Para onde?	**Πού;**	[pú]
De onde?	**Από πού;**	[apó pú]
Quando?	**Πότε;**	[póte]
Para quê?	**Γιατί;**	[ʝatí]
Porquê?	**Γιατί;**	[ʝatí]
Para quê?	**Γιατί;**	[ʝatí]
Como?	**Πώς;**	[pos]
Qual?	**Ποιος;**	[pios]
Qual? (entre dois ou mais)	**Ποιος;**	[pios]
A quem?	**Σε ποιον;**	[se pion]
Sobre quem?	**Για ποιον;**	[ʝa pion]
Do quê?	**Για ποιο;**	[ʝa pio]
Com quem?	**Με ποιον;**	[me pion]

Quantos? -as?	**Πόσα;**	[pósa]
Quanto?	**Πόσο;**	[póso]
De quem? (masc.)	**Ποιανού;**	[pianú]

16. Preposições

com (prep.)	**με**	[me]
sem (prep.)	**χωρίς**	[xorís]
a, para (exprime lugar)	**σε**	[se]
sobre (ex. falar ~)	**για**	[ja]
antes de ...	**πριν**	[prin]
diante de ...	**μπροστά**	[brostá]
sob (debaixo de)	**κάτω από**	[káto apó]
sobre (em cima de)	**πάνω από**	[páno apó]
sobre (~ a mesa)	**σε**	[se]
de (vir ~ Lisboa)	**από**	[apó]
de (feito ~ pedra)	**από**	[apó]
dentro de (~ dez minutos)	**σε ...**	[se ...]
por cima de ...	**πάνω από**	[páno apó]

17. Palavras funcionais. Advérbios. Parte 1

Onde?	**Πού;**	[pú]
aqui	**εδώ**	[eðó]
lá, ali	**εκεί**	[ekí]
em algum lugar	**κάπου**	[kápu]
em lugar nenhum	**πουθενά**	[puθená]
ao pé de ...	**δίπλα**	[ðíplʲa]
ao pé da janela	**δίπλα στο παράθυρο**	[ðíplʲa sto paráθiro]
Para onde?	**Πού;**	[pú]
para cá	**εδώ**	[eðó]
para lá	**εκεί**	[ekí]
daqui	**αποδώ**	[apoðó]
de lá, dali	**αποκεί**	[apokí]
perto	**κοντά**	[kondá]
longe	**μακριά**	[makriá]
perto de ...	**κοντά σε**	[kondá se]
ao lado de	**κοντά**	[kondá]
perto, não fica longe	**κοντά**	[kondá]
esquerdo	**αριστερός**	[aristerós]
à esquerda	**στα αριστερά**	[sta aristerá]
para esquerda	**αριστερά**	[aristerá]
direito	**δεξιός**	[ðeksiós]
à direita	**στα δεξιά**	[sta ðeksiá]

para direita	**δεξιά**	[ðeksiá]
à frente	**μπροστά**	[brostá]
da frente	**μπροστινός**	[brostinós]
em frente (para a frente)	**μπροστά**	[brostá]
atrás de ...	**πίσω**	[píso]
por detrás (vir ~)	**από πίσω**	[apó píso]
para trás	**πίσω**	[píso]
meio (m), metade (f)	**μέση** (θηλ.)	[mési]
no meio	**στη μέση**	[sti mési]
de lado	**από το πλάι**	[apó to plʲáj]
em todo lugar	**παντού**	[pandú]
ao redor (olhar ~)	**γύρω**	[ʝíro]
de dentro	**από μέσα**	[apó mésa]
para algum lugar	**κάπου**	[kápu]
diretamente	**κατ'ευθείαν**	[katefθían]
de volta	**πίσω**	[píso]
de algum lugar	**από οπουδήποτε**	[apó opuðípote]
de um lugar	**από κάπου**	[apó kápu]
em primeiro lugar	**πρώτον**	[próton]
em segundo lugar	**δεύτερον**	[ðéfteron]
em terceiro lugar	**τρίτον**	[tríton]
de repente	**ξαφνικά**	[ksafniká]
no início	**στην αρχή**	[stin arxí]
pela primeira vez	**πρώτη φορά**	[próti forá]
muito antes de ...	**πολύ πριν από ...**	[polí prin apó]
de novo, novamente	**εκ νέου**	[ek néu]
para sempre	**για πάντα**	[ʝa pánda]
nunca	**ποτέ**	[poté]
de novo	**πάλι**	[páli]
agora	**τώρα**	[tóra]
frequentemente	**συχνά**	[sixná]
então	**τότε**	[tóte]
urgentemente	**επειγόντως**	[epiɣóndos]
usualmente	**συνήθως**	[siníθos]
a propósito, ...	**παρεμπιπτόντως, ...**	[parembiptóndos]
é possível	**πιθανόν**	[piθanón]
provavelmente	**πιθανόν**	[piθanón]
talvez	**ίσως**	[ísos]
além disso, ...	**εξάλλου ...**	[eksálʲu]
por isso ...	**συνεπώς**	[sinepós]
apesar de ...	**παρόλο που ...**	[parólʲo pu]
graças a ...	**χάρη σε ...**	[xári se]
que (pron.)	**τι**	[ti]
que (conj.)	**ότι**	[óti]
algo	**κάτι**	[káti]
alguma coisa	**οτιδήποτε**	[otiðípote]

nada	**τίποτα**	[típota]
quem	**ποιος**	[pios]
alguém (~ teve uma ideia ...)	**κάποιος**	[kápios]
alguém	**κάποιος**	[kápios]
ninguém	**κανένας**	[kanénas]
para lugar nenhum	**πουθενά**	[puθená]
de ninguém	**κανενός**	[kanenós]
de alguém	**κάποιου**	[kápiu]
tão	**έτσι**	[étsi]
também (gostaria ~ de ...)	**επίσης**	[epísis]
também (~ eu)	**επίσης**	[epísis]

18. Palavras funcionais. Advérbios. Parte 2

Porquê?	**Γιατί;**	[ʝatí]
por alguma razão	**για κάποιο λόγο**	[ʝa kápio lʲóɣo]
porque ...	**διότι ...**	[ðióti]
por qualquer razão	**για κάποιο λόγο**	[ʝa kápio lʲóɣo]
e (tu ~ eu)	**και**	[ke]
ou (ser ~ não ser)	**ή**	[i]
mas (porém)	**μα**	[ma]
para (~ a minha mãe)	**για**	[ʝa]
demasiado, muito	**πάρα**	[pára]
só, somente	**μόνο**	[móno]
exatamente	**ακριβώς**	[akrivós]
cerca de (~ 10 kg)	**περίπου**	[perípu]
aproximadamente	**κατά προσέγγιση**	[katá proséngisi]
aproximado	**προσεγγιστικός**	[prosengistikós]
quase	**σχεδόν**	[sxeðón]
resto (m)	**υπόλοιπο** (ουδ.)	[ipólipo]
cada	**κάθε**	[káθe]
qualquer	**οποιοσδήποτε**	[opiozðípote]
muitas pessoas	**πολλοί**	[polí]
todos	**όλοι**	[óli]
em troca de ...	**... σε αντάλλαγμα**	[se andálʲaɣma]
em troca	**σε αντάλλαγμα**	[se andálʲaɣma]
à mão	**με το χέρι**	[me to xéri]
pouco provável	**δύσκολα**	[ðískolʲa]
provavelmente	**πιθανόν**	[piθanón]
de propósito	**επίτηδες**	[epítiðes]
por acidente	**κατά λάθος**	[katá lʲáθos]
muito	**πολύ**	[polí]
por exemplo	**για παράδειγμα**	[ʝa paráðiɣma]
entre	**μεταξύ**	[metaksí]
entre (no meio de)	**ανάμεσα**	[anámesa]

tanto	**τόσο πολύ**	[tóso polí]
especialmente	**ιδιαίτερα**	[iðiétera]

Conceitos básicos. Parte 2

19. Opostos

rico	**πλούσιος**	[plʲúsios]
pobre	**φτωχός**	[ftoxós]
doente	**άρρωστος**	[árostos]
são	**υγιής**	[ʝiís]
grande	**μεγάλος**	[meɣálʲos]
pequeno	**μικρός**	[mikrós]
rapidamente	**γρήγορα**	[ɣríɣora]
lentamente	**αργά**	[arɣá]
rápido	**γρήγορος**	[ɣríɣoros]
lento	**αργός**	[arɣós]
alegre	**χαρούμενος**	[xarúmenos]
triste	**στεναχωρημένος**	[stenaxoriménos]
juntos	**μαζί**	[mazí]
separadamente	**χώρια**	[xória]
em voz alta (ler ~)	**φωναχτά**	[fonaxtá]
para si (em silêncio)	**από μέσα**	[apó mésa]
alto	**ψηλός**	[psilʲós]
baixo	**χαμηλός**	[xamilós]
profundo	**βαθύς**	[vaθís]
pouco fundo	**ρηχός**	[rixós]
sim	**ναι**	[ne]
não	**όχι**	[óxi]
distante (no espaço)	**μακρινός**	[makrinós]
próximo	**κοντινός**	[kondinós]
longe	**μακριά**	[makriá]
perto	**κοντά**	[kondá]
longo	**μακρύς**	[makrís]
curto	**κοντός**	[kondós]
bom, bondoso	**καλός**	[kalʲós]
mau	**κακός**	[kakós]
casado	**παντρεμένος**	[pandreménos]

solteiro	**ανύπαντρος**	[anípandros]
proibir (vt)	**απαγορεύω**	[apaɣorévo]
permitir (vt)	**επιτρέπω**	[epitrépo]
fim (m)	**τέλος** (ουδ.)	[télʲos]
começo (m)	**αρχή** (θηλ.)	[arxí]
esquerdo	**αριστερός**	[aristerós]
direito	**δεξιός**	[ðeksiós]
primeiro	**πρώτος**	[prótos]
último	**τελευταίος**	[teleftéos]
crime (m)	**έγκλημα** (ουδ.)	[énglima]
castigo (m)	**τιμωρία** (θηλ.)	[timoría]
ordenar (vt)	**διατάζω**	[ðiatázo]
obedecer (vt)	**υπακούω**	[ipakúo]
reto	**ευθύς**	[efθís]
curvo	**στραβός**	[stravós]
paraíso (m)	**παράδεισος** (αρ.)	[paráðisos]
inferno (m)	**κόλαση** (θηλ.)	[kólʲasi]
nascer (vi)	**γεννιέμαι**	[ʝeniéme]
morrer (vi)	**πεθαίνω**	[peθéno]
forte	**δυνατός**	[ðinatós]
fraco, débil	**αδύναμος**	[aðínamos]
idoso	**γέρος**	[ʝéros]
jovem	**νέος**	[néos]
velho	**παλιός**	[paliós]
novo	**καινούριος**	[kenúrios]
duro	**σκληρός**	[sklirós]
mole	**μαλακός**	[malʲakós]
tépido	**ζεστός**	[zestós]
frio	**κρύος**	[kríos]
gordo	**χοντρός**	[xondrós]
magro	**αδύνατος**	[aðínatos]
estreito	**στενός**	[stenós]
largo	**φαρδύς**	[farðís]
bom	**καλός**	[kalʲós]
mau	**κακός**	[kakós]
valente	**θαρραλέος**	[θaraléos]
cobarde	**δειλός**	[ðilʲós]

20. Dias da semana

segunda-feira (f)	**Δευτέρα** (θηλ.)	[ðeftéra]
terça-feira (f)	**Τρίτη** (θηλ.)	[tríti]
quarta-feira (f)	**Τετάρτη** (θηλ.)	[tetárti]
quinta-feira (f)	**Πέμπτη** (θηλ.)	[pémpti]
sexta-feira (f)	**Παρασκευή** (θηλ.)	[paraskeví]
sábado (m)	**Σάββατο** (ουδ.)	[sávato]
domingo (m)	**Κυριακή** (θηλ.)	[kiriakí]
hoje	**σήμερα**	[símera]
amanhã	**αύριο**	[ávrio]
depois de amanhã	**μεθαύριο**	[meθávrio]
ontem	**χθες, χτες**	[xθes], [xtes]
anteontem	**προχτές**	[proxtés]
dia (m)	**μέρα, ημέρα** (θηλ.)	[méra], [iméra]
dia (m) de trabalho	**εργάσιμη μέρα** (θηλ.)	[erɣásimi méra]
feriado (m)	**αργία** (θηλ.)	[arʝía]
dia (m) de folga	**ρεπό** (ουδ.)	[repó]
fim (m) de semana	**σαββατοκύριακο** (ουδ.)	[savatokíriako]
o dia todo	**όλη μέρα**	[óli méra]
no dia seguinte	**την επόμενη μέρα**	[tinepómeni méra]
há dois dias	**δύο μέρες πριν**	[ðío méres prin]
na véspera	**την παραμονή**	[tin paramoní]
diário	**καθημερινός**	[kaθimerinós]
todos os dias	**καθημερινά**	[kaθimeriná]
semana (f)	**εβδομάδα** (θηλ.)	[evðomáða]
na semana passada	**την προηγούμενη εβδομάδα**	[tin proiɣúmeni evðomáda]
na próxima semana	**την επόμενη εβδομάδα**	[tin epómeni evðomáda]
semanal	**εβδομαδιαίος**	[evðomaðiéos]
cada semana	**εβδομαδιαία**	[evðomaðiéa]
duas vezes por semana	**δύο φορές την εβδομάδα**	[dío forés tinevðomáda]
cada terça-feira	**κάθε Τρίτη**	[káθe tríti]

21. Horas. Dia e noite

manhã (f)	**πρωί** (ουδ.)	[proí]
de manhã	**το πρωί**	[to proí]
meio-dia (m)	**μεσημέρι**	[mesiméri]
à tarde	**το απόγευμα**	[to apóʝevma]
noite (f)	**βράδυ** (ουδ.)	[vráði]
à noite (noitinha)	**το βράδυ**	[to vráði]
noite (f)	**νύχτα** (θηλ.)	[níxta]
à noite	**τη νύχτα**	[ti níxta]
meia-noite (f)	**μεσάνυχτα** (ουδ.πλ.)	[mesánixta]
segundo (m)	**δευτερόλεπτο** (ουδ.)	[ðefterólepto]
minuto (m)	**λεπτό** (ουδ.)	[leptó]

hora (f)	**ώρα** (θηλ.)	[óra]
meia hora (f)	**μισή ώρα** (θηλ.)	[misí óra]
quarto (m) de hora	**τέταρτο** (ουδ.)	[tétarto]
quinze minutos	**δεκαπέντε λεπτά**	[ðekapénde leptá]
vinte e quatro horas	**εικοσιτετράωρο** (ουδ.)	[ikositetráoro]
nascer (m) do sol	**ανατολή** (θηλ.)	[anatolí]
amanhecer (m)	**ξημέρωμα** (ουδ.)	[ksiméroma]
madrugada (f)	**νωρίς το πρωί** (ουδ.)	[norís to proí]
pôr do sol (m)	**ηλιοβασίλεμα** (ουδ.)	[iliovasílema]
de madrugada	**νωρίς το πρωί**	[norís to proí]
hoje de manhã	**σήμερα το πρωί**	[símera to proí]
amanhã de manhã	**αύριο το πρωί**	[ávrio to proí]
hoje à tarde	**σήμερα το απόγευμα**	[símera to apójevma]
à tarde	**το απόγευμα**	[to apójevma]
amanhã à tarde	**αύριο το απόγευμα**	[ávrio to apójevma]
hoje à noite	**απόψε**	[apópse]
amanhã à noite	**αύριο το βράδυ**	[ávrio to vráði]
às três horas em ponto	**στις τρεις ακριβώς**	[stis tris akrivós]
por volta das quatro	**στις τέσσερις περίπου**	[stis téseris perípu]
às doze	**μέχρι τις δώδεκα**	[méxri tis ðóðeka]
dentro de vinte minutos	**σε είκοσι λεπτά**	[se íkosi leptá]
dentro duma hora	**σε μια ώρα**	[se mia óra]
a tempo	**έγκαιρα**	[éngera]
menos um quarto	**παρά τέταρτο**	[pará tétarto]
durante uma hora	**μέσα σε μια ώρα**	[mésa se mia óra]
a cada quinze minutos	**κάθε δεκαπέντε λεπτά**	[káθe ðekapénde leptá]
as vinte e quatro horas	**όλο το εικοσιτετράωρο**	[ólo to ikositetráoro]

22. Meses. Estações

janeiro (m)	**Ιανουάριος** (αρ.)	[januários]
fevereiro (m)	**Φεβρουάριος** (αρ.)	[fevruários]
março (m)	**Μάρτιος** (αρ.)	[mártios]
abril (m)	**Απρίλιος** (αρ.)	[aprílios]
maio (m)	**Μάιος** (αρ.)	[májos]
junho (m)	**Ιούνιος** (αρ.)	[iúnios]
julho (m)	**Ιούλιος** (αρ.)	[iúlios]
agosto (m)	**Αύγουστος** (αρ.)	[ávɣustos]
setembro (m)	**Σεπτέμβριος** (αρ.)	[septémvrios]
outubro (m)	**Οκτώβριος** (αρ.)	[októvrios]
novembro (m)	**Νοέμβριος** (αρ.)	[noémvrios]
dezembro (m)	**Δεκέμβριος** (αρ.)	[ðekémvrios]
primavera (f)	**άνοιξη** (θηλ.)	[ániksi]
na primavera	**την άνοιξη**	[tin ániksi]
primaveril	**ανοιξιάτικος**	[aniksiátikos]

verão (m)	**καλοκαίρι** (ουδ.)	[kalʲokéri]
no verão	**το καλοκαίρι**	[to kalʲokéri]
de verão	**καλοκαιρινός**	[kalʲokerinós]
outono (m)	**φθινόπωρο** (ουδ.)	[fθinóporo]
no outono	**το φθινόπωρο**	[to fθinóporo]
outonal	**φθινοπωρινός**	[fθinoporinós]
inverno (m)	**χειμώνας** (αρ.)	[ximónas]
no inverno	**το χειμώνα**	[to ximóna]
de inverno	**χειμωνιάτικος**	[ximoniátikos]
mês (m)	**μήνας** (αρ.)	[mínas]
este mês	**αυτόν το μήνα**	[aftón to mína]
no próximo mês	**τον επόμενο μήνα**	[ton epómeno mína]
no mês passado	**τον προηγούμενο μήνα**	[ton proiɣúmeno mína]
há um mês	**ένα μήνα πριν**	[éna mína prin]
dentro de um mês	**σε ένα μήνα**	[se éna mína]
dentro de dois meses	**σε δύο μήνες**	[se ðío mínes]
todo o mês	**ολόκληρος μήνας**	[olʲókliros mínas]
um mês inteiro	**ολόκληρος ο μήνας**	[olʲókliros o mínas]
mensal	**μηνιαίος**	[miniéos]
mensalmente	**μηνιαία**	[miniéa]
cada mês	**κάθε μήνα**	[káθe mína]
duas vezes por mês	**δύο φορές το μήνα**	[ðío forés tomína]
ano (m)	**χρόνος** (αρ.)	[xrónos]
este ano	**φέτος**	[fétos]
no próximo ano	**του χρόνου**	[tu xrónu]
no ano passado	**πέρσι**	[pérsi]
há um ano	**ένα χρόνο πριν**	[éna xróno prin]
dentro dum ano	**σε ένα χρόνο**	[se éna xróno]
dentro de 2 anos	**σε δύο χρόνια**	[se ðío xrónia]
todo o ano	**ολόκληρος χρόνος**	[olʲókliros oxrónos]
um ano inteiro	**ολόκληρος ο χρόνος**	[olʲókliros o xrónos]
cada ano	**κάθε χρόνο**	[káθe xróno]
anual	**ετήσιος**	[etísios]
anualmente	**ετήσια**	[etísia]
quatro vezes por ano	**τέσσερις φορές το χρόνο**	[teseris forés toxróno]
data (~ de hoje)	**ημερομηνία** (θηλ.)	[imerominía]
data (ex. ~ de nascimento)	**ημερομηνία** (θηλ.)	[imerominía]
calendário (m)	**ημερολόγιο** (ουδ.)	[imerolʲóʝo]
meio ano	**μισός χρόνος**	[misós xrónos]
seis meses	**εξάμηνο** (ουδ.)	[eksámino]
estação (f)	**εποχή** (θηλ.)	[epoxí]
século (m)	**αιώνας** (αρ.)	[eónas]

23. Tempo. Diversos

tempo (m)	**χρόνος** (αρ.)	[xrónos]
momento (m)	**στιγμή** (θηλ.)	[stiɣmí]
instante (m)	**στιγμή** (θηλ.)	[stiɣmí]
instantâneo	**στιγμιαίος**	[stiɣmiéos]
lapso (m) de tempo	**διάστημα** (ουδ.)	[ðiástima]
vida (f)	**ζωή** (θηλ.)	[zoí]
eternidade (f)	**αιωνιότητα** (θηλ.)	[eoniótita]
época (f)	**εποχή** (θηλ.)	[epoxí]
era (f)	**εποχή** (θηλ.)	[epoxí]
ciclo (m)	**κύκλος** (αρ.)	[kíklʲos]
período (m)	**περίοδος** (θηλ.)	[períoðos]
prazo (m)	**περίοδος** (θηλ.)	[períoðos]
futuro (m)	**μέλλον** (ουδ.)	[mélʲon]
futuro	**μελλοντικός**	[melʲondikós]
da próxima vez	**την επόμενη φορά**	[tin epómeni forá]
passado (m)	**παρελθόν** (ουδ.)	[parelʲθón]
passado	**παρελθοντικός**	[parelʲθondikós]
na vez passada	**την προηγούμενη φορά**	[tin proiɣúmeni forá]
mais tarde	**αργότερα**	[arɣótera]
depois	**μετά**	[metá]
atualmente	**σήμερα**	[símera]
agora	**τώρα**	[tóra]
imediatamente	**αμέσως**	[amésos]
em breve, brevemente	**σύντομα**	[síndoma]
de antemão	**προκαταβολικά**	[prokatavoliká]
há muito tempo	**παλιά**	[paliá]
há pouco tempo	**πρόσφατα**	[prósfata]
destino (m)	**μοίρα** (θηλ.)	[míra]
recordações (f pl)	**θύμησες** (θηλ.πλ.)	[θímises]
arquivo (m)	**αρχείο** (ουδ.)	[arxío]
durante ...	**κατά τη διάρκεια ...**	[katá ti ðiárkia]
durante muito tempo	**πολλή ώρα**	[polí óra]
pouco tempo	**λίγο καιρό**	[líɣo keró]
cedo (levantar-se ~)	**νωρίς**	[norís]
tarde (deitar-se ~)	**αργά**	[arɣá]
para sempre	**για πάντα**	[ja pánda]
começar (vt)	**αρχίζω**	[arxízo]
adiar (vt)	**αναβάλλω**	[anaválʲo]
simultaneamente	**ταυτόχρονα**	[taftóxrona]
permanentemente	**μόνιμα**	[mónima]
constante (ruído, etc.)	**αδιάκοπος**	[aðiákopos]
temporário	**προσωρινός**	[prosorinós]
às vezes	**μερικές φορές**	[merikés forés]
raramente	**σπάνια**	[spánia]
frequentemente	**συχνά**	[sixná]

24. Linhas e formas

quadrado (m)	**τετράγωνο** (ουδ.)	[tetráɣono]
quadrado	**τετράγωνος**	[tetráɣonos]
círculo (m)	**κύκλος** (αρ.)	[kíklʲos]
redondo	**κυκλικός**	[kiklikós]
triângulo (m)	**τρίγωνο** (ουδ.)	[tríɣono]
triangular	**τρίγωνος**	[tríɣonos]
oval (f)	**οβάλ** (ουδ.)	[ovalʲ]
oval	**οβάλ, ωοειδής**	[ovalʲ], [ooiðís]
retângulo (m)	**ορθογώνιο** (ουδ.)	[orθoɣóno]
retangular	**ορθογώνιος**	[orθoɣónios]
pirâmide (f)	**πυραμίδα** (θηλ.)	[piramíða]
rombo, losango (m)	**ρόμβος** (αρ.)	[rómvos]
trapézio (m)	**τραπέζιο** (ουδ.)	[trapézio]
cubo (m)	**κύβος** (αρ.)	[kívos]
prisma (m)	**πρίσμα** (ουδ.)	[prízma]
circunferência (f)	**περιφέρεια** (θηλ.)	[periféria]
esfera (f)	**σφαίρα** (θηλ.)	[sféra]
globo (m)	**μπάλα** (θηλ.)	[bálʲa]
diâmetro (m)	**διάμετρος** (θηλ.)	[ðiámetros]
raio (m)	**ακτίνα** (θηλ.)	[aktína]
perímetro (m)	**περίμετρος** (θηλ.)	[perímetros]
centro (m)	**κέντρο** (ουδ.)	[kéndro]
horizontal	**οριζόντιος**	[orizóndios]
vertical	**κάθετος**	[káθetos]
paralela (f)	**παράλληλη γραμμή** (θηλ.)	[parálili gramí]
paralelo	**παράλληλος**	[paráliʲos]
linha (f)	**γραμμή** (θηλ.)	[ɣramí]
traço (m)	**γραμμή** (θηλ.)	[ɣramí]
reta (f)	**ευθεία** (θηλ.)	[efθía]
curva (f)	**καμπύλη** (θηλ.)	[kabíli]
fino (linha ~a)	**λεπτός**	[leptós]
contorno (m)	**περίγραμμα** (ουδ.)	[períɣrama]
interseção (f)	**τομή** (θηλ.)	[tomí]
ângulo (m) reto	**ορθή γωνία** (θηλ.)	[orθí ɣonía]
segmento (m)	**τμήμα** (ουδ.)	[tmíma]
setor (m)	**τομέας** (αρ.)	[toméas]
lado (de um triângulo, etc.)	**πλευρά** (θηλ.)	[plevrá]
ângulo (m)	**γωνία** (θηλ.)	[ɣonía]

25. Unidades de medida

peso (m)	**βάρος** (ουδ.)	[város]
comprimento (m)	**μάκρος** (ουδ.)	[mákros]
largura (f)	**πλάτος** (ουδ.)	[plʲátos]
altura (f)	**ύψος** (ουδ.)	[ípsos]

profundidade (f)	**βάθος** (ουδ.)	[váθos]
volume (m)	**όγκος** (αρ.)	[óngos]
área (f)	**εμβαδόν** (ουδ.)	[emvaðón]
grama (m)	**γραμμάριο** (ουδ.)	[ɣramário]
miligrama (m)	**χιλιοστόγραμμο** (ουδ.)	[xiliostóɣramo]
quilograma (m)	**κιλό** (ουδ.)	[kiĺó]
tonelada (f)	**τόνος** (αρ.)	[tónos]
libra (453,6 gramas)	**λίβρα** (θηλ.)	[lívra]
onça (f)	**ουγγιά** (θηλ.)	[ungiá]
metro (m)	**μέτρο** (ουδ.)	[métro]
milímetro (m)	**χιλιοστό** (ουδ.)	[xiliostó]
centímetro (m)	**εκατοστό** (ουδ.)	[ekatostó]
quilómetro (m)	**χιλιόμετρο** (ουδ.)	[xiliómetro]
milha (f)	**μίλι** (ουδ.)	[míli]
polegada (f)	**ίντσα** (θηλ.)	[íntsa]
pé (304,74 mm)	**πόδι** (ουδ.)	[póði]
jarda (914,383 mm)	**γιάρδα** (θηλ.)	[ʝárða]
metro (m) quadrado	**τετραγωνικό μέτρο** (ουδ.)	[tetraɣonikó métro]
hectare (m)	**εκτάριο** (ουδ.)	[ektário]
litro (m)	**λίτρο** (ουδ.)	[lítro]
grau (m)	**βαθμός** (αρ.)	[vaθmós]
volt (m)	**βολτ** (ουδ.)	[voĺt]
ampere (m)	**αμπέρ** (ουδ.)	[ambér]
cavalo-vapor (m)	**ιπποδύναμη** (θηλ.)	[ipoðínami]
quantidade (f)	**ποσότητα** (θηλ.)	[posótita]
um pouco de ...	**λίγος ...**	[líɣos]
metade (f)	**μισό** (ουδ.)	[misó]
dúzia (f)	**δωδεκάδα** (θηλ.)	[ðoðekáða]
peça (f)	**τεμάχιο** (ουδ.)	[temáxio]
dimensão (f)	**μέγεθος** (ουδ.)	[méʝeθos]
escala (f)	**κλίμακα** (θηλ.)	[klímaka]
mínimo	**ελάχιστος**	[eĺáxistos]
menor, mais pequeno	**μικρότερος**	[mikróteros]
médio	**μεσαίος**	[meséos]
máximo	**μέγιστος**	[méʝistos]
maior, mais grande	**μεγαλύτερος**	[meɣalíteros]

26. Recipientes

boião (m) de vidro	**βάζο** (ουδ.)	[vázo]
lata (~ de cerveja)	**κουτί** (ουδ.)	[kutí]
balde (m)	**κουβάς** (αρ.)	[kuvás]
barril (m)	**βαρέλι** (ουδ.)	[varéli]
bacia (~ de plástico)	**λεκάνη** (θηλ.)	[lekáni]
tanque (m)	**δεξαμενή** (θηλ.)	[ðeksamení]

cantil (m) de bolso	**φλασκί** (ουδ.)	[flʲaskí]
bidão (m) de gasolina	**κάνιστρο** (ουδ.)	[kánistro]
cisterna (f)	**δεξαμενή** (θηλ.)	[ðeksamení]
caneca (f)	**κούπα** (θηλ.)	[kúpa]
chávena (f)	**φλιτζάνι** (ουδ.)	[flidzáni]
pires (m)	**πιατάκι** (ουδ.)	[piatáki]
copo (m)	**ποτήρι** (ουδ.)	[potíri]
taça (f) de vinho	**κρασοπότηρο** (ουδ.)	[krasopótiro]
panela, caçarola (f)	**κατσαρόλα** (θηλ.)	[katsarólʲa]
garrafa (f)	**μπουκάλι** (ουδ.)	[bukáli]
gargalo (m)	**λαιμός** (αρ.)	[lemós]
jarro, garrafa (f)	**καράφα** (θηλ.)	[karáfa]
jarro (m) de barro	**κανάτα** (θηλ.)	[kanáta]
recipiente (m)	**δοχείο** (ουδ.)	[ðoxío]
pote (m)	**πήλινο** (ουδ.)	[pílino]
vaso (m)	**βάζο** (ουδ.)	[vázo]
frasco (~ de perfume)	**μπουκαλάκι** (ουδ.)	[bukalʲáki]
frasquinho (ex. ~ de iodo)	**φιαλίδιο** (ουδ.)	[fialíðio]
tubo (~ de pasta dentífrica)	**σωληνάριο** (ουδ.)	[solinário]
saca (ex. ~ de açúcar)	**σακί, τσουβάλι** (ουδ.)	[sakí], [tsuváli]
saco (~ de plástico)	**σακούλα** (θηλ.)	[sakúlʲa]
maço (m)	**πακέτο** (ουδ.)	[pakéto]
caixa (~ de sapatos, etc.)	**κουτί** (ουδ.)	[kutí]
caixa (~ de madeira)	**κιβώτιο** (ουδ.)	[kivótio]
cesta (f)	**καλάθι** (ουδ.)	[kalʲáθi]

27. Materiais

material (m)	**υλικό** (ουδ.)	[ilikó]
madeira (f)	**ξύλο** (ουδ.)	[ksílʲo]
de madeira	**ξύλινος**	[ksílinos]
vidro (m)	**γυαλί** (ουδ.)	[jalí]
de vidro	**γυάλινος**	[jálinos]
pedra (f)	**πέτρα** (θηλ.)	[pétra]
de pedra	**πέτρινος**	[pétrinos]
plástico (m)	**πλαστικό** (ουδ.)	[plʲastikó]
de plástico	**πλαστικός**	[plʲastikós]
borracha (f)	**λάστιχο** (ουδ.)	[lʲástixo]
de borracha	**λαστιχένιος**	[lʲastixénios]
tecido, pano (m)	**ύφασμα** (ουδ.)	[ífazma]
de tecido	**από ύφασμα**	[apó ífazma]
papel (m)	**χαρτί** (ουδ.)	[xartí]
de papel	**χάρτινος**	[xártinos]

cartão (m)	**χαρτόνι** (ουδ.)	[xartóni]
de cartão	**χαρτονένιος**	[xartonénios]
polietileno (m)	**πολυαιθυλένιο** (ουδ.)	[polieθilénio]
celofane (m)	**σελοφάν** (ουδ.)	[selʲofán]
contraplacado (m)	**κοντραπλακέ** (ουδ.)	[kondraplʲaké]
porcelana (f)	**πορσελάνη** (θηλ.)	[porselʲáni]
de porcelana	**πορσελάνινος**	[porselʲáninos]
barro (f)	**πηλός** (αρ.)	[pilʲós]
de barro	**πήλινος**	[pílinos]
cerâmica (f)	**κεραμική** (θηλ.)	[keramikí]
de cerâmica	**κεραμικός**	[keramikós]

28. Metais

metal (m)	**μέταλλο** (ουδ.)	[métalʲo]
metálico	**μεταλλικός**	[metalikós]
liga (f)	**κράμα** (ουδ.)	[kráma]
ouro (m)	**χρυσάφι** (ουδ.)	[xrisáfi]
de ouro	**χρυσός**	[xrisós]
prata (f)	**ασήμι** (ουδ.)	[asími]
de prata	**ασημένιος**	[asiménios]
ferro (m)	**σίδηρος** (αρ.)	[síðiros]
de ferro	**σιδερένιος**	[siðerénios]
aço (m)	**ατσάλι** (ουδ.)	[atsáli]
de aço	**ατσάλινος**	[atsálinos]
cobre (m)	**χαλκός** (αρ.)	[xalʲkós]
de cobre	**χάλκινος**	[xálʲkinos]
alumínio (m)	**αλουμίνιο** (ουδ.)	[alʲumínio]
de alumínio	**αλουμινένιος**	[alʲuminénios]
bronze (m)	**μπρούντζος** (αρ.)	[brúndzos]
de bronze	**μπρούντζινος**	[brúndzinos]
latão (m)	**ορείχαλκος** (αρ.)	[oríxalʲkos]
níquel (m)	**νικέλιο** (ουδ.)	[nikélio]
platina (f)	**πλατίνα** (θηλ.)	[plʲatína]
mercúrio (m)	**υδράργυρος** (αρ.)	[iðrárjiros]
estanho (m)	**κασσίτερος** (αρ.)	[kasíteros]
chumbo (m)	**μόλυβδος** (αρ.)	[mólivðos]
zinco (m)	**ψευδάργυρος** (αρ.)	[psevðárjiros]

O SER HUMANO

O ser humano. O corpo

29. Humanos. Conceitos básicos

ser (m) humano	**άνθρωπος** (αρ.)	[ánθropos]
homem (m)	**άντρας, άνδρας** (αρ.)	[ándras], [ánðras]
mulher (f)	**γυναίκα** (θηλ.)	[jinéka]
criança (f)	**παιδί** (ουδ.)	[peðí]
menina (f)	**κοριτσάκι** (ουδ.)	[koritsáki]
menino (m)	**αγόρι** (ουδ.)	[aɣóri]
adolescente (m)	**έφηβος** (αρ.)	[éfivos]
velho (m)	**γέρος** (αρ.)	[jéros]
velha, anciã (f)	**γριά** (ουδ.)	[ɣriá]

30. Anatomia humana

organismo (m)	**οργανισμός** (αρ.)	[orɣanizmós]
coração (m)	**καρδιά** (θηλ.)	[karðiá]
sangue (m)	**αίμα** (ουδ.)	[éma]
artéria (f)	**αρτηρία** (θηλ.)	[artiría]
veia (f)	**φλέβα** (θηλ.)	[fléva]
cérebro (m)	**εγκέφαλος** (αρ.)	[engéfalʲos]
nervo (m)	**νεύρο** (ουδ.)	[névro]
nervos (m pl)	**νεύρα** (ουδ.πλ.)	[névra]
vértebra (f)	**σπόνδυλος** (αρ.)	[spónðilʲos]
coluna (f) vertebral	**σπονδυλική στήλη** (θηλ.)	[sponðilikí stíli]
estômago (m)	**στομάχι** (ουδ.)	[stomáxi]
intestinos (m pl)	**σπλάχνα** (ουδ.πλ.)	[splʲáxna]
intestino (m)	**έντερο** (ουδ.)	[éndero]
fígado (m)	**ήπαρ** (ουδ.)	[ípar]
rim (m)	**νεφρό** (ουδ.)	[nefró]
osso (m)	**οστό** (ουδ.)	[ostó]
esqueleto (m)	**σκελετός** (αρ.)	[skeletós]
costela (f)	**πλευρό** (ουδ.)	[plevró]
crânio (m)	**κρανίο** (ουδ.)	[kraníο]
músculo (m)	**μυς** (αρ.)	[mis]
bíceps (m)	**δικέφαλος** (αρ.)	[ðikéfalʲos]
tríceps (m)	**τρικέφαλος** (αρ.)	[trikéfalʲos]
tendão (m)	**τένοντας** (αρ.)	[ténondas]
articulação (f)	**άρθρωση** (θηλ.)	[árθrosi]

pulmões (m pl)	**πνεύμονες** (αρ.πλ.)	[pnévmones]
órgãos (m pl) genitais	**γεννητικά όργανα** (ουδ.πλ.)	[jenitiká órɣana]
pele (f)	**δέρμα** (ουδ.)	[ðérma]

31. Cabeça

cabeça (f)	**κεφάλι** (ουδ.)	[kefáli]
cara (f)	**πρόσωπο** (ουδ.)	[prósopo]
nariz (m)	**μύτη** (θηλ.)	[míti]
boca (f)	**στόμα** (ουδ.)	[stóma]
olho (m)	**μάτι** (ουδ.)	[máti]
olhos (m pl)	**μάτια** (ουδ.πλ.)	[mátia]
pupila (f)	**κόρη** (θηλ.)	[kóri]
sobrancelha (f)	**φρύδι** (ουδ.)	[fríði]
pestana (f)	**βλεφαρίδα** (θηλ.)	[vlefaríða]
pálpebra (f)	**βλέφαρο** (ουδ.)	[vléfaro]
língua (f)	**γλώσσα** (θηλ.)	[ɣlʲósa]
dente (m)	**δόντι** (ουδ.)	[ðóndi]
lábios (m pl)	**χείλη** (ουδ.πλ.)	[xíli]
maçãs (f pl) do rosto	**ζυγωματικά** (ουδ.πλ.)	[ziɣomatiká]
gengiva (f)	**ούλο** (ουδ.)	[úlʲo]
palato (m)	**ουρανίσκος** (αρ.)	[uranískos]
narinas (f pl)	**ρουθούνια** (ουδ.πλ.)	[ruθúnia]
queixo (m)	**πηγούνι** (ουδ.)	[piɣúni]
mandíbula (f)	**σαγόνι** (ουδ.)	[saɣóni]
bochecha (f)	**μάγουλο** (ουδ.)	[máɣulʲo]
testa (f)	**μέτωπο** (ουδ.)	[métopo]
têmpora (f)	**κρόταφος** (αρ.)	[krótafos]
orelha (f)	**αυτί** (ουδ.)	[aftí]
nuca (f)	**πίσω μέρος του κεφαλιού** (ουδ.)	[píso méros tu kefaliú]
pescoço (m)	**αυχένας , σβέρκος** (αρ.)	[afxénas], [svérkos]
garganta (f)	**λαιμός** (αρ.)	[lemós]
cabelos (m pl)	**μαλλιά** (ουδ.πλ.)	[maliá]
penteado (m)	**χτένισμα** (ουδ.)	[xténizma]
corte (m) de cabelo	**κούρεμα** (ουδ.)	[kúrema]
peruca (f)	**περούκα** (θηλ.)	[perúka]
bigode (m)	**μουστάκι** (ουδ.)	[mustáki]
barba (f)	**μούσι** (ουδ.)	[músi]
usar, ter (~ barba, etc.)	**φορώ**	[foró]
trança (f)	**κοτσίδα** (θηλ.)	[kotsíða]
suíças (f pl)	**φαβορίτες** (θηλ.πλ.)	[favorítes]
ruivo	**κοκκινομάλλης**	[kokinomális]
grisalho	**γκρίζος**	[grízos]
calvo	**φαλακρός**	[falʲakrós]
calva (f)	**φαλάκρα** (θηλ.)	[falʲákra]
rabo-de-cavalo (m)	**αλογοουρά** (θηλ.)	[alʲoɣourá]
franja (f)	**φράντζα** (θηλ.)	[frándza]

32. Corpo humano

mão (f)	**χέρι** (ουδ.)	[xéri]
braço (m)	**χέρι** (ουδ.)	[xéri]
dedo (m)	**δάχτυλο** (ουδ.)	[ðáxtilʲo]
polegar (m)	**αντίχειρας** (αρ.)	[andíxiras]
dedo (m) mindinho	**μικρό δάχτυλο** (ουδ.)	[mikró ðáxtilʲo]
unha (f)	**νύχι** (ουδ.)	[níxi]
punho (m)	**γροθιά** (θηλ.)	[ɣroθxá]
palma (f) da mão	**παλάμη** (θηλ.)	[palʲámi]
pulso (m)	**καρπός** (αρ.)	[karpós]
antebraço (m)	**πήχης** (αρ.)	[píxis]
cotovelo (m)	**αγκώνας** (αρ.)	[angónas]
ombro (m)	**ώμος** (αρ.)	[ómos]
perna (f)	**πόδι** (ουδ.)	[póði]
pé (m)	**πόδι** (ουδ.)	[póði]
joelho (m)	**γόνατο** (ουδ.)	[ɣónato]
barriga (f) da perna	**γάμπα** (θηλ.)	[ɣámba]
anca (f)	**γοφός** (αρ.)	[ɣofós]
calcanhar (m)	**φτέρνα** (θηλ.)	[ftérna]
corpo (m)	**σώμα** (ουδ.)	[sóma]
barriga (f)	**κοιλιά** (θηλ.)	[kiliá]
peito (m)	**στήθος** (ουδ.)	[stíθos]
seio (m)	**στήθος** (ουδ.)	[stíθos]
lado (m)	**λαγόνα** (θηλ.)	[lʲaɣóna]
costas (f pl)	**πλάτη** (θηλ.)	[plʲáti]
região (f) lombar	**οσφυική χώρα** (θηλ.)	[osfikí xóra]
cintura (f)	**οσφύς** (θηλ.)	[osfís]
umbigo (m)	**ομφαλός** (αρ.)	[omfalʲós]
nádegas (f pl)	**οπίσθια** (ουδ.πλ.)	[opísθxa]
traseiro (m)	**πισινός** (αρ.)	[pisinós]
sinal (m)	**ελιά** (θηλ.)	[eliá]
sinal (m) de nascença	**σημάδι εκ γενετής** (ουδ.)	[simáði ek ʝenetís]
tatuagem (f)	**τατουάζ** (ουδ.)	[tatuáz]
cicatriz (f)	**ουλή** (θηλ.)	[ulí]

Vestuário & Acessórios

33. Roupa exterior. Casacos

roupa (f)	**ενδύματα** (ουδ.πλ.)	[enðímata]
roupa (f) exterior	**πανωφόρια** (ουδ.πλ.)	[panofória]
roupa (f) de inverno	**χειμωνιάτικα ρούχα** (ουδ.πλ.)	[ximoniátika rúxa]
sobretudo (m)	**παλτό** (ουδ.)	[palʲtó]
casaco (m) de peles	**γούνα** (θηλ.)	[ɣúna]
casaco curto (m) de peles	**κοντογούνι** (ουδ.)	[kondoɣúni]
casaco (m) acolchoado	**πουπουλένιο μπουφάν** (ουδ.)	[pupulénio bufán]
casaco, blusão (m)	**μπουφάν** (ουδ.)	[bufán]
impermeável (m)	**αδιάβροχο** (ουδ.)	[aðiávroxo]
impermeável	**αδιάβροχος**	[aðiávroxos]

34. Vestuário de homem & mulher

camisa (f)	**πουκάμισο** (ουδ.)	[pukámiso]
calças (f pl)	**παντελόνι** (ουδ.)	[pandelʲóni]
calças (f pl) de ganga	**τζιν** (ουδ.)	[dzin]
casaco (m) de fato	**σακάκι** (ουδ.)	[sakáki]
fato (m)	**κοστούμι** (ουδ.)	[kostúmi]
vestido (ex. ~ vermelho)	**φόρεμα** (ουδ.)	[fórema]
saia (f)	**φούστα** (θηλ.)	[fústa]
blusa (f)	**μπλούζα** (θηλ.)	[blʲúza]
casaco (m) de malha	**ζακέτα** (θηλ.)	[zakéta]
casaco, blazer (m)	**σακάκι** (ουδ.)	[sakáki]
T-shirt, camiseta (f)	**μπλουζάκι** (ουδ.)	[blʲuzáki]
calções (Bermudas, etc.)	**σορτς** (ουδ.)	[sorts]
fato (m) de treino	**αθλητική φόρμα** (θηλ.)	[aθlitikí fórma]
roupão (m) de banho	**μπουρνούζι** (ουδ.)	[burnúzi]
pijama (m)	**πιτζάμα** (θηλ.)	[pidzáma]
suéter (m)	**πουλόβερ** (ουδ.)	[pulʲóver]
pulôver (m)	**πουλόβερ** (ουδ.)	[pulʲóver]
colete (m)	**γιλέκο** (ουδ.)	[jiléko]
fraque (m)	**φράκο** (ουδ.)	[fráko]
smoking (m)	**σμόκιν** (ουδ.)	[smókin]
uniforme (m)	**στολή** (θηλ.)	[stolí]
roupa (f) de trabalho	**τα ρούχα της δουλειάς** (ουδ.πλ.)	[ta rúxa tis ðuliás]
fato-macaco (m)	**φόρμα** (θηλ.)	[fórma]
bata (~ branca, etc.)	**ρόμπα** (θηλ.)	[rómpa]

35. Vestuário. Roupa interior

roupa (f) interior	**εσώρουχα** (ουδ.πλ.)	[esóruxa]
camisola (f) interior	**φανέλα** (θηλ.)	[fanélʲa]
peúgas (f pl)	**κάλτσες** (θηλ.πλ.)	[kálʲtses]
camisa (f) de noite	**νυχτικό** (ουδ.)	[nixtikó]
sutiã (m)	**σουτιέν** (ουδ.)	[sutién]
meias longas (f pl)	**κάλτσες μέχρι το γόνατο** (θηλ.πλ.)	[kálʲtses méxri to ɣónato]
meia-calça (f)	**καλτσόν** (ουδ.)	[kalʲtsón]
meias (f pl)	**κάλτσες** (θηλ.πλ.)	[kálʲtses]
fato (m) de banho	**μαγιό** (ουδ.)	[majió]

36. Adereços de cabeça

chapéu (m)	**καπέλο** (ουδ.)	[kapélʲo]
chapéu (m) de feltro	**καπέλο, φεντόρα** (ουδ.)	[kapélʲo], [fedóra]
boné (m) de beisebol	**καπέλο του μπέιζμπολ** (ουδ.)	[kapélʲo tu béjzbolʲ]
boné (m)	**κασκέτο** (ουδ.)	[kaskéto]
boina (f)	**μπερές** (αρ.)	[berés]
capuz (m)	**κουκούλα** (θηλ.)	[kukúlʲa]
panamá (m)	**παναμάς** (αρ.)	[panamás]
gorro (m) de malha	**πλεκτό καπέλο** (ουδ.)	[plektó kapélʲo]
lenço (m)	**μαντήλι** (ουδ.)	[mandíli]
chapéu (m) de mulher	**γυναικείο καπέλο** (ουδ.)	[jinekío kapélʲo]
capacete (m) de proteção	**κράνος** (ουδ.)	[krános]
bibico (m)	**δίκοχο** (ουδ.)	[ðíkoxo]
capacete (m)	**κράνος** (ουδ.)	[krános]
chapéu-coco (m)	**μπόουλερ** (αρ.)	[bóuler]
chapéu (m) alto	**ψηλό καπέλο** (ουδ.)	[psilʲó kapélʲo]

37. Calçado

calçado (m)	**υποδήματα** (ουδ.πλ.)	[ipoðímata]
botinas (f pl)	**παπούτσια** (ουδ.πλ.)	[papútsia]
sapatos (de salto alto, etc.)	**γόβες** (θηλ.πλ.)	[ɣóves]
botas (f pl)	**μπότες** (θηλ.πλ.)	[bótes]
pantufas (f pl)	**παντόφλες** (θηλ.πλ.)	[pandófles]
ténis (m pl)	**αθλητικά** (ουδ.πλ.)	[aθlitiká]
sapatilhas (f pl)	**αθλητικά παπούτσια** (ουδ.πλ.)	[aθlitiká papútsia]
sandálias (f pl)	**σανδάλια** (ουδ.)	[sanðália]
sapateiro (m)	**τσαγκάρης** (αρ.)	[tsangáris]
salto (m)	**τακούνι** (ουδ.)	[takúni]
par (m)	**ζευγάρι** (ουδ.)	[zevɣári]

atacador (m)	**κορδόνι** (ουδ.)	[korðóni]
apertar os atacadores	**δένω τα κορδόνια**	[ðéno ta korðónia]
calçadeira (f)	**κόκκαλο παπουτσιών** (ουδ.)	[kókal^jo paputsion]
graxa (f) para calçado	**κρέμα παπουτσιών** (θηλ.)	[kréma paputsión]

38. Têxtil. Tecidos

algodão (m)	**βαμβάκι** (ουδ.)	[vamváki]
de algodão	**βαμβακερός**	[vamvakerós]
linho (m)	**λινάρι** (ουδ.)	[linári]
de linho	**λινός**	[linós]
seda (f)	**μετάξι** (ουδ.)	[metáksi]
de seda	**μεταξωτός**	[metaksotós]
lã (f)	**μαλλί** (ουδ.)	[malí]
de lã	**μάλλινος**	[málinos]
veludo (m)	**βελούδο** (ουδ.)	[vel^júðo]
camurça (f)	**καστόρι** (ουδ.)	[kastóri]
bombazina (f)	**κοτλέ** (ουδ.)	[kotlé]
náilon (m)	**νάιλον** (ουδ.)	[nájl^jon]
de náilon	**από νάιλον**	[apó nájl^jon]
poliéster (m)	**πολυεστέρας** (αρ.)	[poliestéras]
de poliéster	**πολυεστερικός**	[poliesterikós]
couro (m)	**δέρμα** (ουδ.)	[ðérma]
de couro	**δερμάτινος**	[ðermátinos]
pele (f)	**γούνα** (θηλ.)	[ɣúna]
de peles, de pele	**γούνινος**	[ɣúninos]

39. Acessórios pessoais

luvas (f pl)	**γάντια** (ουδ.πλ.)	[ɣándia]
cachecol (m)	**κασκόλ** (ουδ.)	[kaskól^j]
óculos (m pl)	**γυαλιά** (ουδ.πλ.)	[jaliá]
armação (f) de óculos	**σκελετός** (αρ.)	[skeletós]
guarda-chuva (m)	**ομπρέλα** (θηλ.)	[ombrél^ja]
bengala (f)	**μπαστούνι** (ουδ.)	[bastúni]
escova (f) para o cabelo	**βούρτσα** (θηλ.)	[vúrtsa]
leque (m)	**βεντάλια** (θηλ.)	[vendália]
gravata (f)	**γραβάτα** (θηλ.)	[ɣraváta]
gravata-borboleta (f)	**παπιγιόν** (ουδ.)	[papijón]
suspensórios (m pl)	**τιράντες** (θηλ.πλ.)	[tirándes]
lenço (m)	**μαντήλι** (ουδ.)	[mandíli]
pente (m)	**χτένα** (θηλ.)	[xténa]
travessão (m)	**φουρκέτα** (θηλ.)	[furkéta]
gancho (m) de cabelo	**φουρκέτα** (θηλ.)	[furkéta]
fivela (f)	**πόρπη** (θηλ.)	[pórpi]

cinto (m)	**ζώνη** (θηλ.)	[zóni]
correia (f)	**λουρί** (αρ.)	[lʲurí]
mala (f)	**τσάντα** (θηλ.)	[tsánda]
mala (f) de senhora	**τσάντα** (θηλ.)	[tsánda]
mochila (f)	**σακίδιο** (ουδ.)	[sakíðio]

40. Vestuário. Diversos

moda (f)	**μόδα** (θηλ.)	[móða]
na moda	**της μόδας**	[tis móðas]
estilista (m)	**σχεδιαστής** (αρ.)	[sxeðiastís]
colarinho (m), gola (f)	**γιακάς** (αρ.)	[jakás]
bolso (m)	**τσέπη** (θηλ.)	[tsépi]
de bolso	**της τσέπης**	[tis tsépis]
manga (f)	**μανίκι** (ουδ.)	[maníki]
alcinha (f)	**θηλιά** (θηλ.)	[θiliá]
braguilha (f)	**φερμουάρ** (ουδ.)	[fermuár]
fecho (m) de correr	**φερμουάρ** (ουδ.)	[fermuár]
fecho (m), colchete (m)	**κούμπωμα** (ουδ.)	[kúmboma]
botão (m)	**κουμπί** (ουδ.)	[kumbí]
casa (f) de botão	**κουμπότρυπα** (θηλ.)	[kumbótripa]
soltar-se (vr)	**βγαίνω**	[vjéno]
coser, costurar (vi)	**ράβω**	[rávo]
bordar (vt)	**κεντώ**	[kendó]
bordado (m)	**κέντημα** (ουδ.)	[kéndima]
agulha (f)	**βελόνα** (θηλ.)	[velʲóna]
fio (m)	**κλωστή** (θηλ.)	[klʲostí]
costura (f)	**ραφή** (θηλ.)	[rafí]
sujar-se (vr)	**λερώνομαι**	[lerónome]
mancha (f)	**λεκές** (αρ.)	[lekés]
engelhar-se (vr)	**τσαλακώνομαι**	[tsalʲakónome]
rasgar (vt)	**σκίζω**	[skízo]
traça (f)	**σκόρος** (αρ.)	[skóros]

41. Cuidados pessoais. Cosméticos

pasta (f) de dentes	**οδοντόκρεμα** (θηλ.)	[oðondókrema]
escova (f) de dentes	**οδοντόβουρτσα** (θηλ.)	[oðondóvutsa]
escovar os dentes	**πλένω τα δόντια**	[pléno ta ðóndia]
máquina (f) de barbear	**ξυράφι** (ουδ.)	[ksiráfi]
creme (m) de barbear	**κρέμα ξυρίσματος** (θηλ.)	[kréma ksirízmatos]
barbear-se (vr)	**ξυρίζομαι**	[ksirízome]
sabonete (m)	**σαπούνι** (ουδ.)	[sapúni]
champô (m)	**σαμπουάν** (ουδ.)	[sambuán]
tesoura (f)	**ψαλίδι** (ουδ.)	[psalíði]

lima (f) de unhas	**λίμα νυχιών** (θηλ.)	[líma nixión]
corta-unhas (m)	**νυχοκόπτης** (αρ.)	[nixokóptis]
pinça (f)	**τσιμπιδάκι** (ουδ.)	[tsimbiðáki]
cosméticos (m pl)	**καλλυντικά** (ουδ.πλ.)	[kalindiká]
máscara (f) facial	**μάσκα** (θηλ.)	[máska]
manicura (f)	**μανικιούρ** (ουδ.)	[manikiúr]
fazer a manicura	**κάνω μανικιούρ**	[káno manikiúr]
pedicure (f)	**πεντικιούρ** (ουδ.)	[pedikiúr]
mala (f) de maquilhagem	**τσαντάκι καλλυντικών** (ουδ.)	[tsandáki kalindikón]
pó (m)	**πούδρα** (θηλ.)	[púðra]
caixa (f) de pó	**πουδριέρα** (θηλ.)	[puðriéra]
blush (m)	**ρουζ** (ουδ.)	[ruz]
perfume (m)	**άρωμα** (ουδ.)	[ároma]
água (f) de toilette	**κολόνια** (θηλ.)	[kolʲónia]
loção (f)	**λοσιόν** (θηλ.)	[lʲosión]
água-de-colónia (f)	**κολόνια** (θηλ.)	[kolʲónia]
sombra (f) de olhos	**σκιά ματιών** (θηλ.)	[skiá matión]
lápis (m) delineador	**μολύβι ματιών** (ουδ.)	[molívi matión]
máscara (f), rímel (m)	**μάσκαρα** (θηλ.)	[máskara]
batom (m)	**κραγιόν** (ουδ.)	[kraʝión]
verniz (m) de unhas	**βερνίκι νυχιών** (ουδ.)	[verníki nixión]
laca (f) para cabelos	**λακ μαλλιών** (ουδ.)	[lʲak malión]
desodorizante (m)	**αποσμητικό** (ουδ.)	[apozmitikó]
creme (m)	**κρέμα** (θηλ.)	[kréma]
creme (m) de rosto	**κρέμα προσώπου** (θηλ.)	[kréma prosópu]
creme (m) de mãos	**κρέμα χεριών** (θηλ.)	[kréma xerión]
creme (m) antirrugas	**αντιρυτιδική κρέμα** (θηλ.)	[andiritiðikí kréma]
creme (m) de dia	**κρέμα ημέρας** (θηλ.)	[kréma iméras]
creme (m) de noite	**κρέμα νυκτός** (θηλ.)	[kréma niktós]
tampão (m)	**ταμπόν** (ουδ.)	[tabón]
papel (m) higiénico	**χαρτί υγείας** (ουδ.)	[xartí iʝías]
secador (m) elétrico	**πιστολάκι** (ουδ.)	[pistolʲáki]

42. Joalheria

joias (f pl)	**κοσμήματα** (ουδ.πλ.)	[kozmímata]
precioso	**πολύτιμος**	[polítimos]
marca (f) de contraste	**σφραγίδα** (θηλ.)	[sfraʝíða]
anel (m)	**δαχτυλίδι** (ουδ.)	[ðaxtilíði]
aliança (f)	**βέρα** (θηλ.)	[véra]
pulseira (f)	**βραχιόλι** (ουδ.)	[vraxióli]
brincos (m pl)	**σκουλαρίκια** (ουδ.πλ.)	[skulʲaríkia]
colar (m)	**κολιέ** (ουδ.)	[kolié]
coroa (f)	**στέμμα** (ουδ.)	[stéma]
colar (m) de contas	**χάντρες** (θηλ.πλ.)	[xándres]

diamante (m)	**διαμάντι** (ουδ.)	[ðiamándi]
esmeralda (f)	**σμαράγδι** (ουδ.)	[zmaráɣði]
rubi (m)	**ρουμπίνι** (ουδ.)	[rubíni]
safira (f)	**ζαφείρι** (ουδ.)	[zafíri]
pérola (f)	**μαργαριτάρι** (ουδ.)	[marɣaritári]
âmbar (m)	**κεχριμπάρι** (ουδ.)	[kexribári]

43. Relógios de pulso. Relógios

relógio (m) de pulso	**ρολόι χειρός** (ουδ.)	[rolʲój xirós]
mostrador (m)	**πλάκα ρολογιού** (θηλ.)	[plʲáka rolʲoȷú]
ponteiro (m)	**δείκτης** (αρ.)	[ðíktis]
bracelete (f) em aço	**μπρασελέ** (ουδ.)	[braselé]
bracelete (f) em couro	**λουράκι** (ουδ.)	[lʲuráki]
pilha (f)	**μπαταρία** (θηλ.)	[bataría]
descarregar-se	**εξαντλούμαι**	[eksantlʲúme]
trocar a pilha	**αλλάζω μπαταρία**	[alʲázo bataría]
estar adiantado	**πηγαίνω μπροστά**	[piȷéno brostá]
estar atrasado	**πηγαίνω πίσω**	[piȷéno píso]
relógio (m) de parede	**ρολόι τοίχου** (ουδ.)	[rolʲój tíxu]
ampulheta (f)	**κλεψύδρα** (θηλ.)	[klepsíðra]
relógio (m) de sol	**ηλιακό ρολόι** (ουδ.)	[iliakó rolʲój]
despertador (m)	**ξυπνητήρι** (ουδ.)	[ksipnitíri]
relojoeiro (m)	**ωρολογοποιός** (αρ.)	[orolʲoɣopiós]
reparar (vt)	**επισκευάζω**	[episkevázo]

Alimentação. Nutrição

44. Comida

carne (f)	**κρέας** (ουδ.)	[kréas]
galinha (f)	**κότα** (θηλ.)	[kóta]
frango (m)	**κοτόπουλο** (ουδ.)	[kotópulʲo]
pato (m)	**πάπια** (θηλ.)	[pápia]
ganso (m)	**χήνα** (θηλ.)	[xína]
caça (f)	**θήραμα** (ουδ.)	[θírama]
peru (m)	**γαλοπούλα** (θηλ.)	[ɣalʲopúlʲa]
carne (f) de porco	**χοιρινό κρέας** (ουδ.)	[xirinó kréas]
carne (f) de vitela	**μοσχαρίσιο κρέας** (ουδ.)	[mosxarísio kréas]
carne (f) de carneiro	**αρνήσιο κρέας** (ουδ.)	[arnísio kréas]
carne (f) de vaca	**βοδινό κρέας** (ουδ.)	[voðinó kréas]
carne (f) de coelho	**κουνέλι** (ουδ.)	[kunéli]
chouriço, salsichão (m)	**λουκάνικο** (ουδ.)	[lʲukániko]
salsicha (f)	**λουκάνικο** (ουδ.)	[lʲukániko]
bacon (m)	**μπέικον** (ουδ.)	[béjkon]
fiambre (f)	**ζαμπόν** (ουδ.)	[zabón]
presunto (m)	**καπνιστό χοιρομέρι** (ουδ.)	[kapnistó xiroméri]
patê (m)	**πατέ** (ουδ.)	[paté]
fígado (m)	**συκώτι** (ουδ.)	[sikóti]
carne (f) moída	**κιμάς** (αρ.)	[kimás]
língua (f)	**γλώσσα** (θηλ.)	[ɣlʲósa]
ovo (m)	**αυγό** (ουδ.)	[avɣó]
ovos (m pl)	**αυγά** (ουδ.πλ.)	[avɣá]
clara (f) do ovo	**ασπράδι** (ουδ.)	[aspráði]
gema (f) do ovo	**κρόκος** (αρ.)	[krókos]
peixe (m)	**ψάρι** (ουδ.)	[psári]
mariscos (m pl)	**θαλασσινά** (θηλ.πλ.)	[θalʲasiná]
caviar (m)	**χαβιάρι** (ουδ.)	[xaviári]
caranguejo (m)	**καβούρι** (ουδ.)	[kavúri]
camarão (m)	**γαρίδα** (θηλ.)	[ɣaríða]
ostra (f)	**στρείδι** (ουδ.)	[stríði]
lagosta (f)	**ακανθωτός αστακός** (αρ.)	[akanθotós astakós]
polvo (m)	**χταπόδι** (ουδ.)	[xtapóði]
lula (f)	**καλαμάρι** (ουδ.)	[kalʲamári]
esturjão (m)	**οξύρυγχος** (αρ.)	[oksírinxos]
salmão (m)	**σολομός** (αρ.)	[solʲomós]
halibute (m)	**ιππόγλωσσος** (αρ.)	[ipóɣlʲosos]
bacalhau (m)	**μπακαλιάρος** (αρ.)	[bakaliáros]
cavala, sarda (f)	**σκουμπρί** (ουδ.)	[skumbrí]

atum (m)	**τόνος** (αρ.)	[tónos]
enguia (f)	**χέλι** (ουδ.)	[xéli]
truta (f)	**πέστροφα** (θηλ.)	[péstrofa]
sardinha (f)	**σαρδέλα** (θηλ.)	[sarðélʲa]
lúcio (m)	**λούτσος** (αρ.)	[lʲútsos]
arenque (m)	**ρέγγα** (θηλ.)	[rénga]
pão (m)	**ψωμί** (ουδ.)	[psomí]
queijo (m)	**τυρί** (ουδ.)	[tirí]
açúcar (m)	**ζάχαρη** (θηλ.)	[záxari]
sal (m)	**αλάτι** (ουδ.)	[alʲáti]
arroz (m)	**ρύζι** (ουδ.)	[rízi]
massas (f pl)	**ζυμαρικά** (ουδ.πλ.)	[zimariká]
talharim (m)	**νουντλς** (ουδ.πλ.)	[nudls]
manteiga (f)	**βούτυρο** (ουδ.)	[vútiro]
óleo (m) vegetal	**φυτικό λάδι** (ουδ.)	[fitikó lʲáði]
óleo (m) de girassol	**ηλιέλαιο** (ουδ.)	[iliéleo]
margarina (f)	**μαργαρίνη** (θηλ.)	[maryaríni]
azeitonas (f pl)	**ελιές** (θηλ.πλ.)	[eliés]
azeite (m)	**ελαιόλαδο** (ουδ.)	[eleólʲaðo]
leite (m)	**γάλα** (ουδ.)	[ɣálʲa]
leite (m) condensado	**συμπυκνωμένο γάλα** (ουδ.)	[simbiknoméno ɣálʲa]
iogurte (m)	**γιαούρτι** (ουδ.)	[jaúrti]
nata (f) azeda	**ξινή κρέμα** (θηλ.)	[ksiní kréma]
nata (f) do leite	**κρέμα γάλακτος** (θηλ.)	[kréma ɣálʲaktos]
maionese (f)	**μαγιονέζα** (θηλ.)	[majonéza]
creme (m)	**κρέμα** (θηλ.)	[kréma]
grãos (m pl) de cereais	**πλιγούρι** (ουδ.)	[pliɣúri]
farinha (f)	**αλεύρι** (ουδ.)	[alévri]
enlatados (m pl)	**κονσέρβες** (θηλ.πλ.)	[konsérves]
flocos (m pl) de milho	**κορν φλέικς** (ουδ.πλ.)	[kornfléjks]
mel (m)	**μέλι** (ουδ.)	[méli]
doce (m)	**μαρμελάδα** (θηλ.)	[marmelʲáða]
pastilha (f) elástica	**τσίχλα** (θηλ.)	[tsíxlʲa]

45. Bebidas

água (f)	**νερό** (ουδ.)	[neró]
água (f) potável	**πόσιμο νερό** (ουδ.)	[pósimo neró]
água (f) mineral	**μεταλλικό νερό** (ουδ.)	[metalikó neró]
sem gás	**χωρίς ανθρακικό**	[xorís anθrakikó]
gaseificada	**ανθρακούχος**	[anθrakúxos]
com gás	**ανθρακούχο**	[anθrakúxo]
gelo (m)	**πάγος** (αρ.)	[páɣos]
com gelo	**με πάγο**	[me páɣo]

sem álcool	**χωρίς αλκοόλ**	[xorís alʲkoólʲ]
bebida (f) sem álcool	**αναψυκτικό** (ουδ.)	[anapsiktikó]
refresco (m)	**αναψυκτικό** (ουδ.)	[anapsiktikó]
limonada (f)	**λεμονάδα** (θηλ.)	[lemonáða]
bebidas (f pl) alcoólicas	**αλκοολούχα ποτά** (ουδ.πλ.)	[alʲkoolʲúxa potá]
vinho (m)	**κρασί** (ουδ.)	[krasí]
vinho (m) branco	**λευκό κρασί** (ουδ.)	[lefkó krasí]
vinho (m) tinto	**κόκκινο κρασί** (ουδ.)	[kókino krasí]
licor (m)	**λικέρ** (ουδ.)	[likér]
champanhe (m)	**σαμπάνια** (θηλ.)	[sambánia]
vermute (m)	**βερμούτ** (ουδ.)	[vermút]
uísque (m)	**ουίσκι** (ουδ.)	[wíski]
vodka (f)	**βότκα** (θηλ.)	[vótka]
gim (m)	**τζιν** (ουδ.)	[dzin]
conhaque (m)	**κονιάκ** (ουδ.)	[konják]
rum (m)	**ρούμι** (ουδ.)	[rúmi]
café (m)	**καφές** (αρ.)	[kafés]
café (m) puro	**σκέτος καφές** (αρ.)	[skétos kafés]
café (m) com leite	**καφές με γάλα** (αρ.)	[kafés me ɣálʲa]
cappuccino (m)	**καπουτσίνο** (αρ.)	[kaputsíno]
café (m) solúvel	**στιγμιαίος καφές** (αρ.)	[stiɣmiéos kafes]
leite (m)	**γάλα** (ουδ.)	[ɣálʲa]
coquetel (m)	**κοκτέιλ** (ουδ.)	[koktéjlʲ]
batido (m) de leite	**μιλκσέικ** (ουδ.)	[milʲkséjk]
sumo (m)	**χυμός** (αρ.)	[ximós]
sumo (m) de tomate	**χυμός ντομάτας** (αρ.)	[ximós domátas]
sumo (m) de laranja	**χυμός πορτοκαλιού** (αρ.)	[ximós portokaliú]
sumo (m) fresco	**φρέσκος χυμός** (αρ.)	[fréskos ximós]
cerveja (f)	**μπύρα** (θηλ.)	[bíra]
cerveja (f) clara	**ανοιχτόχρωμη μπύρα** (θηλ.)	[anixtóxromi bíra]
cerveja (f) preta	**σκούρα μπύρα** (θηλ.)	[skúra bíra]
chá (m)	**τσάι** (ουδ.)	[tsáj]
chá (m) preto	**μαύρο τσάι** (ουδ.)	[mávro tsaj]
chá (m) verde	**πράσινο τσάι** (ουδ.)	[prásino tsaj]

46. Vegetais

legumes (m pl)	**λαχανικά** (ουδ.πλ.)	[lʲaxaniká]
verduras (f pl)	**χόρτα** (ουδ.)	[xórta]
tomate (m)	**ντομάτα** (θηλ.)	[domáta]
pepino (m)	**αγγούρι** (ουδ.)	[angúri]
cenoura (f)	**καρότο** (ουδ.)	[karóto]
batata (f)	**πατάτα** (θηλ.)	[patáta]
cebola (f)	**κρεμμύδι** (ουδ.)	[kremíði]
alho (m)	**σκόρδο** (ουδ.)	[skórðo]

couve (f)	**λάχανο** (ουδ.)	[lʲáxano]
couve-flor (f)	**κουνουπίδι** (ουδ.)	[kunupíði]
couve-de-bruxelas (f)	**λαχανάκι Βρυξελλών** (ουδ.)	[lʲaxanáki vrikselʲón]
brócolos (m pl)	**μπρόκολο** (ουδ.)	[brókolʲo]
beterraba (f)	**παντζάρι** (ουδ.)	[pandzári]
beringela (f)	**μελιτζάνα** (θηλ.)	[melidzána]
curgete (f)	**κολοκύθι** (ουδ.)	[kolʲokíθi]
abóbora (f)	**κολοκύθα** (θηλ.)	[kolʲokíθa]
nabo (m)	**γογγύλι** (ουδ.), **ρέβα** (θηλ.)	[ɣongíli], [réva]
salsa (f)	**μαϊντανός** (αρ.)	[majdanós]
funcho, endro (m)	**άνηθος** (αρ.)	[ániθos]
alface (f)	**μαρούλι** (ουδ.)	[marúli]
aipo (m)	**σέλινο** (ουδ.)	[sélino]
espargo (m)	**σπαράγγι** (ουδ.)	[sparángi]
espinafre (m)	**σπανάκι** (ουδ.)	[spanáki]
ervilha (f)	**αρακάς** (αρ.)	[arakás]
fava (f)	**κουκί** (ουδ.)	[kukí]
milho (m)	**καλαμπόκι** (ουδ.)	[kalʲambóki]
feijão (m)	**κόκκινο φασόλι** (ουδ.)	[kókino fasóli]
pimentão (m)	**πιπεριά** (θηλ.)	[piperiá]
rabanete (m)	**ρεπανάκι** (ουδ.)	[repanáki]
alcachofra (f)	**αγκινάρα** (θηλ.)	[anginára]

47. Frutos. Nozes

fruta (f)	**φρούτο** (ουδ.)	[frúto]
maçã (f)	**μήλο** (ουδ.)	[mílʲo]
pera (f)	**αχλάδι** (ουδ.)	[axlʲáði]
limão (m)	**λεμόνι** (ουδ.)	[lemóni]
laranja (f)	**πορτοκάλι** (ουδ.)	[portokáli]
morango (m)	**φράουλα** (θηλ.)	[fráulʲa]
tangerina (f)	**μανταρίνι** (ουδ.)	[mandaríni]
ameixa (f)	**δαμάσκηνο** (ουδ.)	[ðamáskino]
pêssego (m)	**ροδάκινο** (ουδ.)	[roðákino]
damasco (m)	**βερίκοκο** (ουδ.)	[veríkoko]
framboesa (f)	**σμέουρο** (ουδ.)	[zméuro]
ananás (m)	**ανανάς** (αρ.)	[ananás]
banana (f)	**μπανάνα** (θηλ.)	[banána]
melancia (f)	**καρπούζι** (ουδ.)	[karpúzi]
uva (f)	**σταφύλι** (ουδ.)	[stafíli]
ginja (f)	**βύσσινο** (ουδ.)	[vísino]
cereja (f)	**κεράσι** (ουδ.)	[kerási]
meloa (f)	**πεπόνι** (ουδ.)	[pepóni]
toranja (f)	**γκρέιπφρουτ** (ουδ.)	[gréjpfrut]
abacate (m)	**αβοκάντο** (ουδ.)	[avokádo]
papaia (f)	**παπάγια** (θηλ.)	[papája]
manga (f)	**μάγκο** (ουδ.)	[mángo]

romã (f)	**ρόδι** (ουδ.)	[róði]
groselha (f) vermelha	**κόκκινο φραγκοστάφυλο** (ουδ.)	[kókino frangostáfilʲo]
groselha (f) preta	**μαύρο φραγκοστάφυλο** (ουδ.)	[mávro frangostáfilʲo]
groselha (f) espinhosa	**λαγοκέρασο** (ουδ.)	[lʲaɣokéraso]
mirtilo (m)	**μύρτιλλο** (ουδ.)	[mírtilʲo]
amora silvestre (f)	**βατόμουρο** (ουδ.)	[vatómuro]
uvas (f pl) passas	**σταφίδα** (θηλ.)	[stafíða]
figo (m)	**σύκο** (ουδ.)	[síko]
tâmara (f)	**χουρμάς** (αρ.)	[xurmás]
amendoim (m)	**φυστίκι** (ουδ.)	[fistíki]
amêndoa (f)	**αμύγδαλο** (ουδ.)	[amíɣðalʲo]
noz (f)	**καρύδι** (ουδ.)	[karíði]
avelã (f)	**φουντούκι** (ουδ.)	[fundúki]
coco (m)	**καρύδα** (θηλ.)	[karíða]
pistáchios (m pl)	**φυστίκια** (ουδ.πλ.)	[fistíkia]

48. Pão. Bolaria

pastelaria (f)	**ζαχαροπλαστική** (θηλ.)	[zaxaroplʲastikí]
pão (m)	**ψωμί** (ουδ.)	[psomí]
bolacha (f)	**μπισκότο** (ουδ.)	[biskóto]
chocolate (m)	**σοκολάτα** (θηλ.)	[sokolʲáta]
de chocolate	**σοκολατένιος**	[sokolʲaténios]
rebuçado (m)	**καραμέλα** (θηλ.)	[karamélʲa]
bolo (cupcake, etc.)	**κέικ** (ουδ.)	[kéjk]
bolo (m) de aniversário	**τούρτα** (θηλ.)	[túrta]
tarte (~ de maçã)	**πίτα** (θηλ.)	[píta]
recheio (m)	**γέμιση** (θηλ.)	[ʝémisi]
doce (m)	**μαρμελάδα** (θηλ.)	[marmelʲáða]
geleia (f) de frutas	**μαρμελάδα** (θηλ.)	[marmelʲáða]
waffle (m)	**γκοφρέτες** (θηλ.πλ.)	[gofrétes]
gelado (m)	**παγωτό** (ουδ.)	[paɣotó]

49. Pratos cozinhados

prato (m)	**πιάτο** (ουδ.)	[piáto]
cozinha (~ portuguesa)	**κουζίνα** (θηλ.)	[kuzína]
receita (f)	**συνταγή** (θηλ.)	[sindaʝí]
porção (f)	**μερίδα** (θηλ.)	[meríða]
salada (f)	**σαλάτα** (θηλ.)	[salʲáta]
sopa (f)	**σούπα** (θηλ.)	[súpa]
caldo (m)	**ζωμός** (αρ.)	[zomós]
sandes (f)	**σάντουιτς** (ουδ.)	[sánduits]

ovos (m pl) estrelados	**τηγανητά αυγά** (ουδ.πλ.)	[tiɣanitá avɣá]
hambúrguer (m)	**χάμπουργκερ** (ουδ.)	[xámburger]
bife (m)	**μπριζόλα** (θηλ.)	[brizólʲa]
conduto (m)	**συνοδευτικό πιάτο** (ουδ.)	[sinoðeftikó piáto]
espaguete (m)	**σπαγγέτι** (ουδ.)	[spagéti]
puré (m) de batata	**πουρές** (αρ.)	[purés]
pizza (f)	**πίτσα** (θηλ.)	[pítsa]
omelete (f)	**ομελέτα** (θηλ.)	[omeléta]
cozido em água	**βραστός**	[vrastós]
fumado	**καπνιστός**	[kapnistós]
frito	**τηγανητός**	[tiɣanitós]
seco	**αποξηραμένος**	[apoksiraménos]
congelado	**κατεψυγμένος**	[katepsiɣménos]
em conserva	**τουρσί**	[tursí]
doce (açucarado)	**γλυκός**	[ɣlikós]
salgado	**αλμυρός**	[alʲmirós]
frio	**κρύος**	[kríos]
quente	**ζεστός**	[zestós]
amargo	**πικρός**	[pikrós]
gostoso	**νόστιμος**	[nóstimos]
cozinhar (em água a ferver)	**βράζω**	[vrázo]
fazer, preparar (vt)	**μαγειρεύω**	[maʝirévo]
fritar (vt)	**τηγανίζω**	[tiɣanízo]
aquecer (vt)	**ζεσταίνω**	[zesténo]
salgar (vt)	**αλατίζω**	[alʲatízo]
apimentar (vt)	**πιπερώνω**	[piperóno]
ralar (vt)	**τρίβω**	[trívo]
casca (f)	**φλούδα** (θηλ.)	[flʲúða]
descascar (vt)	**καθαρίζω**	[kaθarízo]

50. Especiarias

sal (m)	**αλάτι** (ουδ.)	[alʲáti]
salgado	**αλμυρός**	[alʲmirós]
salgar (vt)	**αλατίζω**	[alʲatízo]
pimenta (f) preta	**μαύρο πιπέρι** (ουδ.)	[mávro pipéri]
pimenta (f) vermelha	**κόκκινο πιπέρι** (ουδ.)	[kókino pipéri]
mostarda (f)	**μουστάρδα** (θηλ.)	[mustárða]
raiz-forte (f)	**χρένο** (ουδ.)	[xréno]
condimento (m)	**μπαχαρικό** (ουδ.)	[baxarikó]
especiaria (f)	**καρύκευμα** (ουδ.)	[karíkevma]
molho (m)	**σάλτσα** (θηλ.)	[sálʲtsa]
vinagre (m)	**ξίδι** (ουδ.)	[ksíði]
anis (m)	**γλυκάνισος** (αρ.)	[ɣlikánisos]
manjericão (m)	**βασιλικός** (αρ.)	[vasilikós]
cravo (m)	**γαρίφαλο** (ουδ.)	[ɣarífalʲo]

gengibre (m)	**πιπερόριζα** (θηλ.)	[piperóriza]
coentro (m)	**κόλιανδρος** (αρ.)	[kólianðros]
canela (f)	**κανέλα** (θηλ.)	[kanélʲa]
sésamo (m)	**σουσάμι** (ουδ.)	[susámi]
folhas (f pl) de louro	**φύλλο δάφνης** (ουδ.)	[fílʲo ðáfnis]
páprica (f)	**πάπρικα** (θηλ.)	[páprika]
cominho (m)	**κύμινο** (ουδ.)	[kímino]
açafrão (m)	**σαφράν** (ουδ.)	[safrán]

51. Refeições

comida (f)	**τροφή** (θηλ.), **φαγητό** (ουδ.)	[trofí], [fajitó]
comer (vt)	**τρώω**	[tróo]
pequeno-almoço (m)	**πρωινό** (ουδ.)	[proinó]
tomar o pequeno-almoço	**παίρνω πρωινό**	[pérno proinó]
almoço (m)	**μεσημεριανό** (ουδ.)	[mesimerianó]
almoçar (vi)	**τρώω μεσημεριανό**	[tróo mesimerianó]
jantar (m)	**δείπνο** (ουδ.)	[ðípno]
jantar (vi)	**τρώω βραδινό**	[tróo vraðinó]
apetite (m)	**όρεξη** (θηλ.)	[óreksi]
Bom apetite!	**Καλή όρεξη!**	[kalí óreksi]
abrir (~ uma lata, etc.)	**ανοίγω**	[aníɣo]
derramar (vt)	**χύνω**	[xíno]
derramar-se (vr)	**χύνομαι**	[xínome]
ferver (vi)	**βράζω**	[vrázo]
ferver (vt)	**βράζω**	[vrázo]
fervido	**βρασμένος**	[vrazménos]
arrefecer (vt)	**κρυώνω**	[krióno]
arrefecer-se (vr)	**κρυώνω**	[krióno]
sabor, gosto (m)	**γεύση** (θηλ.)	[jéfsi]
gostinho (m)	**επίγευση** (θηλ.)	[epíjefsi]
fazer dieta	**αδυνατίζω**	[aðinatízo]
dieta (f)	**δίαιτα** (θηλ.)	[ðíeta]
vitamina (f)	**βιταμίνη** (θηλ.)	[vitamíni]
caloria (f)	**θερμίδα** (θηλ.)	[θermíða]
vegetariano (m)	**χορτοφάγος** (αρ.)	[xortofáɣos]
vegetariano	**χορτοφάγος**	[xortofáɣos]
gorduras (f pl)	**λίπη** (ουδ.πλ.)	[lípi]
proteínas (f pl)	**πρωτεΐνες** (θηλ.πλ.)	[proteínes]
carboidratos (m pl)	**υδατάνθρακες** (αρ.πλ.)	[iðatánθrakes]
fatia (~ de limão, etc.)	**φέτα** (θηλ.)	[féta]
pedaço (~ de bolo)	**κομμάτι** (ουδ.)	[komáti]
migalha (f)	**ψίχουλο** (ουδ.)	[psíxulʲo]

52. Por a mesa

colher (f)	**κουτάλι** (ουδ.)	[kutáli]
faca (f)	**μαχαίρι** (ουδ.)	[maxéri]
garfo (m)	**πιρούνι** (ουδ.)	[pirúni]
chávena (f)	**φλιτζάνι** (ουδ.)	[flidzáni]
prato (m)	**πιάτο** (ουδ.)	[piáto]
pires (m)	**πιατάκι** (ουδ.)	[piatáki]
guardanapo (m)	**χαρτοπετσέτα** (θηλ.)	[xartopetséta]
palito (m)	**οδοντογλυφίδα** (θηλ.)	[oðondoɣlifíða]

53. Restaurante

restaurante (m)	**εστιατόριο** (ουδ.)	[estiatório]
café (m)	**καφετέρια** (θηλ.)	[kafetéria]
bar (m), cervejaria (f)	**μπαρ** (ουδ.), **μπυραρία** (θηλ.)	[bar], [biraría]
salão (m) de chá	**τσαγερί** (θηλ.)	[tsajerí]
empregado (m) de mesa	**σερβιτόρος** (αρ.)	[servitóros]
empregada (f) de mesa	**σερβιτόρα** (θηλ.)	[servitóra]
barman (m)	**μπάρμαν** (αρ.)	[bárman]
ementa (f)	**κατάλογος** (αρ.)	[katálʲoɣos]
lista (f) de vinhos	**κατάλογος κρασιών** (αρ.)	[katálʲoɣos krasión]
reservar uma mesa	**κλείνω τραπέζι**	[klíno trapézi]
prato (m)	**πιάτο** (ουδ.)	[piáto]
pedir (vt)	**παραγγέλνω**	[parangélʲno]
fazer o pedido	**κάνω παραγγελία**	[káno parangelía]
aperitivo (m)	**απεριτίφ** (ουδ.)	[aperitíf]
entrada (f)	**ορεκτικό** (ουδ.)	[orektikó]
sobremesa (f)	**επιδόρπιο** (ουδ.)	[epiðórpio]
conta (f)	**λογαριασμός** (αρ.)	[lʲoɣariazmós]
pagar a conta	**πληρώνω λογαριασμό**	[pliróno lʲoɣariazmó]
dar o troco	**δίνω τα ρέστα**	[ðíno ta résta]
gorjeta (f)	**πουρμπουάρ** (ουδ.)	[purbuár]

Família, parentes e amigos

54. Informação pessoal. Formulários

nome (m)	**όνομα** (ουδ.)	[ónoma]
apelido (m)	**επώνυμο** (ουδ.)	[epónimo]
data (f) de nascimento	**ημερομηνία γέννησης** (θηλ.)	[imerominía jénisis]
local (m) de nascimento	**τόπος γέννησης** (αρ.)	[tópos jénisis]
nacionalidade (f)	**εθνικότητα** (θηλ.)	[eθnikótita]
lugar (m) de residência	**τόπος διαμονής** (αρ.)	[tópos ðiamonís]
país (m)	**χώρα** (θηλ.)	[xóra]
profissão (f)	**επάγγελμα** (ουδ.)	[epángelʲma]
sexo (m)	**φύλο** (ουδ.)	[fílʲo]
estatura (f)	**ύψος, μπόι** (ουδ.)	[ípsos], [bói]
peso (m)	**βάρος** (ουδ.)	[város]

55. Membros da família. Parentes

mãe (f)	**μητέρα** (θηλ.)	[mitéra]
pai (m)	**πατέρας** (αρ.)	[patéras]
filho (m)	**γιός** (αρ.)	[jos]
filha (f)	**κόρη** (θηλ.)	[kóri]
filha (f) mais nova	**μικρότερη κόρη** (ουδ.)	[mikróteri kóri]
filho (m) mais novo	**μικρότερος γιός** (αρ.)	[mikróteros jos]
filha (f) mais velha	**μεγαλύτερη κόρη** (θηλ.)	[meɣalíteri kóri]
filho (m) mais velho	**μεγαλύτερος γιός** (αρ.)	[meɣalíteros jiós]
irmão (m)	**αδερφός** (αρ.)	[aðerfós]
irmã (f)	**αδερφή** (θηλ.)	[aðerfí]
primo (m)	**ξάδερφος** (αρ.)	[ksáðerfos]
prima (f)	**ξαδέρφη** (θηλ.)	[ksaðérfi]
mamã (f)	**μαμά** (θηλ.)	[mamá]
papá (m)	**μπαμπάς** (αρ.)	[babás]
pais (pl)	**γονείς** (αρ.πλ.)	[ɣonís]
criança (f)	**παιδί** (ουδ.)	[peðí]
crianças (f pl)	**παιδιά** (ουδ.πλ.)	[peðiá]
avó (f)	**γιαγιά** (θηλ.)	[jajá]
avô (m)	**παπούς** (αρ.)	[papús]
neto (m)	**εγγονός** (αρ.)	[engonós]
neta (f)	**εγγονή** (θηλ.)	[engoní]
netos (pl)	**εγγόνια** (ουδ.πλ.)	[engónia]
tio (m)	**θείος** (αρ.)	[θíos]
tia (f)	**θεία** (θηλ.)	[θía]

sobrinho (m)	**ανιψιός** (αρ.)	[anipsiós]
sobrinha (f)	**ανιψιά** (θηλ.)	[anipsiá]
sogra (f)	**πεθερά** (θηλ.)	[peθerá]
sogro (m)	**πεθερός** (αρ.)	[peθerós]
genro (m)	**γαμπρός** (αρ.)	[ɣambrós]
madrasta (f)	**μητριά** (θηλ.)	[mitriá]
padrasto (m)	**πατριός** (αρ.)	[patriós]
criança (f) de colo	**βρέφος** (ουδ.)	[vréfos]
bebé (m)	**βρέφος** (ουδ.)	[vréfos]
menino (m)	**νήπιο** (ουδ.)	[nípio]
mulher (f)	**γυναίκα** (θηλ.)	[ʝinéka]
marido (m)	**άνδρας** (αρ.)	[ánðras]
esposo (m)	**σύζυγος** (αρ.)	[síziɣos]
esposa (f)	**σύζυγος** (θηλ.)	[síziɣos]
casado	**παντρεμένος**	[pandreménos]
casada	**παντρεμένη**	[pandreméni]
solteiro	**ανύπαντρος**	[anípandros]
solteirão (m)	**εργένης** (αρ.)	[erʝénis]
divorciado	**χωρισμένος**	[xorizménos]
viúva (f)	**χήρα** (θηλ.)	[xíra]
viúvo (m)	**χήρος** (αρ.)	[xíros]
parente (m)	**συγγενής** (αρ.)	[singenís]
parente (m) próximo	**κοντινός συγγενής** (αρ.)	[kondinós singenís]
parente (m) distante	**μακρινός συγγενής** (αρ.)	[makrinós singenís]
parentes (m pl)	**συγγενείς** (αρ.πλ.)	[singenís]
órfão (m), órfã (f)	**ορφανό** (ουδ.)	[orfanó]
tutor (m)	**κηδεμόνας** (αρ.)	[kiðemónas]
adotar (um filho)	**υιοθετώ**	[ioθetó]
adotar (uma filha)	**υιοθετώ**	[ioθetó]

56. Amigos. Colegas de trabalho

amigo (m)	**φίλος** (αρ.)	[fíʎos]
amiga (f)	**φίλη** (θηλ.)	[fíli]
amizade (f)	**φιλία** (θηλ.)	[filía]
ser amigos	**κάνω φιλία**	[káno filía]
amigo (m)	**φίλος** (αρ.)	[fíʎos]
amiga (f)	**φιλενάδα** (θηλ.)	[filenáða]
parceiro (m)	**συνέταιρος** (αρ.)	[sinéteros]
chefe (m)	**αφεντικό** (ουδ.)	[afendikó]
superior (m)	**προϊστάμενος** (αρ.)	[projstámenos]
subordinado (m)	**υφιστάμενος** (αρ.)	[ifistámenos]
colega (m)	**συνεργάτης** (αρ.)	[sinerɣátis]
conhecido (m)	**γνωστός** (αρ.)	[ɣnostós]
companheiro (m) de viagem	**συνταξιδιώτης** (αρ.)	[sindaksiðiótis]

colega (m) de classe	**συμμαθητής** (αρ.)	[simaθitís]
vizinho (m)	**γείτονας** (αρ.)	[jítonas]
vizinha (f)	**γειτόνισσα** (θηλ.)	[jitónisa]
vizinhos (pl)	**γείτονες** (αρ.πλ.)	[jítones]

57. Homem. Mulher

mulher (f)	**γυναίκα** (θηλ.)	[jinéka]
rapariga (f)	**κοπέλα** (θηλ.)	[kopélʲa]
noiva (f)	**νύφη** (θηλ.)	[nífi]
bonita	**όμορφη**	[ómorfi]
alta	**ψηλή**	[psilí]
esbelta	**λεπτή**	[leptí]
de estatura média	**κοντή**	[kondí]
loura (f)	**ξανθιά** (θηλ.)	[ksanθxá]
morena (f)	**μελαχρινή** (θηλ.)	[melʲaxriní]
de senhora	**γυναικείος**	[jinekíos]
virgem (f)	**παρθένα** (θηλ.)	[parθéna]
grávida	**έγκυος**	[éngios]
homem (m)	**άντρας, άνδρας** (αρ.)	[ándras], [ánðras]
louro (m)	**ξανθός** (αρ.)	[ksanθós]
moreno (m)	**μελαχρινός** (αρ.)	[melʲaxrinós]
alto	**ψηλός**	[psilʲós]
de estatura média	**κοντός**	[kondós]
rude	**άξεστος**	[áksestos]
atarracado	**γεροδεμένος**	[jeroðeménos]
robusto	**ρωμαλέος**	[romaléos]
forte	**δυνατός**	[ðinatós]
força (f)	**δύναμη** (θηλ.)	[ðínami]
gordo	**χοντρός, παχύς**	[xondrós], [paxís]
moreno	**μελαψός**	[melʲapsós]
esbelto	**λεπτός**	[leptós]
elegante	**κομψός**	[kompsós]

58. Idade

idade (f)	**ηλικία** (θηλ.)	[ilikía]
juventude (f)	**νιάτα** (πλ.)	[niáta]
jovem	**νέος, νεαρός**	[néos], [nearós]
mais novo	**μικρότερος**	[mikróteros]
mais velho	**μεγαλύτερος**	[meɣalíteros]
jovem (m)	**νεαρός** (αρ.)	[nearós]
adolescente (m)	**έφηβος** (αρ.)	[éfivos]
rapaz (m)	**αγόρι** (ουδ.)	[aɣóri]

velho (m)	**γέρος** (αρ.)	[ʝéros]
velhota (f)	**γριά** (θηλ.)	[ɣriá]
adulto	**ενήλικος**	[enílikos]
de meia-idade	**μέσης ηλικίας**	[mésis ilikías]
idoso, de idade	**ηλικιωμένος**	[ilikioménos]
velho	**γέρος**	[ʝéros]
reforma (f)	**σύνταξη** (θηλ.)	[síndaksi]
reformar-se (vr)	**βγαίνω σε σύνταξη**	[vʝéno se síndaksi]
reformado (m)	**συνταξιούχος** (αρ.)	[sindaksiúxos]

59. Crianças

criança (f)	**παιδί** (ουδ.)	[peðí]
crianças (f pl)	**παιδιά** (ουδ.πλ.)	[peðiá]
gémeos (m pl)	**δίδυμα** (πλ.)	[ðíðima]
berço (m)	**κούνια** (θηλ.)	[kúnia]
guizo (m)	**κουδουνίστρα** (θηλ.)	[kuðunístra]
fralda (f)	**πάνα** (θηλ.), **πάμπερς** (ουδ.)	[pána], [pámpers]
chupeta (f)	**πιπίλα** (θηλ.)	[pipílʲa]
carrinho (m) de bebé	**καροτσάκι** (ουδ.)	[karotsáki]
jardim (m) de infância	**παιδικός σταθμός** (αρ.)	[peðikós staθmós]
babysitter (f)	**νταντά** (θηλ.)	[dadá]
infância (f)	**παιδικά χρόνια** (ουδ.πλ.)	[peðiká xrónia]
boneca (f)	**κούκλα** (θηλ.)	[kúklʲa]
brinquedo (m)	**παιχνίδι** (ουδ.)	[pexníði]
bem-educado	**ευγενικός**	[evʝenikós]
mal-educado	**αγενής**	[aʝenís]
mimado	**κακομαθημένος**	[kakomaθiménos]
ser travesso	**κάνω αταξίες**	[káno ataksíes]
travesso, traquinas	**άτακτος**	[átaktos]
travessura (f)	**αταξία** (θηλ.)	[ataksía]
criança (f) travessa	**άτακτο παιδί** (ουδ.)	[átakto peðí]
obediente	**υπάκουος**	[ipákuos]
desobediente	**ανυπάκουος**	[anipákuos]
dócil	**πειθήνιος**	[piθínios]
inteligente	**έξυπνος**	[éksipnos]
menino (m) prodígio	**παιδί θαύμα** (ουδ.)	[peðiθávma]

60. Casais. Vida de família

beijar (vt)	**φιλάω**	[filʲáo]
beijar-se (vr)	**φιλιέμαι**	[filiéme]
família (f)	**οικογένεια** (θηλ.)	[ikoʝénia]

familiar	**οικογενειακός**	[ikojeniakós]
casal (m)	**ζευγάρι** (ουδ.)	[zevɣári]
matrimónio (m)	**γάμος** (αρ.)	[ɣámos]
lar (m)	**σπίτι** (ουδ.)	[spíti]
dinastia (f)	**δυναστεία** (θηλ.)	[ðinastía]
encontro (m)	**ραντεβού** (ουδ.)	[randevú]
beijo (m)	**φιλί** (ουδ.)	[filí]
amor (m)	**αγάπη** (θηλ.)	[aɣápi]
amar (vt)	**αγαπάω**	[aɣapáo]
amado, querido	**αγαπημένος**	[aɣapiménos]
ternura (f)	**τρυφερότητα** (θηλ.)	[triferótita]
terno, afetuoso	**τρυφερός**	[triferós]
fidelidade (f)	**πίστη** (θηλ.)	[písti]
fiel	**πιστός**	[pistós]
cuidado (m)	**φροντίδα** (θηλ.)	[frondíða]
carinhoso	**στοργικός**	[storjikós]
recém-casados (m pl)	**νεόνυμφοι** (πλ.)	[neónimfi]
lua de mel (f)	**ταξίδι του μέλιτος** (ουδ.)	[taksíði tu mélitos]
casar-se (com um homem)	**παντρεύομαι**	[pandrévome]
casar-se (com uma mulher)	**παντρεύομαι**	[pandrévome]
boda (f)	**γάμος** (αρ.)	[ɣámos]
bodas (f pl) de ouro	**χρυσή επέτειος** (θηλ.)	[xrisí epétios]
aniversário (m)	**επέτειος** (θηλ.)	[epétios]
amante (m)	**εραστής** (αρ.)	[erastís]
amante (f)	**ερωμένη** (θηλ.)	[eroméni]
adultério (m)	**απιστία, μοιχεία** (θηλ.)	[apistía], [mixía]
cometer adultério	**απατώ**	[apató]
ciumento	**ζηλιάρης**	[ziliáris]
ser ciumento	**ζηλεύω**	[zilévo]
divórcio (m)	**διαζύγιο** (ουδ.)	[ðiazíjo]
divorciar-se (vr)	**χωρίζω**	[xorízo]
brigar (discutir)	**τσακώνομαι**	[tsakónome]
fazer as pazes	**συμφιλιώνομαι**	[simfilióonome]
juntos	**μαζί**	[mazí]
sexo (m)	**σεξ** (ουδ.)	[seks]
felicidade (f)	**ευτυχία** (θηλ.)	[eftixía]
feliz	**ευτυχισμένος**	[eftixizménos]
infelicidade (f)	**κακοτυχία** (θηλ.)	[kakotixía]
infeliz	**στεναχωρημένος**	[stenaxoriménos]

Caráter. Sentimentos. Emoções

61. Sentimentos. Emoções

sentimento (m)	**αίσθημα** (ουδ.)	[ésθima]
sentimentos (m pl)	**αισθήματα** (ουδ.πλ.)	[esθímata]
fome (f)	**πείνα** (θηλ.)	[pína]
ter fome	**πεινάω**	[pináo]
sede (f)	**δίψα** (θηλ.)	[ðípsa]
ter sede	**διψάω**	[ðipsáo]
sonolência (f)	**νύστα** (θηλ.)	[nísta]
estar sonolento	**νυστάζω**	[nistázo]
cansaço (m)	**κούραση** (θηλ.)	[kúrasi]
cansado	**κουρασμένος**	[kurazménos]
ficar cansado	**κουράζομαι**	[kurázome]
humor (m)	**διάθεση** (θηλ.)	[ðiáθesi]
tédio (m)	**ανία** (θηλ.)	[anía]
aborrecer-se (vr)	**βαριέμαι**	[variéme]
isolamento (m)	**απομόνωση** (θηλ.)	[apomónosi]
isolar-se	**απομονώνομαι**	[apomonónome]
preocupar (vt)	**ανησυχώ**	[anisixó]
preocupar-se (vr)	**ανησυχώ**	[anisixó]
preocupação (f)	**ανησυχία** (θηλ.)	[anisixía]
ansiedade (f)	**άγχος** (ουδ.)	[ánxos]
preocupado	**προβληματισμένος**	[provlimatizménos]
estar nervoso	**αγχώνομαι**	[anxónome]
entrar em pânico	**πανικοβάλλομαι**	[panikovál^jome]
esperança (f)	**ελπίδα** (θηλ.)	[el^jpíða]
esperar (vt)	**ελπίζω**	[el^jpízo]
certeza (f)	**σιγουριά** (θηλ.)	[siɣuriá]
certo	**σίγουρος**	[síɣuros]
indecisão (f)	**αβεβαιότητα** (θηλ.)	[aveveótita]
indeciso	**αβέβαιος**	[avéveos]
ébrio, bêbado	**μεθυσμένος**	[meθizménos]
sóbrio	**νηφάλιος**	[nifálios]
fraco	**αδύναμος**	[aðínamos]
feliz	**τυχερός**	[tixerós]
assustar (vt)	**τρομάζω**	[tromázo]
fúria (f)	**λύσσα** (θηλ.)	[lísa]
ira, raiva (f)	**οργή** (θηλ.)	[orʝí]
depressão (f)	**κατάθλιψη** (θηλ.)	[katáθlipsi]
desconforto (m)	**δυσφορία** (θηλ.)	[ðisforía]

conforto (m)	**άνεση** (θηλ.)	[ánesi]
arrepender-se (vr)	**λυπάμαι**	[lipáme]
arrependimento (m)	**λύπη** (θηλ.)	[lípi]
azar (m), má sorte (f)	**ατυχία** (θηλ.)	[atixía]
tristeza (f)	**στεναχώρια** (θηλ.)	[stenaxória]
vergonha (f)	**ντροπή** (θηλ.)	[dropí]
alegria (f)	**χαρά** (θηλ.)	[xará]
entusiasmo (m)	**ενθουσιασμός** (αρ.)	[enθusiazmós]
entusiasta (m)	**ενθουσιαστής** (αρ.)	[enθusiastís]
mostrar entusiasmo	**ενθουσιάζομαι**	[enθusiázome]

62. Caráter. Personalidade

caráter (m)	**χαρακτήρας** (αρ.)	[xaraktíras]
falha (f) de caráter	**ελάττωμα** (ουδ.)	[elʲátoma]
mente (f)	**μυαλό** (ουδ.)	[mialʲó]
razão (f)	**λογική** (θηλ.)	[lʲo̯jikí]
consciência (f)	**συνείδηση** (θηλ.)	[siníðisi]
hábito (m)	**συνήθεια** (θηλ.)	[siníθia]
habilidade (f)	**ικανότητα** (θηλ.)	[ikanótita]
saber (~ nadar, etc.)	**ξέρω**	[kséro]
paciente	**υπομονετικός**	[ipomonetikós]
impaciente	**ανυπόμονος**	[anipómonos]
curioso	**περίεργος**	[períerɣos]
curiosidade (f)	**περιέργεια** (θηλ.)	[periérʝia]
modéstia (f)	**σεμνότητα** (θηλ.)	[semnótita]
modesto	**σεμνός**	[semnós]
imodesto	**άσεμνος**	[ásemnos]
preguiça (f)	**τεμπελιά** (θηλ.)	[tembeliá]
preguiçoso	**τεμπέλης**	[tembélis]
preguiçoso (m)	**τεμπέλης** (αρ.)	[tembélis]
astúcia (f)	**πονηριά** (θηλ.)	[poniriá]
astuto	**πονηρός**	[ponirós]
desconfiança (f)	**δυσπιστία** (θηλ.)	[ðispistía]
desconfiado	**δύσπιστος**	[ðíspistos]
generosidade (f)	**γενναιοδωρία** (θηλ.)	[ʝeneoðoría]
generoso	**γενναιόδωρος**	[ʝeneóðoros]
talentoso	**ταλαντούχος**	[talʲandúxos]
talento (m)	**ταλέντο** (ουδ.)	[taléndo]
corajoso	**θαρραλέος**	[θaraléos]
coragem (f)	**θάρρος** (ουδ.)	[θáros]
honesto	**τίμιος**	[tímios]
honestidade (f)	**τιμιότητα** (θηλ.)	[timiótita]
prudente	**προσεκτικός**	[prosektikós]
valente	**θαρραλέος**	[θaraléos]

sério	**σοβαρός**	[sovarós]
severo	**αυστηρός**	[afstirós]
decidido	**αποφασιστικός**	[apofasistikós]
indeciso	**αναποφάσιστος**	[anapofásistos]
tímido	**άτολμος**	[átolʲmos]
timidez (f)	**ατολμία** (θηλ.)	[atolʲmía]
confiança (f)	**εμπιστοσύνη** (θηλ.)	[embistosíni]
confiar (vt)	**εμπιστεύομαι**	[embistévome]
crédulo	**ευκολόπιστος**	[efkolʲópistos]
sinceramente	**ειλικρινά**	[ilikriná]
sincero	**ειλικρινής**	[ilikrinís]
sinceridade (f)	**ειλικρίνεια** (θηλ.)	[ilikrínia]
aberto	**ανοιχτός**	[anixtós]
calmo	**ήσυχος**	[ísixos]
franco	**ειλικρινής**	[ilikrinís]
ingénuo	**αφελής**	[afelís]
distraído	**αφηρημένος**	[afiriménos]
engraçado	**αστείος**	[astíos]
ganância (f)	**τσιγκουνιά** (θηλ.)	[tsinguniá]
ganancioso	**τσιγκούνης**	[tsingúnis]
avarento	**φιλάργυρος**	[filʲárʝiros]
mau	**κακός**	[kakós]
teimoso	**πεισματάρης**	[pizmatáris]
desagradável	**δυσάρεστος**	[ðisárestos]
egoísta (m)	**εγωιστής** (αρ.)	[eɣoistís]
egoísta	**εγωιστικός**	[eɣoistikós]
cobarde (m)	**δειλός**	[ðilʲós]
cobarde	**δειλός**	[ðilʲós]

63. O sono. Sonhos

dormir (vi)	**κοιμάμαι**	[kimáme]
sono (m)	**ύπνος** (αρ.)	[ípnos]
sonho (m)	**όνειρο** (ουδ.)	[óniro]
sonhar (vi)	**βλέπω όνειρα**	[vlépo ónira]
sonolento	**νυσταγμένος**	[nistaɣménos]
cama (f)	**κρεβάτι** (ουδ.)	[krevái]
colchão (m)	**στρώμα** (ουδ.)	[stróma]
cobertor (m)	**πάπλωμα** (ουδ.)	[pápʲoma]
almofada (f)	**μαξιλάρι** (ουδ.)	[maksilʲári]
lençol (m)	**σεντόνι** (ουδ.)	[sendóni]
insónia (f)	**αϋπνία** (θηλ.)	[aipnía]
insone	**άυπνος**	[áipnos]
sonífero (m)	**υπνωτικό χάπι** (ουδ.)	[ipnotikó xápi]
tomar um sonífero	**παίρνω υπνωτικό χάπι**	[pérno ipnotikó xápi]
estar sonolento	**νυστάζω**	[nistázo]

bocejar (vi)	**χασμουριέμαι**	[xazmuriéme]
ir para a cama	**πηγαίνω για ύπνο**	[pijéno ja ípno]
fazer a cama	**στρώνω το κρεβάτι**	[stróno to kreváti]
adormecer (vi)	**αποκοιμάμαι**	[apokimáme]
pesadelo (m)	**εφιάλτης** (αρ.)	[efiálʲtis]
ronco (m)	**ροχαλητό** (ουδ.)	[roxalitó]
roncar (vi)	**ροχαλίζω**	[roxalízo]
despertador (m)	**ξυπνητήρι** (ουδ.)	[ksipnitíri]
acordar, despertar (vt)	**ξυπνάω**	[ksipnáo]
acordar (vi)	**ξυπνάω**	[ksipnáo]
levantar-se (vr)	**σηκώνομαι**	[sikónome]
lavar-se (vr)	**πλένομαι**	[plénome]

64. Humor. Riso. Alegria

humor (m)	**χιούμορ** (ουδ.)	[xúmor]
sentido (m) de humor	**αίσθηση του χιούμορ** (θηλ.)	[ésθisi tu xúmor]
divertir-se (vr)	**διασκεδάζω**	[ðiaskeðázo]
alegre	**χαρούμενος**	[xarúmenos]
alegria (f)	**ευθυμία** (θηλ.)	[efθimía]
sorriso (m)	**χαμόγελο** (ουδ.)	[xamójelʲo]
sorrir (vi)	**χαμογελάω**	[xamojelʲáo]
começar a rir	**ξεκινώ να γελάω**	[ksekinó na jelʲáo]
rir (vi)	**γελάω**	[jelʲáo]
riso (m)	**γέλιο** (ουδ.)	[jélio]
anedota (f)	**ανέκδοτο** (ουδ.)	[anékðoto]
engraçado	**αστείος**	[astíos]
ridículo	**αστείος**	[astíos]
brincar, fazer piadas	**αστειεύομαι**	[astiévome]
piada (f)	**αστείο** (ουδ.)	[astío]
alegria (f)	**χαρά** (θηλ.)	[xará]
regozijar-se (vr)	**χαίρομαι**	[xérome]
alegre	**χαρούμενος**	[xarúmenos]

65. Discussão, conversação. Parte 1

comunicação (f)	**επικοινωνία** (θηλ.)	[epikinonía]
comunicar-se (vr)	**επικοινωνώ**	[epikinonó]
conversa (f)	**κουβέντα** (θηλ.)	[kuvénda]
diálogo (m)	**διάλογος** (αρ.)	[ðiálʲoɣos]
discussão (f)	**συζήτηση** (θηλ.)	[sizítisi]
debate (m)	**διαμάχη** (θηλ.)	[ðiamáxi]
debater (vt)	**λογομαχώ**	[lʲoɣomaxó]
interlocutor (m)	**συνομιλητής** (αρ.)	[sinomilitís]
tema (m)	**θέμα** (ουδ.)	[θéma]

ponto (m) de vista	**άποψη** (θηλ.)	[ápopsi]
opinião (f)	**άποψη** (θηλ.)	[ápopsi]
discurso (m)	**ομιλία** (θηλ.)	[omilía]
discussão (f)	**συζήτηση** (θηλ.)	[sizítisi]
discutir (vt)	**συζητώ**	[sizitó]
conversa (f)	**συζήτηση** (θηλ.)	[sizítisi]
conversar (vi)	**συζητώ**	[sizitó]
encontro (m)	**συνάντηση** (θηλ.)	[sinándisi]
encontrar-se (vr)	**συναντιέμαι**	[sinandiéme]
provérbio (m)	**παροιμία** (θηλ.)	[parimía]
ditado (m)	**ρητό** (ουδ.)	[ritó]
adivinha (f)	**αίνιγμα** (ουδ.)	[éniɣma]
dizer uma adivinha	**θέτω αίνιγμα**	[θeto éniɣma]
senha (f)	**κωδικός** (αρ.)	[koðikós]
segredo (m)	**μυστικό** (ουδ.)	[mistikó]
juramento (m)	**όρκος** (αρ.)	[órkos]
jurar (vi)	**ορκίζομαι**	[orkízome]
promessa (f)	**υπόσχεση** (θηλ.)	[ipósxesi]
prometer (vt)	**υπόσχομαι**	[ipósxome]
conselho (m)	**συμβουλή** (θηλ.)	[simvulí]
aconselhar (vt)	**συμβουλεύω**	[simvulévo]
escutar (~ os conselhos)	**υπακούω**	[ipakúo]
novidade, notícia (f)	**νέα** (ουδ.)	[néa]
sensação (f)	**εντύπωση** (θηλ.)	[endíposi]
informação (f)	**στοιχεία** (ουδ.πλ.)	[stixía]
conclusão (f)	**συμπέρασμα** (ουδ.)	[simbérazma]
voz (f)	**φωνή** (θηλ.)	[foní]
elogio (m)	**κομπλιμέντο** (ουδ.)	[komblimméndo]
amável	**ευγενικός**	[evʝenikós]
palavra (f)	**λέξη** (θηλ.)	[léksi]
frase (f)	**φράση** (θηλ.)	[frási]
resposta (f)	**απάντηση** (θηλ.)	[apándisi]
verdade (f)	**αλήθεια** (θηλ.)	[alíθia]
mentira (f)	**ψέμα** (ουδ.)	[pséma]
pensamento (m)	**σκέψη** (θηλ.)	[sképsi]
ideia (f)	**ιδέα** (θηλ.)	[iðéa]
fantasia (f)	**φαντασιοπληξία** (θηλ.)	[fandasiopliksía]

66. Discussão, conversação. Parte 2

estimado	**αξιοσέβαστος**	[aksiosévastos]
respeitar (vt)	**σέβομαι**	[sévome]
respeito (m)	**σεβασμός** (αρ.)	[sevazmós]
Estimado ..., Caro ...	**Αξιότιμε ...**	[aksiótime]
apresentar (vt)	**συστήνω**	[sistíno]
intenção (f)	**πρόθεση** (θηλ.)	[próθesi]

tencionar (vt)	**σκοπεύω**	[skopévo]
desejo (m)	**ευχή** (θηλ.)	[efxí]
desejar (ex. ~ boa sorte)	**εύχομαι**	[éfxome]
surpresa (f)	**έκπληξη** (θηλ.)	[ékpliksi]
surpreender (vt)	**εκπλήσσω**	[ekplíso]
surpreender-se (vr)	**εκπλήσσομαι**	[ekplísome]
dar (vt)	**δίνω**	[ðíno]
pegar (tomar)	**παίρνω**	[pérno]
devolver (vt)	**επιστρέφω**	[epistréfo]
retornar (vt)	**επιστρέφω**	[epistréfo]
desculpar-se (vr)	**ζητώ συγνώμη**	[zitó siɣnómi]
desculpa (f)	**συγνώμη** (θηλ.)	[siɣnómi]
perdoar (vt)	**συγχωρώ**	[sinxoró]
falar (vi)	**μιλάω**	[milʲáo]
escutar (vt)	**ακούω**	[akúo]
ouvir até o fim	**ακούω**	[akúo]
compreender (vt)	**καταλαβαίνω**	[katalʲavéno]
mostrar (vt)	**δείχνω**	[ðíxno]
olhar para ...	**κοιτάω**	[kitáo]
chamar (dizer em voz alta o nome)	**καλώ**	[kalʲó]
perturbar (vt)	**ενοχλώ**	[enoxlʲó]
entregar (~ em mãos)	**μεταβιβάζω**	[metavivázo]
pedido (m)	**παράκληση** (θηλ.)	[parákl isi]
pedir (ex. ~ ajuda)	**ζητάω**	[zitáo]
exigência (f)	**απαίτηση** (θηλ.)	[apétisi]
exigir (vt)	**απαιτώ**	[apetó]
chamar nomes (vt)	**κοροϊδεύω**	[koroiðévo]
zombar (vt)	**κοροϊδεύω**	[koroiðévo]
zombaria (f)	**χλευασμός** (αρ.)	[xlevazmós]
alcunha (f)	**παρατσούκλι** (ουδ.)	[paratsúkli]
insinuação (f)	**υπαινιγμός** (αρ.)	[ipeniɣmós]
insinuar (vt)	**υπαινίσσομαι**	[ipenísome]
subentender (vt)	**σημαίνω**	[siméno]
descrição (f)	**περιγραφή** (θηλ.)	[periɣrafí]
descrever (vt)	**περιγράφω**	[periɣráfo]
elogio (m)	**έπαινος** (αρ.)	[épenos]
elogiar (vt)	**παινεύω**	[penévo]
desapontamento (m)	**απογοήτευση** (θηλ.)	[apoɣoítefsi]
desapontar (vt)	**απογοητεύω**	[apoɣoitévo]
desapontar-se (vr)	**απογοητεύομαι**	[apoɣoitévome]
suposição (f)	**υπόθεση** (θηλ.)	[ipóθesi]
supor (vt)	**υποθέτω**	[ipoθéto]
advertência (f)	**προειδοποίηση** (θηλ.)	[proiðopíisi]
advertir (vt)	**προειδοποιώ**	[proiðopió]

67. Discussão, conversação. Parte 3

convencer (vt)	**πείθω**	[píθo]
acalmar (vt)	**καθησυχάζω**	[kaθisixázo]
silêncio (o ~ é de ouro)	**σιωπή** (θηλ.)	[siopí]
ficar em silêncio	**σιωπώ**	[siopó]
sussurrar (vt)	**ψιθυρίζω**	[psiθirízo]
sussurro (m)	**ψιθύρισμα** (ουδ.)	[psiθírizma]
francamente	**ειλικρινά**	[ilikriná]
a meu ver ...	**κατά τη γνώμη μου ...**	[katá ti ɣnómi mu]
detalhe (~ da história)	**λεπτομέρεια** (θηλ.)	[leptoméria]
detalhado	**λεπτομερής**	[leptomerís]
detalhadamente	**λεπτομερώς**	[leptomerós]
dica (f)	**υπαινιγμός** (αρ.)	[ipeniɣmós]
dar uma dica	**υπαινίσσομαι**	[ipenísome]
olhar (m)	**βλέμμα** (ουδ.)	[vléma]
dar uma vista de olhos	**ρίχνω ματιά**	[ríxno matiá]
fixo (olhar ~)	**απλανής**	[aplʲanís]
piscar (vi)	**ανοιγοκλείνω τα μάτια**	[aniɣoklíno ta mátia]
pestanejar (vt)	**κλείνω το μάτι**	[klíno to máti]
acenar (com a cabeça)	**γνέφω**	[ɣnéfo]
suspiro (m)	**αναπνοή** (θηλ.)	[anapnoí]
suspirar (vi)	**αναστενάζω**	[anastenázo]
estremecer (vi)	**τρέμω**	[trémo]
gesto (m)	**χειρονομία** (θηλ.)	[xironomía]
tocar (com as mãos)	**αγγίζω**	[angízo]
agarrar (~ pelo braço)	**πιάνω**	[piáno]
bater de leve	**χτυπώ ελαφρά**	[xtipó elʲafrá]
Cuidado!	**Προσοχή!**	[prosoxí]
A sério?	**Αλήθεια;**	[alíθia]
Tem certeza?	**Είσαι σίγουρος;**	[íse síɣuros]
Boa sorte!	**Καλή τύχη!**	[kalí tíxi]
Compreendi!	**Κατάλαβα!**	[katálʲava]
Que pena!	**Τι κρίμα!**	[ti kríma]

68. Acordo. Recusa

consentimento (~ mútuo)	**συγκατάθεση** (θηλ.)	[singatáθasi]
consentir (vi)	**συμφωνώ**	[simfonó]
aprovação (f)	**έγκριση** (θηλ.)	[éngrisi]
aprovar (vt)	**εγκρίνω**	[engríno]
recusa (f)	**άρνηση** (θηλ.)	[árnisi]
negar-se (vt)	**αρνούμαι**	[arnúme]
Está ótimo!	**Ωραία!**	[oréa]
Muito bem!	**Εντάξει!**	[endáksi]

Está bem! De acordo!	**Εντάξει!**	[endáksi]
proibido	**απαγορευμένος**	[apaɣorevménos]
é proibido	**απαγορεύεται**	[apaɣorévete]
é impossível	**είναι αδύνατο**	[íne aðínato]
incorreto	**λανθασμένος**	[lʲanθazménos]
rejeitar (~ um pedido)	**απορρίπτω**	[aporípto]
apoiar (vt)	**υποστηρίζω**	[ipostirízo]
aceitar (desculpas, etc.)	**δέχομαι**	[ðéxome]
confirmar (vt)	**επιβεβαιώνω**	[epiveveóno]
confirmação (f)	**επιβεβαίωση** (θηλ.)	[epivevéosi]
permissão (f)	**άδεια** (θηλ.)	[áðia]
permitir (vt)	**επιτρέπω**	[epitrépo]
decisão (f)	**απόφαση** (θηλ.)	[apófasi]
não dizer nada	**σιωπώ**	[siopó]
condição (com uma ~)	**όρος** (αρ.)	[óros]
pretexto (m)	**πρόφαση** (θηλ.)	[prófasi]
elogio (m)	**έπαινος** (αρ.)	[épenos]
elogiar (vt)	**παινεύω**	[penévo]

69. Sucesso. Boa sorte. Insucesso

êxito, sucesso (m)	**επιτυχία** (θηλ.)	[epitixía]
com êxito	**επιτυχώς**	[epitixós]
bem sucedido	**επιτυχής**	[epitixís]
sorte (fortuna)	**τύχη** (θηλ.)	[tíxi]
Boa sorte!	**Καλή τύχη!**	[kalí tíxi]
de sorte	**τυχερός**	[tixerós]
sortudo, felizardo	**τυχερός**	[tixerós]
fracasso (m)	**αποτυχία** (θηλ.)	[apotixía]
pouca sorte (f)	**ατυχία** (θηλ.)	[atixía]
azar (m), má sorte (f)	**ατυχία** (θηλ.)	[atixía]
mal sucedido	**αποτυχημένος**	[apotiximénos]
catástrofe (f)	**καταστροφή** (θηλ.)	[katastrofí]
orgulho (m)	**υπερηφάνεια** (θηλ.)	[iperifánia]
orgulhoso	**υπερήφανος**	[iperífanos]
estar orgulhoso	**είμαι περήφανος**	[íme perífanos]
vencedor (m)	**νικητής** (αρ.)	[nikitís]
vencer (vi)	**νικάω, κερδίζω**	[nikáo], [kerðízo]
perder (vt)	**χάνω**	[xáno]
tentativa (f)	**προσπάθεια** (θηλ.)	[prospáθia]
tentar (vt)	**προσπαθώ**	[prospaθó]
chance (m)	**ευκαιρία** (θηλ.)	[efkería]

70. Conflitos. Emoções negativas

grito (m)	**κραυγή** (θηλ.)	[kravʝí]
gritar (vi)	**φωνάζω**	[fonázo]

começar a gritar	**ξεκινώ να φωνάζω**	[ksekinó na fonázo]
discussão (f)	**τσακωμός** (αρ.)	[tsakomós]
discutir (vt)	**τσακώνομαι**	[tsakónome]
escândalo (m)	**καυγάς** (αρ.)	[kavɣás]
criar escândalo	**καυγαδίζω**	[kavɣaðízo]
conflito (m)	**σύγκρουση** (θηλ.)	[síngrusi]
mal-entendido (m)	**παρεξήγηση** (θηλ.)	[pareks(j)isi]
insulto (m)	**προσβολή** (θηλ.)	[prozvolí]
insultar (vt)	**προσβάλλω**	[prozválʲo]
insultado	**προσβεβλημένος**	[prozvevliménos]
ofensa (f)	**πίκρα** (θηλ.)	[píkra]
ofender (vt)	**προσβάλλω**	[prozválʲo]
ofender-se (vr)	**θίγομαι**	[θíɣome]
indignação (f)	**αγανάκτηση** (θηλ.)	[aɣanáktisi]
indignar-se (vr)	**αγανακτώ**	[aɣanaktó]
queixa (f)	**παράπονο** (ουδ.)	[parápono]
queixar-se (vr)	**παραπονιέμαι**	[paraponiéme]
desculpa (f)	**συγνώμη** (θηλ.)	[siɣnómi]
desculpar-se (vr)	**ζητώ συγνώμη**	[zitó siɣnómi]
pedir perdão	**ζητώ συγχώρεση**	[zitó sinxóresi]
crítica (f)	**κριτική** (θηλ.)	[kritikí]
criticar (vt)	**κριτικάρω**	[kritikáro]
acusação (f)	**κατηγορία** (θηλ.)	[katiɣoría]
acusar (vt)	**κατηγορώ**	[katiɣoró]
vingança (f)	**εκδίκηση** (θηλ.)	[ekðíkisi]
vingar (vt)	**εκδικούμαι**	[ekðikúme]
vingar-se (vr)	**παίρνω εκδίκηση**	[pérno ekðíkisi]
desprezo (m)	**περιφρόνηση** (θηλ.)	[perifronísi]
desprezar (vt)	**περιφρονώ**	[perifronó]
ódio (m)	**μίσος** (ουδ.)	[mísos]
odiar (vt)	**μισώ**	[misó]
nervoso	**νευρικός**	[nevrikós]
estar nervoso	**αγχώνομαι**	[anxónome]
zangado	**θυμωμένος**	[θimoménos]
zangar (vt)	**θυμώνω**	[θimóno]
humilhação (f)	**ταπείνωση** (θηλ.)	[tapínosi]
humilhar (vt)	**ταπεινώνω**	[tapinóno]
humilhar-se (vr)	**ταπεινώνομαι**	[tapinónome]
choque (m)	**σοκ** (ουδ.)	[sok]
chocar (vt)	**σοκάρω**	[sokáro]
aborrecimento (m)	**πρόβλημα** (ουδ.)	[próvlima]
desagradável	**δυσάρεστος**	[ðisárestos]
medo (m)	**φόβος** (αρ.)	[fóvos]
terrível (tempestade, etc.)	**τρομερός**	[tromerós]
assustador (ex. história ~a)	**τρομακτικός**	[tromaktikós]

horror (m)	**τρόμος** (αρ.)	[trómos]
horrível (crime, etc.)	**φρικτός**	[friktós]
chorar (vi)	**κλαίω**	[kléo]
começar a chorar	**ξεκινώ να κλαίω**	[ksekinó na kléo]
lágrima (f)	**δάκρυ** (ουδ.)	[ðákri]
falta (f)	**λάθος** (ουδ.)	[lʲáθos]
culpa (f)	**ενοχή** (θηλ.)	[enoxí]
desonra (f)	**ντροπή** (θηλ.)	[dropí]
protesto (m)	**διαμαρτυρία** (θηλ.)	[ðiamartiría]
stresse (m)	**στρες** (ουδ.)	[stres]
perturbar (vt)	**ενοχλώ**	[enoxlʲó]
zangar-se com ...	**θυμώνω**	[θimóno]
zangado	**θυμωμένος**	[θimoménos]
terminar (vt)	**τελειώνω**	[telióno]
praguejar	**βρίζω**	[vrízo]
assustar-se	**τρομάζω**	[tromázo]
golpear (vt)	**χτυπάω**	[xtipáo]
brigar (na rua, etc.)	**παλεύω**	[palévo]
resolver (o conflito)	**διευθετώ**	[ðiefθetó]
descontente	**δυσαρεστημένος**	[ðisarestiménos]
furioso	**οργισμένος**	[orʝizménos]
Não está bem!	**Δεν είναι καλό!**	[ðen íne kalʲó]
É mau!	**Είναι κακό!**	[íne kakó]

Medicina

71. Doenças

doença (f)	**αρρώστια** (θηλ.)	[aróstia]
estar doente	**είμαι άρρωστος**	[íme árostos]
saúde (f)	**υγεία** (θηλ.)	[ijía]
nariz (m) a escorrer	**συνάχι** (ουδ.)	[sináxi]
amigdalite (f)	**αμυγδαλίτιδα** (θηλ.)	[amiɣðalítiða]
constipação (f)	**κρυολόγημα** (ουδ.)	[kriolʲójima]
constipar-se (vr)	**κρυολογώ**	[kriolʲoɣó]
bronquite (f)	**βρογχίτιδα** (θηλ.)	[vronxítiða]
pneumonia (f)	**πνευμονία** (θηλ.)	[pnevmonía]
gripe (f)	**γρίπη** (θηλ.)	[ɣrípi]
míope	**μύωπας**	[míopas]
presbita	**πρεσβύωπας**	[prezvíopas]
estrabismo (m)	**στραβισμός** (αρ.)	[stravizmós]
estrábico	**αλλήθωρος**	[alíθoros]
catarata (f)	**καταρράκτης** (αρ.)	[kataráktis]
glaucoma (m)	**γλαύκωμα** (ουδ.)	[ɣlʲáfkoma]
AVC (m), apoplexia (f)	**αποπληξία** (θηλ.)	[apopliksía]
ataque (m) cardíaco	**έμφραγμα** (ουδ.)	[émfraɣma]
enfarte (m) do miocárdio	**έμφραγμα του μυοκαρδίου** (ουδ.)	[émfraɣma tu miokarðíu]
paralisia (f)	**παράλυση** (θηλ.)	[parálisi]
paralisar (vt)	**παραλύω**	[paralío]
alergia (f)	**αλλεργία** (θηλ.)	[alerjía]
asma (f)	**άσθμα** (ουδ.)	[ásθma]
diabetes (f)	**διαβήτης** (αρ.)	[ðiavítis]
dor (f) de dentes	**πονόδοντος** (αρ.)	[ponóðondos]
cárie (f)	**τερηδόνα** (θηλ.)	[teriðóna]
diarreia (f)	**διάρροια** (θηλ.)	[ðiária]
prisão (f) de ventre	**δυσκοιλιότητα** (θηλ.)	[ðiskiliótita]
desarranjo (m) intestinal	**στομαχική διαταραχή** (θηλ.)	[stomaxikí ðiataraxí]
intoxicação (f) alimentar	**τροφική δηλητηρίαση** (θηλ.)	[trofikí ðilitiríasi]
intoxicar-se	**δηλητηριάζομαι**	[ðilitiriázome]
artrite (f)	**αρθρίτιδα** (θηλ.)	[arθrítiða]
raquitismo (m)	**ραχίτιδα** (θηλ.)	[raxítiða]
reumatismo (m)	**ρευματισμοί** (αρ.πλ.)	[revmatizmí]
arteriosclerose (f)	**αθηροσκλήρωση** (θηλ.)	[aθirosklírosi]
gastrite (f)	**γαστρίτιδα** (θηλ.)	[ɣastrítiða]
apendicite (f)	**σκωληκοειδίτιδα** (θηλ.)	[skolikoiðítiða]

colecistite (f)	**χολοκυστίτιδα** (θηλ.)	[xolʲokistítiða]
úlcera (f)	**έλκος** (ουδ.)	[élʲkos]
sarampo (m)	**ιλαρά** (θηλ.)	[ilʲará]
rubéola (f)	**ερυθρά** (θηλ.)	[eriθrá]
iterícia (f)	**ίκτερος** (αρ.)	[íkteros]
hepatite (f)	**ηπατίτιδα** (θηλ.)	[ipatítiða]
esquizofrenia (f)	**σχιζοφρένεια** (θηλ.)	[sxizofrénia]
raiva (f)	**λύσσα** (θηλ.)	[lísa]
neurose (f)	**νεύρωση** (θηλ.)	[névrosi]
comoção (f) cerebral	**διάσειση** (θηλ.)	[ðiásisi]
cancro (m)	**καρκίνος** (αρ.)	[karkínos]
esclerose (f)	**σκλήρυνση** (θηλ.)	[sklírinsi]
esclerose (f) múltipla	**σκλήρυνση κατά πλάκας** (θηλ.)	[sklírinsi kataplʲákas]
alcoolismo (m)	**αλκοολισμός** (αρ.)	[alʲkoolizmós]
alcoólico (m)	**αλκοολικός** (αρ.)	[alʲkoolikós]
sífilis (f)	**σύφιλη** (θηλ.)	[sífili]
SIDA (f)	**AIDS** (ουδ.)	[ejds]
tumor (m)	**όγκος** (αρ.)	[óngos]
maligno	**κακοήθης**	[kakoíθis]
benigno	**καλοήθης**	[kalʲoíθis]
febre (f)	**πυρετός** (αρ.)	[piretós]
malária (f)	**ελονοσία** (θηλ.)	[elʲonosía]
gangrena (f)	**γάγγραινα** (θηλ.)	[ɣángrena]
enjoo (m)	**ναυτία** (θηλ.)	[naftía]
epilepsia (f)	**επιληψία** (θηλ.)	[epilipsía]
epidemia (f)	**επιδημία** (θηλ.)	[epiðimía]
tifo (m)	**τύφος** (αρ.)	[tífos]
tuberculose (f)	**φυματίωση** (θηλ.)	[fimatíosi]
cólera (f)	**χολέρα** (θηλ.)	[xoléra]
peste (f)	**πανούκλα** (θηλ.)	[panúklʲa]

72. Sintomas. Tratamentos. Parte 1

sintoma (m)	**σύμπτωμα** (ουδ.)	[símptoma]
temperatura (f)	**θερμοκρασία** (θηλ.)	[θermokrasía]
febre (f)	**υψηλή θερμοκρασία** (θηλ.)	[ipsilí θermokrasía]
pulso (m)	**παλμός** (αρ.)	[palʲmós]
vertigem (f)	**ίλιγγος** (αρ.)	[ílingos]
quente (testa, etc.)	**ζεστός**	[zestós]
calafrio (m)	**ρίγος** (ουδ.)	[ríɣos]
pálido	**χλομός**	[xlʲomós]
tosse (f)	**βήχας** (αρ.)	[víxas]
tossir (vi)	**βήχω**	[víxo]
espirrar (vi)	**φτερνίζομαι**	[fternízome]

desmaio (m)	**λιποθυμία** (θηλ.)	[lipoθimía]
desmaiar (vi)	**λιποθυμώ**	[lipoθimó]

nódoa (f) negra	**μελανιά** (θηλ.)	[melʲaniá]
galo (m)	**καρούμπαλο** (ουδ.)	[karúmbalʲo]
magoar-se (vr)	**χτυπάω**	[xtipáo]
pisadura (f)	**μώλωπας** (αρ.)	[mólʲopas]
aleijar-se (vr)	**χτυπάω**	[xtipáo]

coxear (vi)	**κουτσαίνω**	[kutséno]
deslocação (f)	**εξάρθρημα** (ουδ.)	[eksárθrima]
deslocar (vt)	**εξαρθρώνω**	[eksaθróno]
fratura (f)	**κάταγμα** (ουδ.)	[kátaɣma]
fraturar (vt)	**παθαίνω κάταγμα**	[paθéno kátaɣma]

corte (m)	**κόψιμο, σχίσιμο** (ουδ.)	[kópsimo], [sxísimo]
cortar-se (vr)	**κόβομαι**	[kóvome]
hemorragia (f)	**αιμορραγία** (θηλ.)	[emoraʝía]

queimadura (f)	**έγκαυμα** (ουδ.)	[éngavma]
queimar-se (vr)	**καίγομαι**	[kéɣome]

picar (vt)	**τρυπώ**	[tripó]
picar-se (vr)	**τρυπώ**	[tripó]
lesionar (vt)	**τραυματίζω**	[travmatízo]
lesão (m)	**τραυματισμός** (αρ.)	[travmatizmós]
ferida (f), ferimento (m)	**πληγή** (θηλ.)	[pliʝí]
trauma (m)	**τραύμα** (ουδ.)	[trávma]

delirar (vi)	**παραμιλώ**	[paramilʲó]
gaguejar (vi)	**τραυλίζω**	[travlízo]
insolação (f)	**ηλίαση** (θηλ.)	[ilíasi]

73. Sintomas. Tratamentos. Parte 2

dor (f)	**πόνος** (αρ.)	[pónos]
farpa (no dedo)	**ακίδα** (θηλ.)	[akíða]

suor (m)	**ιδρώτας** (αρ.)	[iðrótas]
suar (vi)	**ιδρώνω**	[iðróno]
vómito (m)	**εμετός** (αρ.)	[emetós]
convulsões (f pl)	**σπασμοί** (αρ.πλ.)	[spazmí]

grávida	**έγκυος**	[éngios]
nascer (vi)	**γεννιέμαι**	[ʝeniéme]
parto (m)	**γέννα** (θηλ.)	[ʝéna]
dar à luz	**γεννάω**	[ʝenáo]
aborto (m)	**έκτρωση** (θηλ.)	[éktrosi]

respiração (f)	**αναπνοή** (θηλ.)	[anapnoí]
inspiração (f)	**εισπνοή** (θηλ.)	[ispnoí]
expiração (f)	**εκπνοή** (θηλ.)	[ekpnoí]
expirar (vi)	**εκπνέω**	[ekpnéo]
inspirar (vi)	**εισπνέω**	[ispnéo]

inválido (m)	**ανάπηρος** (αρ.)	[anápiros]
aleijado (m)	**σακάτης** (αρ.)	[sakátis]
toxicodependente (m)	**ναρκομανής** (αρ.)	[narkomanís]
surdo	**κουφός, κωφός**	[kufós], [kofós]
mudo	**μουγγός**	[mungós]
surdo-mudo	**κωφάλαλος**	[kofálʲalʲos]
louco (adj.)	**τρελός**	[trelʲós]
louco (m)	**τρελός** (αρ.)	[trelʲós]
louca (f)	**τρελή** (θηλ.)	[trelí]
ficar louco	**τρελαίνομαι**	[trelénome]
gene (m)	**γονίδιο** (ουδ.)	[ɣoníðio]
imunidade (f)	**ανοσία** (θηλ.)	[anosía]
hereditário	**κληρονομικός**	[klironomikós]
congénito	**συγγενής**	[singenís]
vírus (m)	**ιός** (αρ.)	[jos]
micróbio (m)	**μικρόβιο** (ουδ.)	[mikróvio]
bactéria (f)	**βακτήριο** (ουδ.)	[vaktírio]
infeção (f)	**μόλυνση** (θηλ.)	[mólinsi]

74. Sintomas. Tratamentos. Parte 3

hospital (m)	**νοσοκομείο** (ουδ.)	[nosokomío]
paciente (m)	**ασθενής** (αρ.)	[asθenís]
diagnóstico (m)	**διάγνωση** (θηλ.)	[ðiáɣnosi]
cura (f)	**θεραπεία** (θηλ.)	[θerapía]
tratamento (m) médico	**ιατρική περίθαλψη** (θηλ.)	[jatrikí períθalʲpsi]
curar-se (vr)	**θεραπεύομαι**	[θerapévume]
tratar (vt)	**περιποιούμαι**	[peripiúme]
cuidar (pessoa)	**φροντίζω**	[frondízo]
cuidados (m pl)	**φροντίδα** (θηλ.)	[frondíða]
operação (f)	**εγχείρηση** (θηλ.)	[enxírisi]
enfaixar (vt)	**επιδένω**	[epiðéno]
enfaixamento (m)	**επίδεση** (θηλ.)	[epíðesi]
vacinação (f)	**εμβόλιο** (ουδ.)	[emvólio]
vacinar (vt)	**εμβολιάζω**	[emvoliázo]
injeção (f)	**ένεση** (θηλ.)	[énesi]
dar uma injeção	**κάνω ένεση**	[káno énesi]
amputação (f)	**ακρωτηριασμός** (αρ.)	[akrotiriazmós]
amputar (vt)	**ακρωτηριάζω**	[akrotiriázo]
coma (f)	**κώμα** (ουδ.)	[kóma]
estar em coma	**βρίσκομαι σε κώμα**	[vrískome se kóma]
reanimação (f)	**εντατική** (θηλ.)	[endatikí]
recuperar-se (vr)	**αναρρώνω**	[anaróno]
estado (~ de saúde)	**κατάσταση** (θηλ.)	[katástasi]
consciência (f)	**αισθήσεις** (θηλ.πλ.)	[esθísis]

memória (f)	**μνήμη** (θηλ.)	[mními]
tirar (vt)	**βγάζω**	[vɣázo]
chumbo (m), obturação (f)	**σφράγισμα** (ουδ.)	[sfrájizma]
chumbar, obturar (vt)	**σφραγίζω**	[sfrajízo]
hipnose (f)	**ύπνωση** (θηλ.)	[ípnosi]
hipnotizar (vt)	**υπνωτίζω**	[ipnotízo]

75. Médicos

médico (m)	**γιατρός** (αρ.)	[jatrós]
enfermeira (f)	**νοσοκόμα** (θηλ.)	[nosokóma]
médico (m) pessoal	**προσωπικός γιατρός** (αρ.)	[prosopikós jatrós]
dentista (m)	**οδοντίατρος** (αρ.)	[oðondíatros]
oculista (m)	**οφθαλμίατρος** (αρ.)	[ofθalʲmíatros]
terapeuta (m)	**παθολόγος** (αρ.)	[paθolʲóɣos]
cirurgião (m)	**χειρουργός** (αρ.)	[xiruɣós]
psiquiatra (m)	**ψυχίατρος** (αρ.)	[psixíatros]
pediatra (m)	**παιδίατρος** (αρ.)	[peðíatros]
psicólogo (m)	**ψυχολόγος** (αρ.)	[psixolʲóɣos]
ginecologista (m)	**γυναικολόγος** (αρ.)	[jinekolʲóɣos]
cardiologista (m)	**καρδιολόγος** (αρ.)	[karðiolʲóɣos]

76. Medicina. Drogas. Acessórios

medicamento (m)	**φάρμακο** (ουδ.)	[fármako]
remédio (m)	**θεραπεία** (θηλ.)	[θerapía]
receitar (vt)	**γράφω**	[ɣráfo]
receita (f)	**συνταγή** (θηλ.)	[sindají]
comprimido (m)	**χάπι** (ουδ.)	[xápi]
pomada (f)	**αλοιφή** (θηλ.)	[alifí]
ampola (f)	**αμπούλα** (θηλ.)	[ambúlʲa]
preparado (m)	**διάλυμα** (ουδ.)	[ðiálima]
xarope (m)	**σιρόπι** (ουδ.)	[sirópi]
cápsula (f)	**κάψουλα** (θηλ.)	[kápsulʲa]
remédio (m) em pó	**σκόνη** (θηλ.)	[skóni]
ligadura (f)	**επίδεσμος** (αρ.)	[epíðezmos]
algodão (m)	**χειρουργικό βαμβάκι** (ουδ.)	[xirurjikó vamváki]
iodo (m)	**ιώδιο** (ουδ.)	[ióðio]
penso (m) rápido	**τσιρότο** (ουδ.)	[tsiróto]
conta-gotas (m)	**σταγονόμετρο** (ουδ.)	[staɣonómetro]
termómetro (m)	**θερμόμετρο** (ουδ.)	[θermómetro]
seringa (f)	**σύριγγα** (θηλ.)	[síringa]
cadeira (f) de rodas	**αναπηρικό καροτσάκι** (ουδ.)	[anapirikó karotsáki]
muletas (f pl)	**πατερίτσες** (θηλ.πλ.)	[paterítses]
analgésico (m)	**αναλγητικό** (ουδ.)	[analʲjitikó]

laxante (m)	**καθαρτικό** (ουδ.)	[kaθartikó]
álcool (m) etílico	**οινόπνευμα** (ουδ.)	[inópnevma]
ervas (f pl) medicinais	**θεραπευτικά βότανα** (ουδ.πλ.)	[θerapeftiká vótana]
de ervas (chá ~)	**από βότανα**	[apó vótana]

77. Fumar. Produtos tabágicos

tabaco (m)	**καπνός** (αρ.)	[kapnós]
cigarro (m)	**τσιγάρο** (ουδ.)	[tsiɣáro]
charuto (m)	**πούρο** (ουδ.)	[púro]
cachimbo (m)	**πίπα** (θηλ.)	[pípa]
maço (~ de cigarros)	**πακέτο** (ουδ.)	[pakéto]
fósforos (m pl)	**σπίρτα** (ουδ.πλ.)	[spírta]
caixa (f) de fósforos	**σπιρτόκουτο** (ουδ.)	[spirtókuto]
isqueiro (m)	**αναπτήρας** (αρ.)	[anaptíras]
cinzeiro (m)	**τασάκι** (ουδ.)	[tasáki]
cigarreira (f)	**τσιγαροθήκη** (θηλ.)	[tsiɣaroθíki]
boquilha (f)	**καπνοσύριγγα** (θηλ.)	[kapnosíringa]
filtro (m)	**φίλτρο** (ουδ.)	[fíltro]
fumar (vi, vt)	**καπνίζω**	[kapnízo]
acender um cigarro	**ανάβω τσιγάρο**	[anávo tsiɣáro]
tabagismo (m)	**κάπνισμα** (ουδ.)	[kápnizma]
fumador (m)	**καπνιστής** (αρ.)	[kapnistís]
beata (f)	**αποτσίγαρο** (ουδ.)	[apotsíɣaro]
fumo (m)	**καπνός** (αρ.)	[kapnós]
cinza (f)	**στάχτη** (θηλ.)	[stáxti]

HABITAT HUMANO

Cidade

78. Cidade. Vida na cidade

cidade (f)	**πόλη** (θηλ.)	[póli]
capital (f)	**πρωτεύουσα** (θηλ.)	[protévusa]
aldeia (f)	**χωριό** (ουδ.)	[xorió]
mapa (m) da cidade	**χάρτης πόλης** (αρ.)	[xártis pólis]
centro (m) da cidade	**κέντρο της πόλης** (ουδ.)	[kéndro tis pólis]
subúrbio (m)	**προάστιο** (ουδ.)	[proástio]
suburbano	**προαστιακός**	[proastiakós]
periferia (f)	**προάστια** (ουδ.πλ.)	[proástia]
arredores (m pl)	**περίχωρα** (πλ.)	[períxora]
quarteirão (m)	**συνοικία** (θηλ.)	[sinikía]
quarteirão (m) residencial	**οικιστικό τετράγωνο** (ουδ.)	[ikistikó tetráɣono]
tráfego (m)	**κίνηση** (θηλ.)	[kínisi]
semáforo (m)	**φανάρι** (ουδ.)	[fanári]
transporte (m) público	**δημόσιες συγκοινωνίες** (θηλ.πλ.)	[ðimósies singinoníes]
cruzamento (m)	**διασταύρωση** (θηλ.)	[ðiastávrosi]
passadeira (f)	**διάβαση πεζών** (θηλ.)	[ðiávasi pezón]
passagem (f) subterrânea	**υπόγεια διάβαση** (θηλ.)	[ipójia ðiávasi]
cruzar, atravessar (vt)	**περνάω, διασχίζω**	[pernáo], [ðiasxízo]
peão (m)	**πεζός** (αρ.)	[pezós]
passeio (m)	**πεζοδρόμιο** (ουδ.)	[pezoðrómio]
ponte (f)	**γέφυρα** (θηλ.)	[jéfira]
margem (f) do rio	**προκυμαία** (θηλ.)	[prokiméa]
fonte (f)	**κρήνη** (θηλ.)	[kríni]
alameda (f)	**αλέα** (θηλ.)	[aléa]
parque (m)	**πάρκο** (ουδ.)	[párko]
bulevar (m)	**λεωφόρος** (θηλ.)	[leofóros]
praça (f)	**πλατεία** (θηλ.)	[plʲatía]
avenida (f)	**λεωφόρος** (θηλ.)	[leofóros]
rua (f)	**δρόμος** (αρ.)	[ðrómos]
travessa (f)	**παράδρομος** (αρ.)	[paráðromos]
beco (m) sem saída	**αδιέξοδο** (ουδ.)	[aðiéksoðo]
casa (f)	**σπίτι** (ουδ.)	[spíti]
edifício, prédio (m)	**κτίριο** (ουδ.)	[ktírio]
arranha-céus (m)	**ουρανοξύστης** (αρ.)	[uranoksístis]
fachada (f)	**πρόσοψη** (θηλ.)	[prósopsi]

telhado (m)	**στέγη** (θηλ.)	[stéji]
janela (f)	**παράθυρο** (ουδ.)	[paráθiro]
arco (m)	**αψίδα** (θηλ.)	[apsíða]
coluna (f)	**κολόνα** (θηλ.)	[kolʲóna]
esquina (f)	**γωνία** (θηλ.)	[ɣonía]
montra (f)	**βιτρίνα** (θηλ.)	[vitrína]
letreiro (m)	**ταμπέλα** (θηλ.)	[tabélʲa]
cartaz (m)	**αφίσα** (θηλ.)	[afísa]
cartaz (m) publicitário	**διαφημιστική αφίσα** (θηλ.)	[ðiafimistikí afísa]
painel (m) publicitário	**διαφημιστική πινακίδα** (θηλ.)	[ðiafimistikí pinakíða]
lixo (m)	**σκουπίδια** (ουδ.πλ.)	[skupíðia]
cesta (f) do lixo	**σκουπιδοτενεκές** (αρ.)	[skupiðotenekés]
jogar lixo na rua	**λερώνω με σκουπίδια**	[leróno me skupíðia]
aterro (m) sanitário	**χωματερή** (θηλ.)	[xomaterí]
cabine (f) telefónica	**τηλεφωνικός θάλαμος** (αρ.)	[tilefonikós θálʲamos]
candeeiro (m) de rua	**φανοστάτης** (αρ.)	[fanostátis]
banco (m)	**παγκάκι** (ουδ.)	[pangáki]
polícia (m)	**αστυνομικός** (αρ.)	[astinomikós]
polícia (instituição)	**αστυνομία** (θηλ.)	[astinomía]
mendigo (m)	**ζητιάνος** (αρ.)	[zitiános]
sem-abrigo (m)	**άστεγος** (αρ.)	[ásteɣos]

79. Instituições urbanas

loja (f)	**κατάστημα** (ουδ.)	[katástima]
farmácia (f)	**φαρμακείο** (ουδ.)	[farmakío]
ótica (f)	**κατάστημα οπτικών** (ουδ.)	[katástima optikón]
centro (m) comercial	**εμπορικό κέντρο** (ουδ.)	[emborikó kéndro]
supermercado (m)	**σουπερμάρκετ** (ουδ.)	[supermárket]
padaria (f)	**αρτοπωλείο** (ουδ.)	[artopolío]
padeiro (m)	**φούρναρης** (αρ.)	[fúrnaris]
pastelaria (f)	**ζαχαροπλαστείο** (ουδ.)	[zaxaroplʲastío]
mercearia (f)	**μπακάλικο** (ουδ.)	[bakáliko]
talho (m)	**κρεοπωλείο** (ουδ.)	[kreopolío]
loja (f) de legumes	**μανάβικο** (ουδ.)	[manáviko]
mercado (m)	**αγορά, λαϊκή** (θηλ.)	[aɣorá], [lʲajkí]
café (m)	**καφετέρια** (θηλ.)	[kafetéria]
restaurante (m)	**εστιατόριο** (ουδ.)	[estiatório]
bar (m), cervejaria (f)	**μπαρ** (ουδ.), **μπυραρία** (θηλ.)	[bar], [biraría]
pizzaria (f)	**πιτσαρία** (θηλ.)	[pitsaría]
salão (m) de cabeleireiro	**κομμωτήριο** (ουδ.)	[komotírio]
correios (m pl)	**ταχυδρομείο** (ουδ.)	[taxiðromío]
lavandaria (f)	**στεγνοκαθαριστήριο** (ουδ.)	[steɣnokaθaristírio]
estúdio (m) fotográfico	**φωτογραφείο** (ουδ.)	[fotoɣrafío]
sapataria (f)	**κατάστημα παπουτσιών** (ουδ.)	[katástima paputsión]

livraria (f)	**βιβλιοπωλείο** (ουδ.)	[vivliopolío]
loja (f) de artigos de desporto	**κατάστημα αθλητικών ειδών** (ουδ.)	[katástima aθlitikón iðón]
reparação (f) de roupa	**κατάστημα επιδιορθώσεων ενδυμάτων** (ουδ.)	[katástima epiðiorθóseon enðimáton]
aluguer (m) de roupa	**ενοικίαση ενδυμάτων** (θηλ.)	[enikíasi enðimáton]
aluguer (m) de filmes	**κατάστημα ενοικίασης βίντεο** (ουδ.)	[katástima enikíasis vídeo]
circo (m)	**τσίρκο** (ουδ.)	[tsírko]
jardim (m) zoológico	**ζωολογικός κήπος** (αρ.)	[zooloʲjikós kípos]
cinema (m)	**κινηματογράφος** (αρ.)	[kinimatoɣráfos]
museu (m)	**μουσείο** (ουδ.)	[musío]
biblioteca (f)	**βιβλιοθήκη** (θηλ.)	[vivlioθíki]
teatro (m)	**θέατρο** (ουδ.)	[θéatro]
ópera (f)	**όπερα** (θηλ.)	[ópera]
clube (m) noturno	**νυχτερινό κέντρο** (ουδ.)	[nixterinó kéndro]
casino (m)	**καζίνο** (ουδ.)	[kazíno]
mesquita (f)	**τζαμί** (ουδ.)	[dzamí]
sinagoga (f)	**συναγωγή** (θηλ.)	[sinaɣojí]
catedral (f)	**καθεδρικός** (αρ.)	[kaθeðrikós]
templo (m)	**ναός** (αρ.)	[naós]
igreja (f)	**εκκλησία** (θηλ.)	[eklisía]
instituto (m)	**πανεπιστήμιο** (ουδ.)	[panepistímio]
universidade (f)	**πανεπιστήμιο** (ουδ.)	[panepistímio]
escola (f)	**σχολείο** (ουδ.)	[sxolío]
prefeitura (f)	**νομός** (αρ.)	[nómos]
câmara (f) municipal	**δημαρχείο** (ουδ.)	[ðimarxío]
hotel (m)	**ξενοδοχείο** (ουδ.)	[ksenoðoxío]
banco (m)	**τράπεζα** (θηλ.)	[trápeza]
embaixada (f)	**πρεσβεία** (θηλ.)	[prezvía]
agência (f) de viagens	**ταξιδιωτικό γραφείο** (ουδ.)	[taksiðiotikó ɣrafío]
agência (f) de informações	**γραφείο πληροφοριών** (ουδ.)	[ɣrafío plirofor ión]
casa (f) de câmbio	**ανταλλακτήριο συναλλάγματος** (ουδ.)	[andalʲaktírio sinalʲáɣmatos]
metro (m)	**μετρό** (ουδ.)	[metró]
hospital (m)	**νοσοκομείο** (ουδ.)	[nosokomío]
posto (m) de gasolina	**βενζινάδικο** (ουδ.)	[venzináðiko]
parque (m) de estacionamento	**πάρκινγκ** (ουδ.)	[párking]

80. Sinais

letreiro (m)	**ταμπέλα** (θηλ.)	[tabélʲa]
inscrição (f)	**επιγραφή** (θηλ.)	[epiɣrafí]
cartaz, póster (m)	**αφίσα, πόστερ** (ουδ.)	[afísa], [póster]
sinal (m) informativo	**πινακίδα** (θηλ.)	[pinakíða]

seta (f)	**βελάκι** (ουδ.)	[velʲáki]
aviso (advertência)	**προειδοποίηση** (θηλ.)	[proiðopíisi]
sinal (m) de aviso	**προειδοποίηση** (θηλ.)	[proiðopíisi]
avisar, advertir (vt)	**προειδοποιώ**	[proiðopió]
dia (m) de folga	**ρεπό** (ουδ.)	[repó]
horário (m)	**ωράριο** (ουδ.)	[orário]
horário (m) de funcionamento	**ώρες λειτουργίας** (θηλ.πλ.)	[óres liturʝías]
BEM-VINDOS!	**ΚΑΛΩΣ ΗΡΘΑΤΕ!**	[kalʲos írθate]
ENTRADA	**ΕΙΣΟΔΟΣ**	[ísoðos]
SAÍDA	**ΕΞΟΔΟΣ**	[éksoðos]
EMPURRE	**ΩΘΗΣΑΤΕ**	[oθísate]
PUXE	**ΕΛΞΑΤΕ**	[élʲksate]
ABERTO	**ΑΝΟΙΚΤΟ**	aníkto
FECHADO	**ΚΛΕΙΣΤΟ**	[klísto]
MULHER	**ΓΥΝΑΙΚΩΝ**	[ʝinekón]
HOMEM	**ΑΝΔΡΕΣ**	[ánðres]
DESCONTOS	**ΕΚΠΤΩΣΕΙΣ**	[ekptósis]
SALDOS	**ΞΕΠΟΥΛΗΜΑ**	[ksepúlima]
NOVIDADE!	**ΝΕΟ!**	[néo]
GRÁTIS	**ΔΩΡΕΑΝ**	[ðoreán]
ATENÇÃO!	**ΠΡΟΣΟΧΗ!**	[prosoxí]
NÃO HÁ VAGAS	**ΔΕΝ ΥΠΑΡΧΟΥΝ ΚΕΝΑ ΔΩΜΑΤΙΑ**	[ðen ipárxun kená ðomátia]
RESERVADO	**ΡΕΖΕΡΒΕ**	[rezervé]
ADMINISTRAÇÃO	**ΔΙΕΥΘΥΝΤΗΣ**	[ðiéfθindis]
SOMENTE PESSOAL AUTORIZADO	**ΜΟΝΟ ΓΙΑ ΤΟ ΠΡΟΣΩΠΙΚΟ**	[móno ʝa to prosopikó]
CUIDADO CÃO FEROZ	**ΠΡΟΣΟΧΗ ΣΚΥΛΟΣ**	[prosoxí skílʲos]
PROIBIDO FUMAR!	**ΑΠΑΓΟΡΕΥΕΤΑΙ ΤΟ ΚΑΠΝΙΣΜΑ**	[apaɣorévete to kápnizma]
NÃO TOCAR	**ΜΗΝ ΑΓΓΙΖΕΤΕ!**	[min angízete]
PERIGOSO	**ΚΙΝΔΥΝΟΣ**	[kínðinos]
PERIGO	**ΚΙΝΔΥΝΟΣ**	[kínðinos]
ALTA TENSÃO	**ΥΨΗΛΗ ΤΑΣΗ**	[ípseli tási]
PROIBIDO NADAR	**ΑΠΑΓΟΡΕΥΕΤΑΙ ΤΟ ΚΟΛΥΜΠΙ**	[apaɣorévete to kolíbi]
AVARIADO	**ΕΚΤΟΣ ΛΕΙΤΟΥΡΓΙΑΣ**	éktos liturʝías
INFLAMÁVEL	**ΕΥΦΛΕΚΤΟ**	[éflekto]
PROIBIDO	**ΑΠΑΓΟΡΕΥΕΤΑΙ**	[apaɣorévete]
ENTRADA PROIBIDA	**ΑΠΑΓΟΡΕΥΕΤΑΙ ΤΟ ΠΕΡΑΣΜΑ**	[apaɣorévete to pérazma]
CUIDADO TINTA FRESCA	**ΦΡΕΣΚΟΒΑΜΜΕΝΟ**	[frésko vaméno]

81. Transportes urbanos

autocarro (m)	**λεωφορείο** (ουδ.)	[leoforío]
elétrico (m)	**τραμ** (ουδ.)	[tram]
troleicarro (m)	**τρόλεϊ** (ουδ.)	[trólej]
itinerário (m)	**δρομολόγιο** (ουδ.)	[ðromolʲójo]
número (m)	**αριθμός** (αρ.)	[ariθmós]
ir de ... (carro, etc.)	**πηγαίνω με ...**	[pijéno me]
entrar (~ no autocarro)	**ανεβαίνω**	[anevéno]
descer de ...	**κατεβαίνω**	[katevéno]
paragem (f)	**στάση** (θηλ.)	[stási]
próxima paragem (f)	**επόμενη στάση** (θηλ.)	[epómeni stási]
ponto (m) final	**τερματικός σταθμός** (αρ.)	[termatikós staθmós]
horário (m)	**δρομολόγιο** (ουδ.)	[ðromolʲójo]
esperar (vt)	**περιμένω**	[periméno]
bilhete (m)	**εισιτήριο** (ουδ.)	[isitírio]
custo (m) do bilhete	**τιμή εισιτηρίου** (θηλ.)	[timí isitiríu]
bilheteiro (m)	**ταμίας** (αρ./θηλ.)	[tamías]
controlo (m) dos bilhetes	**έλεγχος εισιτηρίων** (αρ.)	[élenxos isitiríon]
revisor (m)	**ελεγκτής εισιτηρίων** (αρ.)	[elengtís isitiríon]
atrasar-se (vr)	**καθυστερώ**	[kaθisteró]
perder (o autocarro, etc.)	**καθυστερώ**	[kaθisteró]
estar com pressa	**βιάζομαι**	[viázome]
táxi (m)	**ταξί** (ουδ.)	[taksí]
taxista (m)	**ταξιτζής** (αρ.)	[taksidzís]
de táxi (ir ~)	**με ταξί**	[me taksí]
praça (f) de táxis	**πιάτσα ταξί** (θηλ.)	[piátsa taksí]
chamar um táxi	**καλώ ταξί**	[kalʲó taksí]
apanhar um táxi	**παίρνω ταξί**	[pérno taksí]
tráfego (m)	**κίνηση** (θηλ.)	[kínisi]
engarrafamento (m)	**μποτιλιάρισμα** (ουδ.)	[botiliárizma]
horas (f pl) de ponta	**ώρα αιχμής** (θηλ.)	[óra exmís]
estacionar (vi)	**παρκάρω**	[parkáro]
estacionar (vt)	**παρκάρω**	[parkáro]
parque (m) de estacionamento	**πάρκινγκ** (ουδ.)	[párking]
metro (m)	**μετρό** (ουδ.)	[metró]
estação (f)	**σταθμός** (αρ.)	[staθmós]
ir de metro	**παίρνω το μετρό**	[pérno to metró]
comboio (m)	**τραίνο, τρένο** (ουδ.)	[tréno]
estação (f)	**σιδηροδρομικός σταθμός** (αρ.)	[siðiroðromikós staθmós]

82. Turismo

monumento (m)	**μνημείο** (ουδ.)	[mnimío]
fortaleza (f)	**φρούριο** (ουδ.)	[frúrio]

palácio (m)	**παλάτι** (ουδ.)	[pal'áti]
castelo (m)	**κάστρο** (ουδ.)	[kástro]
torre (f)	**πύργος** (αρ.)	[píryos]
mausoléu (m)	**μαυσωλείο** (ουδ.)	[mafsolío]
arquitetura (f)	**αρχιτεκτονική** (θηλ.)	[arxitektonikí]
medieval	**μεσαιωνικός**	[meseonikós]
antigo	**αρχαίος**	[arxéos]
nacional	**εθνικός**	[eθnikós]
conhecido	**διάσημος**	[ðiásimos]
turista (m)	**τουρίστας** (αρ.)	[turístas]
guia (pessoa)	**ξεναγός** (αρ.)	[ksenayós]
excursão (f)	**εκδρομή** (θηλ.)	[ekðromí]
mostrar (vt)	**δείχνω**	[ðíxno]
contar (vt)	**διηγούμαι**	[ðiiyúme]
encontrar (vt)	**βρίσκω**	[vrísko]
perder-se (vr)	**χάνομαι**	[xánome]
mapa (~ do metrô)	**χάρτης** (αρ.)	[xártis]
mapa (~ da cidade)	**χάρτης** (αρ.)	[xártis]
lembrança (f), presente (m)	**ενθύμιο** (ουδ.)	[enθímio]
loja (f) de presentes	**κατάστημα με είδη δώρων** (ουδ.)	[katástima me ídi ðóron]
fotografar (vt)	**φωτογραφίζω**	[fotoyrafízo]
fotografar-se	**βγαίνω φωτογραφία**	[vjéno fotoyrafía]

83. Compras

comprar (vt)	**αγοράζω**	[ayorázo]
compra (f)	**αγορά** (θηλ.)	[ayorá]
fazer compras	**ψωνίζω**	[psonízo]
compras (f pl)	**shopping** (ουδ.)	[ʃópiŋ]
estar aberta (loja, etc.)	**λειτουργώ**	[lituryó]
estar fechada	**κλείνω**	[klíno]
calçado (m)	**υποδήματα** (ουδ.πλ.)	[ipoðímata]
roupa (f)	**ενδύματα** (ουδ.πλ.)	[enðímata]
cosméticos (m pl)	**καλλυντικά** (ουδ.πλ.)	[kalindiká]
alimentos (m pl)	**τρόφιμα** (ουδ.πλ.)	[trófima]
presente (m)	**δώρο** (ουδ.)	[ðóro]
vendedor (m)	**πωλητής** (αρ.)	[politís]
vendedora (f)	**πωλήτρια** (θηλ.)	[polítria]
caixa (f)	**ταμείο** (ουδ.)	[tamío]
espelho (m)	**καθρέφτης** (αρ.)	[kaθréftis]
balcão (m)	**πάγκος** (αρ.)	[pángos]
cabine (f) de provas	**δοκιμαστήριο** (ουδ.)	[ðokimastírio]
provar (vt)	**δοκιμάζω**	[ðokimázo]
servir (vi)	**ταιριάζω**	[teriázo]

gostar (apreciar)	**μου αρέσει**	[mu arési]
preço (m)	**τιμή** (θηλ.)	[timí]
etiqueta (f) de preço	**καρτέλα τιμής** (θηλ.)	[kartélʲa timís]
custar (vt)	**κοστίζω**	[kostízo]
Quanto?	**Πόσο κάνει;**	póso káni?
desconto (m)	**έκπτωση** (θηλ.)	[ékptosi]
não caro	**φτηνός**	[ftinós]
barato	**φτηνός**	[ftinós]
caro	**ακριβός**	[akrivós]
É caro	**Είναι ακριβός**	[íne akrivós]
aluguer (m)	**ενοικίαση** (θηλ.)	[enikíasi]
alugar (vestidos, etc.)	**νοικιάζω**	[nikiázo]
crédito (m)	**πίστωση** (θηλ.)	[pístosi]
a crédito	**με πίστωση**	[me pístosi]

84. Dinheiro

dinheiro (m)	**χρήματα** (ουδ.πλ.)	[xrímata]
câmbio (m)	**ανταλλαγή** (θηλ.)	[andalʲají]
taxa (f) de câmbio	**ισοτιμία** (θηλ.)	[isotimía]
Caixa Multibanco (m)	**ATM** (ουδ.)	[eitiém]
moeda (f)	**κέρμα** (ουδ.)	[kérma]
dólar (m)	**δολάριο** (ουδ.)	[ðolʲário]
euro (m)	**ευρώ** (ουδ.)	[evró]
lira (f)	**λίρα** (θηλ.)	[líra]
marco (m)	**μάρκο** (ουδ.)	[márko]
franco (m)	**φράγκο** (ουδ.)	[frángo]
libra (f) esterlina	**στερλίνα** (θηλ.)	[sterlína]
iene (m)	**γιεν** (ουδ.)	[jén]
dívida (f)	**χρέος** (ουδ.)	[xréos]
devedor (m)	**χρεώστης** (αρ.)	[xreóstis]
emprestar (vt)	**δανείζω**	[ðanízo]
pedir emprestado	**δανείζομαι**	[ðanízome]
banco (m)	**τράπεζα** (θηλ.)	[trápeza]
conta (f)	**λογαριασμός** (αρ.)	[lʲoɣariazmós]
depositar na conta	**καταθέτω στο λογαριασμό**	[kataθéto sto lʲoɣariazmó]
levantar (vt)	**κάνω ανάληψη**	[káno análipsi]
cartão (m) de crédito	**πιστωτική κάρτα** (θηλ.)	[pistotikí kárta]
dinheiro (m) vivo	**μετρητά** (ουδ.πλ.)	[metritá]
cheque (m)	**επιταγή** (θηλ.)	[epitají]
passar um cheque	**κόβω επιταγή**	[kóvo epitají]
livro (m) de cheques	**βιβλιάριο επιταγών** (ουδ.)	[vivliário epitaɣón]
carteira (f)	**πορτοφόλι** (ουδ.)	[portofóli]
porta-moedas (m)	**πορτοφόλι** (ουδ.)	[portofóli]
cofre (m)	**χρηματοκιβώτιο** (ουδ.)	[xrimatokivótio]
herdeiro (m)	**κληρονόμος** (αρ.)	[klironómos]

herança (f)	**κληρονομιά** (θηλ.)	[klironomiá]
fortuna (riqueza)	**περιουσία** (θηλ.)	[periusía]
arrendamento (m)	**σύμβαση μίσθωσης** (θηλ.)	[símvasi mísθosis]
renda (f) de casa	**ενοίκιο** (ουδ.)	[eníkio]
alugar (vt)	**νοικιάζω**	[nikiázo]
preço (m)	**τιμή** (θηλ.)	[timí]
custo (m)	**κόστος** (ουδ.)	[kóstos]
soma (f)	**ποσό** (ουδ.)	[posó]
gastar (vt)	**ξοδεύω**	[ksoðévo]
gastos (m pl)	**έξοδα** (ουδ.πλ.)	[éksoða]
economizar (vi)	**κάνω οικονομία**	[káno ikonomía]
económico	**οικονομικός**	[ikonomikós]
pagar (vt)	**πληρώνω**	[pliróno]
pagamento (m)	**αμοιβή** (θηλ.)	[amiví]
troco (m)	**ρέστα** (ουδ.πλ.)	[résta]
imposto (m)	**φόρος** (αρ.)	[fóros]
multa (f)	**πρόστιμο** (ουδ.)	[próstimo]
multar (vt)	**επιβάλλω πρόστιμο**	[epiválʲo próstimo]

85. Correios. Serviço postal

correios (m pl)	**ταχυδρομείο** (ουδ.)	[taxiðromío]
correio (m)	**ταχυδρομείο** (ουδ.)	[taxiðromío]
carteiro (m)	**ταχυδρόμος** (αρ.)	[taxiðrómos]
horário (m)	**ώρες λειτουργίας** (θηλ.πλ.)	[óres liturʝías]
carta (f)	**γράμμα** (ουδ.)	[ɣráma]
carta (f) registada	**συστημένο γράμμα** (ουδ.)	[sistiméno ɣráma]
postal (m)	**κάρτα** (θηλ.)	[kárta]
telegrama (m)	**τηλεγράφημα** (ουδ.)	[tileɣráfima]
encomenda (f) postal	**δέμα** (ουδ.)	[ðéma]
remessa (f) de dinheiro	**έμβασμα** (ουδ.)	[émvazma]
receber (vt)	**λαμβάνω**	[lʲamváno]
enviar (vt)	**στέλνω**	[stélʲno]
envio (m)	**αποστολή** (θηλ.)	[apostolí]
endereço (m)	**διεύθυνση** (θηλ.)	[ðiéfθinsi]
código (m) postal	**ταχυδρομικός κώδικας** (αρ.)	[taxiðromikós kóðikas]
remetente (m)	**αποστολέας** (αρ.)	[apostoléas]
destinatário (m)	**παραλήπτης** (αρ.)	[paralíptis]
nome (m)	**όνομα** (ουδ.)	[ónoma]
apelido (m)	**επώνυμο** (ουδ.)	[epónimo]
tarifa (f)	**ταχυδρομικό τέλος** (ουδ.)	[taxiðromikó télʲos]
ordinário	**κανονικός**	[kanonikós]
económico	**οικονομικός**	[ikonomikós]
peso (m)	**βάρος** (ουδ.)	[város]

pesar (estabelecer o peso)	**ζυγίζω**	[zʝízo]
envelope (m)	**φάκελος** (αρ.)	[fákelʲos]
selo (m)	**γραμματόσημο** (ουδ.)	[ɣramatósimo]
colar o selo	**βάζω γραμματόσημο**	[vázo ɣramatósimo]

Moradia. Casa. Lar

86. Casa. Habitação

casa (f)	**σπίτι** (ουδ.)	[spíti]
em casa	**σπίτι**	[spíti]
pátio (m)	**αυλή** (θηλ.)	[avlí]
cerca (f)	**φράχτης** (αρ.)	[fráxtis]
tijolo (m)	**τούβλο** (ουδ.)	[túvlʲo]
de tijolos	**από τούβλο**	[apó túvlʲo]
pedra (f)	**πέτρα** (θηλ.)	[pétra]
de pedra	**πέτρινος**	[pétrinos]
betão (m)	**μπετόν** (ουδ.)	[betón]
de betão	**από μπετόν**	[apó betón]
novo	**καινούριος**	[kenúrios]
velho	**παλιός**	[paliós]
decrépito	**ετοιμόρροπος**	[etimóropos]
moderno	**σύγχρονος**	[sínxronos]
de muitos andares	**πολυώροφος**	[poliórofos]
alto	**ψηλός**	[psilʲós]
andar (m)	**όροφος** (αρ.)	[órofos]
de um andar	**μονοόροφο** (ουδ.)	[monoórofo]
andar (m) de baixo	**ισόγειο** (ουδ.)	[isójio]
andar (m) de cima	**τελευταίος όροφος** (αρ.)	[teleftéos órofos]
telhado (m)	**στέγη** (θηλ.)	[stéji]
chaminé (f)	**καμινάδα** (θηλ.)	[kamináða]
telha (f)	**κεραμίδι** (ουδ.)	[keramíði]
de telha	**με κεραμίδια**	[me keramíðia]
sótão (m)	**σοφίτα** (θηλ.)	[sofíta]
janela (f)	**παράθυρο** (ουδ.)	[paráθiro]
vidro (m)	**τζάμι** (ουδ.)	[dzámi]
parapeito (m)	**περβάζι** (ουδ.)	[pervázi]
portadas (f pl)	**παντζούρια** (ουδ.πλ.)	[padzúria]
parede (f)	**τοίχος** (αρ.)	[tíxos]
varanda (f)	**μπαλκόνι** (ουδ.)	[balʲkóni]
tubo (m) de queda	**υδρορρόη** (θηλ.)	[iðrorói]
em cima	**πάνω**	[páno]
subir (~ as escadas)	**πηγαίνω πάνω**	[pijéno páno]
descer (vi)	**κατεβαίνω**	[katevéno]
mudar-se (vr)	**μετακομίζω**	[metakomízo]

87. Casa. Entrada. Elevador

entrada (f)	**είσοδος** (θηλ.)	[ísoðos]
escada (f)	**σκάλα** (θηλ.)	[skálʲa]
degraus (m pl)	**σκαλοπάτια** (ουδ.πλ.)	[skalʲopátia]
corrimão (m)	**κάγκελα** (ουδ.πλ.)	[kángelʲa]
hall (m) de entrada	**φουαγιέ** (ουδ.)	[fuaʝé]
caixa (f) de correio	**γραμματοκιβώτιο** (ουδ.)	[ɣramatokivótio]
caixote (m) do lixo	**σκουπιδοτενεκές** (αρ.)	[skupiðotenekés]
conduta (f) do lixo	**αγωγός ρίψης σκουπιδιών** (αρ.)	[aɣoɣóz rípsis skupiðion]
elevador (m)	**ασανσέρ** (ουδ.)	[asansér]
elevador (m) de carga	**ανελκυστήρας εμπορευμάτων** (αρ.)	[anelʲkistíras emborevmáton]
cabine (f)	**θάλαμος** (αρ.)	[θálʲamos]
pegar o elevador	**πηγαίνω με ασανσέρ**	[piʝéno me asansér]
apartamento (m)	**διαμέρισμα** (ουδ.)	[ðiamérizma]
moradores (m pl)	**κάτοικοι** (αρ.πλ.)	[kátiki]
vizinho (m)	**γείτονας** (αρ.)	[ʝítonas]
vizinha (f)	**γειτόνισσα** (θηλ.)	[ʝitónisa]
vizinhos (pl)	**γείτονες** (αρ.πλ.)	[ʝítones]

88. Casa. Eletricidade

eletricidade (f)	**ηλεκτρισμός** (αρ.)	[ilektrizmós]
lâmpada (f)	**λάμπα** (θηλ.)	[lʲámba]
interruptor (m)	**διακόπτης** (αρ.)	[ðiakóptis]
fusível (m)	**ασφάλεια** (θηλ.), **φυσίγγιο** (ουδ.)	[asfália], [fisíngio]
fio, cabo (m)	**καλώδιο** (ουδ.)	[kalʲóðio]
instalação (f) elétrica	**καλωδίωση** (θηλ.)	[kalʲoðíosi]
contador (m) de eletricidade	**μετρητής ηλεκτρικής κατανάλωσης** (αρ.)	[metritís ilektrikís katanálʲosis]
indicação (f), registo (m)	**ενδείξεις** (θηλ.πλ.)	[enðíksis]

89. Casa. Portas. Fechaduras

porta (f)	**πόρτα** (θηλ.)	[pórta]
portão (m)	**αυλόπορτα** (θηλ.)	[avlʲóporta]
maçaneta (f)	**χερούλι** (ουδ.)	[xerúli]
destrancar (vt)	**ξεκλειδώνω**	[ksekliðóno]
abrir (vt)	**ανοίγω**	[aníɣo]
fechar (vt)	**κλείνω**	[klíno]
chave (f)	**κλειδί** (ουδ.)	[kliðí]
molho (m)	**αρμαθιά** (θηλ.)	[armaθxá]
ranger (vi)	**τρίζω**	[trízo]

rangido (m)	**τρίξιμο** (ουδ.)	[tríksimo]
dobradiça (f)	**ρεζές** (αρ.)	[rezés]
tapete (m) de entrada	**χαλάκι** (ουδ.)	[xalʲáki]
fechadura (f)	**κλειδαριά** (θηλ.)	[kliðariá]
buraco (m) da fechadura	**κλειδαρότρυπα** (θηλ.)	[kliðarótripa]
ferrolho (m)	**σύρτης** (αρ.)	[sírtis]
fecho (ferrolho pequeno)	**μάνταλο** (ουδ.)	[mándalʲo]
cadeado (m)	**λουκέτο** (ουδ.)	[lʲukéto]
tocar (vt)	**χτυπάω**	[xtipáo]
toque (m)	**κουδούνισμα** (ουδ.)	[kuðúnizma]
campainha (f)	**κουδούνι** (ουδ.)	[kuðúni]
botão (m)	**κουμπί** (ουδ.)	[kumbí]
batida (f)	**χτύπημα** (ουδ.)	[xtípima]
bater (vi)	**χτυπάω**	[xtipáo]
código (m)	**κωδικός** (αρ.)	[koðikós]
fechadura (f) de código	**κλειδαριά με κωδικό** (θηλ.)	[kliðariá mekoðikó]
telefone (m) de porta	**θυροτηλέφωνο** (ουδ.)	[θirotiléfono]
número (m)	**αριθμός** (αρ.)	[ariθmós]
placa (f) de porta	**πινακίδα** (θηλ.)	[pinakíða]
vigia (f), olho (m) mágico	**ματάκι** (ουδ.)	[matáki]

90. Casa de campo

aldeia (f)	**χωριό** (ουδ.)	[xorió]
horta (f)	**λαχανόκηπος** (αρ.)	[lʲaxanókipos]
cerca (f)	**φράχτης** (αρ.)	[fráxtis]
paliçada (f)	**φράχτης** (αρ.)	[fráxtis]
cancela (f) do jardim	**πόρτα** (θηλ.)	[pórta]
celeiro (m)	**σιταποθήκη** (θηλ.)	[sitapoθíki]
adega (f)	**κελάρι** (ουδ.)	[kelʲári]
galpão, barracão (m)	**αποθήκη** (θηλ.)	[apoθíki]
poço (m)	**πηγάδι** (ουδ.)	[piɣáði]
fogão (m)	**ξυλόφουρνος** (αρ.)	[ksilʲófurnos]
atiçar o fogo	**ανάβω τον φούρνο**	[anávo ton fúrno]
lenha (carvão ou ~)	**ξύλα** (ουδ.πλ.)	[ksílʲa]
acha (lenha)	**κούτσουρο** (ουδ.)	[kútsuro]
varanda (f)	**βεράντα** (θηλ.)	[veránda]
alpendre (m)	**βεράντα** (θηλ.)	[veránda]
degraus (m pl) de entrada	**σκαλιά** (ουδ.πλ.)	[skaliá]
balouço (m)	**κούνια** (θηλ.)	[kúnia]

91. Moradia. Mansão

casa (f) de campo	**εξωχικό** (ουδ.)	[eksoxikó]
vila (f)	**βίλα** (θηλ.)	[vílʲa]
ala (~ do edifício)	**πτέρυγα** (θηλ.)	[ptériɣa]

jardim (m)	**κήπος** (αρ.)	[kípos]
parque (m)	**πάρκο** (ουδ.)	[párko]
estufa (f)	**θερμοκήπιο** (ουδ.)	[θermokípio]
cuidar de ...	**φροντίζω**	[frondízo]
piscina (f)	**πισίνα** (θηλ.)	[pisína]
ginásio (m)	**γυμναστήριο** (ουδ.)	[jimnastírio]
campo (m) de ténis	**γήπεδο τένις** (ουδ.)	[jípeðo ténis]
cinema (m)	**οικιακός κινηματογράφος** (αρ.)	[ikiakós kinimatoɣráfos]
garagem (f)	**γκαράζ** (ουδ.)	[garáz]
propriedade (f) privada	**ιδωτική ιδιοκτησία** (θηλ.)	[iðotikí iðioktisía]
terreno (m) privado	**ιδιωτική έκταση** (θηλ.)	[iðiotikí éktasi]
advertência (f)	**προειδοποίηση** (θηλ.)	[proiðopíisi]
sinal (m) de aviso	**προειδοποιητικό σήμα** (ουδ.)	[proiðopoiitikó síma]
guarda (f)	**ασφάλεια** (θηλ.)	[asfália]
guarda (m)	**φρουρός** (αρ.)	[fríʎakas]
alarme (m)	**συναγερμός** (αρ.)	[sinajermós]

92. Castelo. Palácio

castelo (m)	**κάστρο** (ουδ.)	[kástro]
palácio (m)	**παλάτι** (ουδ.)	[paʎáti]
fortaleza (f)	**φρούριο** (ουδ.)	[frúrio]
muralha (f)	**τείχος** (ουδ.)	[tíxos]
torre (f)	**πύργος** (αρ.)	[pírɣos]
calabouço (m)	**μπουντρούμι** (ουδ.)	[budrúmi]
grade (f) levadiça	**καταρρακτή** (θηλ.)	[kataraktí]
passagem (f) subterrânea	**υπόγειο πέρασμα** (ουδ.)	[ipójio pérazma]
fosso (m)	**τάφρος** (θηλ.)	[táfros]
corrente, cadeia (f)	**αλυσίδα** (θηλ.)	[alisíða]
seteira (f)	**πολεμίστρα** (θηλ.)	[polemístra]
magnífico	**θαυμάσιος**	[θavmásios]
majestoso	**μεγαλοπρεπής**	[meɣaʎoprepís]
inexpugnável	**απόρθητος**	[apórθitos]
medieval	**μεσαιωνικός**	[meseonikós]

93. Apartamento

apartamento (m)	**διαμέρισμα** (ουδ.)	[ðiamérizma]
quarto (m)	**δωμάτιο** (ουδ.)	[ðomátio]
quarto (m) de dormir	**υπνοδωμάτιο** (ουδ.)	[ipnoðomátio]
sala (f) de jantar	**τραπεζαρία** (θηλ.)	[trapezaría]
sala (f) de estar	**σαλόνι** (ουδ.)	[saʎóni]
escritório (m)	**γραφείο** (ουδ.)	[ɣrafío]

antessala (f)	**χωλ** (ουδ.)	[xolʲ]
quarto (m) de banho	**μπάνιο** (ουδ.)	[bánio]
toilette (lavabo)	**τουαλέτα** (θηλ.)	[tualéta]
teto (m)	**ταβάνι** (ουδ.)	[taváni]
chão, soalho (m)	**πάτωμα** (ουδ.)	[pátoma]
canto (m)	**γωνία** (θηλ.)	[ɣonía]

94. Apartamento. Limpeza

arrumar, limpar (vt)	**τακτοποιώ**	[taktopió]
guardar (no armário, etc.)	**τακτοποιώ**	[taktopió]
pó (m)	**σκόνη** (θηλ.)	[skóni]
empoeirado	**σκονισμένος**	[skonizménos]
limpar o pó	**ξεσκονίζω**	[kseskonízo]
aspirador (m)	**ηλεκτρική σκούπα** (θηλ.)	[ilektrikí skúpa]
aspirar (vt)	**σκουπίζω με την ηλεκτρική**	[skupízo me tin ilektrikí]
varrer (vt)	**σκουπίζω**	[skupízo]
sujeira (f)	**σκουπίδια** (ουδ.πλ.)	[skupíðia]
arrumação (f), ordem (f)	**τάξη** (θηλ.)	[táksi]
desordem (f)	**ακαταστασία** (θηλ.)	[akatastasía]
esfregão (m)	**σφουγγαρίστρα** (θηλ.)	[sfungarístra]
pano (m), trapo (m)	**πατσαβούρα** (θηλ.)	[patsavúra]
vassoura (f)	**μικρή σκούπα** (θηλ.)	[mikrí skúpa]
pá (f) de lixo	**φαράσι** (ουδ.)	[farási]

95. Mobiliário. Interior

mobiliário (m)	**έπιπλα** (ουδ.πλ.)	[épiplʲa]
mesa (f)	**τραπέζι** (ουδ.)	[trapézi]
cadeira (f)	**καρέκλα** (θηλ.)	[karéklʲa]
cama (f)	**κρεβάτι** (ουδ.)	[kreváti]
divã (m)	**καναπές** (αρ.)	[kanapés]
cadeirão (m)	**πολυθρόνα** (θηλ.)	[poliθróna]
estante (f)	**βιβλιοθήκη** (θηλ.)	[vivlioθíki]
prateleira (f)	**ράφι** (ουδ.)	[ráfi]
guarda-vestidos (m)	**ντουλάπα** (θηλ.)	[dulʲápa]
cabide (m) de parede	**κρεμάστρα** (θηλ.)	[kremástra]
cabide (m) de pé	**καλόγερος** (αρ.)	[kalʲójeros]
cómoda (f)	**συρταριέρα** (θηλ.)	[sirtariéra]
mesinha (f) de centro	**τραπεζάκι** (ουδ.)	[trapezáki]
espelho (m)	**καθρέφτης** (αρ.)	[kaθréftis]
tapete (m)	**χαλί** (ουδ.)	[xalí]
tapete (m) pequeno	**χαλάκι** (ουδ.)	[xalʲáki]
lareira (f)	**τζάκι** (ουδ.)	[dzáki]
vela (f)	**κερί** (ουδ.)	[kerí]

castiçal (m)	**κηροπήγιο** (ουδ.)	[kiropíjo]
cortinas (f pl)	**κουρτίνες** (θηλ.πλ.)	[kurtínes]
papel (m) de parede	**ταπετσαρία** (θηλ.)	[tapetsaría]
estores (f pl)	**στόρια** (ουδ.πλ.)	[stória]
candeeiro (m) de mesa	**επιτραπέζιο φωτιστικό** (ουδ.)	[epitrapézio fotistikó]
candeeiro (m) de parede	**φωτιστικό τοίχου** (ουδ.)	[fotistikó tíxu]
candeeiro (m) de pé	**φωτιστικό δαπέδου** (ουδ.)	[fotistikó ðapéðu]
lustre (m)	**πολυέλαιος** (αρ.)	[poliéleos]
pé (de mesa, etc.)	**πόδι** (ουδ.)	[póði]
braço (m)	**μπράτσο** (ουδ.)	[brátso]
costas (f pl)	**πλάτη** (θηλ.)	[plʲáti]
gaveta (f)	**συρτάρι** (ουδ.)	[sirtári]

96. Quarto de dormir

roupa (f) de cama	**σεντόνια** (ουδ.πλ.)	[sendónia]
almofada (f)	**μαξιλάρι** (ουδ.)	[maksilʲári]
fronha (f)	**μαξιλαροθήκη** (θηλ.)	[maksilʲaroθíki]
cobertor (m)	**πάπλωμα** (ουδ.)	[páplʲoma]
lençol (m)	**σεντόνι** (ουδ.)	[sendóni]
colcha (f)	**κουβερλί** (ουδ.)	[kuverlí]

97. Cozinha

cozinha (f)	**κουζίνα** (θηλ.)	[kuzína]
gás (m)	**γκάζι** (ουδ.)	[gázi]
fogão (m) a gás	**κουζίνα με γκάζι** (θηλ.)	[kuzína me gázi]
fogão (m) elétrico	**ηλεκτρική κουζίνα** (θηλ.)	[ilektrikí kuzína]
forno (m)	**φούρνος** (αρ.)	[fúrnos]
forno (m) de micro-ondas	**φούρνος μικροκυμάτων** (αρ.)	[fúrnos mikrokimáton]
frigorífico (m)	**ψυγείο** (ουδ.)	[psijío]
congelador (m)	**καταψύκτης** (αρ.)	[katapsíktis]
máquina (f) de lavar louça	**πλυντήριο πιάτων** (ουδ.)	[plindírio piáton]
moedor (m) de carne	**κρεατομηχανή** (θηλ.)	[kreatomixaní]
espremedor (m)	**αποχυμωτής** (αρ.)	[apoximotís]
torradeira (f)	**φρυγανιέρα** (θηλ.)	[friɣaniéra]
batedeira (f)	**μίξερ** (ουδ.)	[mílkser]
máquina (f) de café	**καφετιέρα** (θηλ.)	[kafetiéra]
cafeteira (f)	**καφετιέρα** (θηλ.)	[kafetiéra]
moinho (m) de café	**μύλος του καφέ** (αρ.)	[mílʲos tu kafé]
chaleira (f)	**βραστήρας** (αρ.)	[vrastíras]
bule (m)	**τσαγιέρα** (θηλ.)	[tsajéra]
tampa (f)	**καπάκι** (ουδ.)	[kapáki]
coador (m) de chá	**σουρωτήρι τσαγιού** (ουδ.)	[surotíri tsajú]
colher (f)	**κουτάλι** (ουδ.)	[kutáli]
colher (f) de chá	**κουταλάκι του γλυκού** (ουδ.)	[kutalʲáki tu ɣlikú]

colher (f) de sopa	**κουτάλι της σούπας** (ουδ.)	[kutáli tis súpas]
garfo (m)	**πιρούνι** (ουδ.)	[pirúni]
faca (f)	**μαχαίρι** (ουδ.)	[maxéri]
louça (f)	**επιτραπέζια σκεύη** (ουδ.πλ.)	[epitrapézia skévi]
prato (m)	**πιάτο** (ουδ.)	[piáto]
pires (m)	**πιατάκι** (ουδ.)	[piatáki]
cálice (m)	**σφηνοπότηρο** (ουδ.)	[sfinopótiro]
copo (m)	**ποτήρι** (ουδ.)	[potíri]
chávena (f)	**φλιτζάνι** (ουδ.)	[flidzáni]
açucareiro (m)	**ζαχαριέρα** (θηλ.)	[zaxariéra]
saleiro (m)	**αλατιέρα** (θηλ.)	[alʲatiéra]
pimenteiro (m)	**πιπεριέρα** (θηλ.)	[piperiéra]
manteigueira (f)	**βουτυριέρα** (θηλ.)	[vutiriéra]
panela, caçarola (f)	**κατσαρόλα** (θηλ.)	[katsarólʲa]
frigideira (f)	**τηγάνι** (ουδ.)	[tiɣáni]
concha (f)	**κουτάλα** (θηλ.)	[kutálʲa]
passador (m)	**σουρωτήρι** (ουδ.)	[surotíri]
bandeja (f)	**δίσκος** (αρ.)	[ðískos]
garrafa (f)	**μπουκάλι** (ουδ.)	[bukáli]
boião (m) de vidro	**βάζο** (ουδ.)	[vázo]
lata (f)	**κουτί** (ουδ.)	[kutí]
abre-garrafas (m)	**ανοιχτήρι** (ουδ.)	[anixtíri]
abre-latas (m)	**ανοιχτήρι** (ουδ.)	[anixtíri]
saca-rolhas (m)	**τιρμπουσόν** (ουδ.)	[tirbusón]
filtro (m)	**φίλτρο** (ουδ.)	[fílʲtro]
filtrar (vt)	**φιλτράρω**	[filʲtráro]
lixo (m)	**σκουπίδια** (ουδ.πλ.)	[skupíðia]
balde (m) do lixo	**κάδος σκουπιδιών** (αρ.)	[káðos skupiðión]

98. Casa de banho

quarto (m) de banho	**μπάνιο** (ουδ.)	[bánio]
água (f)	**νερό** (ουδ.)	[neró]
torneira (f)	**βρύση** (ουδ.)	[vrísi]
água (f) quente	**ζεστό νερό** (ουδ.)	[zestó neró]
água (f) fria	**κρύο νερό** (ουδ.)	[krío neró]
pasta (f) de dentes	**οδοντόκρεμα** (θηλ.)	[oðondókrema]
escovar os dentes	**πλένω τα δόντια**	[pléno ta ðóndia]
barbear-se (vr)	**ξυρίζομαι**	[ksirízome]
espuma (f) de barbear	**αφρός ξυρίσματος** (αρ.)	[afrós ksirízmatos]
máquina (f) de barbear	**ξυράφι** (ουδ.)	[ksiráfi]
lavar (vt)	**πλένω**	[pléno]
lavar-se (vr)	**πλένομαι**	[plénome]
duche (m)	**ντουζ** (ουδ.)	[duz]

tomar um duche	**κάνω ντους**	[káno duz]
banheira (f)	**μπανιέρα** (θηλ.)	[baniéra]
sanita (f)	**λεκάνη** (θηλ.)	[lekáni]
lavatório (m)	**νιπτήρας** (αρ.)	[niptíras]
sabonete (m)	**σαπούνι** (ουδ.)	[sapúni]
saboneteira (f)	**σαπουνοθήκη** (θηλ.)	[sapunoθíki]
esponja (f)	**σφουγγάρι** (ουδ.)	[sfungári]
champô (m)	**σαμπουάν** (ουδ.)	[sambuán]
toalha (f)	**πετσέτα** (θηλ.)	[petséta]
roupão (m) de banho	**μπουρνούζι** (ουδ.)	[burnúzi]
lavagem (f)	**μπουγάδα** (θηλ.)	[buɣáða]
máquina (f) de lavar	**πλυντήριο ρούχων** (ουδ.)	[plindírio rúxon]
lavar a roupa	**πλένω τα σεντόνια**	[pléno ta sendónia]
detergente (m)	**απορρυπαντικό** (ουδ.)	[aporipandikó]

99. Eletrodomésticos

televisor (m)	**τηλεόραση** (θηλ.)	[tileórasi]
gravador (m)	**κασετόφωνο** (ουδ.)	[kasetófono]
videogravador (m)	**συσκευή βίντεο** (θηλ.)	[siskeví vídeo]
rádio (m)	**ραδιόφωνο** (ουδ.)	[raðiófono]
leitor (m)	**πλέιερ** (ουδ.)	[pléjer]
projetor (m)	**βιντεοπροβολέας** (αρ.)	[videoprovoléas]
cinema (m) em casa	**οικιακός κινηματογράφος** (αρ.)	[ikiakós kinimatoɣráfos]
leitor (m) de DVD	**συσκευή DVD** (θηλ.)	[siskeví dividí]
amplificador (m)	**ενισχυτής** (αρ.)	[enisxitís]
console (f) de jogos	**κονσόλα παιχνιδιών** (θηλ.)	[konsólʲa pexniðion]
câmara (f) de vídeo	**βιντεοκάμερα** (θηλ.)	[videokámera]
máquina (f) fotográfica	**φωτογραφική μηχανή** (θηλ.)	[fotoɣrafikí mixaní]
câmara (f) digital	**ψηφιακή φωτογραφική μηχανή** (θηλ.)	[psifiakí fotoɣrafikí mixaní]
aspirador (m)	**ηλεκτρική σκούπα** (θηλ.)	[ilektrikí skúpa]
ferro (m) de engomar	**σίδερο** (ουδ.)	[síðero]
tábua (f) de engomar	**σιδερώστρα** (θηλ.)	[siðeróstra]
telefone (m)	**τηλέφωνο** (ουδ.)	[tiléfono]
telemóvel (m)	**κινητό τηλέφωνο** (ουδ.)	[kinitó tiléfono]
máquina (f) de escrever	**γραφομηχανή** (θηλ.)	[ɣrafomixaní]
máquina (f) de costura	**ραπτομηχανή** (θηλ.)	[raptomixaní]
microfone (m)	**μικρόφωνο** (ουδ.)	[mikrófono]
auscultadores (m pl)	**ακουστικά** (ουδ.πλ.)	[akustiká]
controlo remoto (m)	**τηλεχειριστήριο** (ουδ.)	[tilexiristírio]
CD (m)	**συμπαγής δίσκος** (αρ.)	[simpaʝís ðískos]
cassete (f)	**κασέτα** (θηλ.)	[kaséta]
disco (m) de vinil	**δίσκος βινυλίου** (αρ.)	[ðískos vinilíu]

100. Reparações. Renovação

renovação (f)	**ανακαίνιση** (θηλ.)	[anakénisi]
renovar (vt), fazer obras	**κάνω ανακαίνιση**	[káno anakénisi]
reparar (vt)	**επισκευάζω**	[episkevázo]
consertar (vt)	**τακτοποιώ**	[taktopió]
refazer (vt)	**ξανακάνω**	[ksanakáno]
tinta (f)	**μπογιά** (θηλ.)	[bojá]
pintar (vt)	**βάφω**	[váfo]
pintor (m)	**ελαιοχρωματιστής** (αρ.)	[eleoxromatistís]
pincel (m)	**πινέλο** (ουδ.)	[pinélʲo]
cal (f)	**ασβεστόχρωμα** (ουδ.)	[asvestóxroma]
caiar (vt)	**ασβεστώνω**	[asvestóno]
papel (m) de parede	**ταπετσαρία** (θηλ.)	[tapetsaría]
colocar papel de parede	**βάζω ταπετσαρία**	[vázo tapetsaría]
verniz (m)	**βερνίκι** (ουδ.)	[verníki]
envernizar (vt)	**βερνικώνω**	[vernikóno]

101. Canalizações

água (f)	**νερό** (ουδ.)	[neró]
água (f) quente	**ζεστό νερό** (ουδ.)	[zestó neró]
água (f) fria	**κρύο νερό** (ουδ.)	[krío neró]
torneira (f)	**βρύση** (ουδ.)	[vrísi]
gota (f)	**σταγόνα** (θηλ.)	[staɣóna]
gotejar (vi)	**στάζω**	[stázo]
vazar (vt)	**διαρρέω**	[ðiaréo]
vazamento (m)	**διαρροή** (θηλ.)	[ðiaroí]
poça (f)	**λιμνούλα** (θηλ.)	[limnúlʲa]
tubo (m)	**σωλήνας** (αρ.)	[solínas]
válvula (f)	**βαλβίδα** (θηλ.)	[valʲvíða]
entupir-se (vr)	**βουλώνω**	[vulʲóno]
ferramentas (f pl)	**εργαλεία** (ουδ.πλ.)	[erɣalía]
chave (f) inglesa	**γαλλικό κλειδί** (ουδ.)	[ɣalikó kliðí]
desenroscar (vt)	**ξεβιδώνω**	[kseviðóno]
enroscar (vt)	**βιδώνω**	[viðóno]
desentupir (vt)	**ξεβουλώνω**	[ksevulʲóno]
canalizador (m)	**υδραυλικός** (αρ.)	[iðravlikós]
cave (f)	**υπόγειο** (ουδ.)	[ipójio]
sistema (m) de esgotos	**αποχέτευση** (θηλ.)	[apoxétefsi]

102. Fogo. Deflagração

incêndio (m)	**φωτιά, πυρκαγιά** (θηλ.)	[fotiá], [pirkajá]
chama (f)	**φλόγα** (θηλ.)	[flʲóɣa]

faísca (f)	**σπίθα** (θηλ.)	[spíθa]
fumo (m)	**καπνός** (αρ.)	[kapnós]
tocha (f)	**δαυλός** (αρ.)	[ðavlós]
fogueira (f)	**φωτιά** (θηλ.)	[fotiá]
gasolina (f)	**βενζίνη** (θηλ.)	[venzíni]
querosene (m)	**κηροζίνη** (θηλ.)	[kirozíni]
inflamável	**καύσιμος**	[káfsimos]
explosivo	**εκρηκτικός**	[ekriktikós]
PROIBIDO FUMAR!	**ΑΠΑΓΟΡΕΥΕΤΑΙ ΤΟ ΚΑΠΝΙΣΜΑ**	[apaɣorévete to kápnizma]
segurança (f)	**ασφάλεια** (θηλ.)	[asfália]
perigo (m)	**κίνδυνος** (αρ.)	[kínðinos]
perigoso	**επικίνδυνος**	[epikínðinos]
incendiar-se (vr)	**παίρνω φωτιά**	[pérno fotiá]
explosão (f)	**έκρηξη** (θηλ.)	[ékriksi]
incendiar (vt)	**πυρπολώ**	[pirpolʲó]
incendiário (m)	**εμπρηστής** (αρ.)	[embristís]
incêndio (m) criminoso	**εμπρησμός** (αρ.)	[embrizmós]
arder (vi)	**καίω**	[kéo]
queimar (vi)	**καίγομαι**	[kéɣome]
queimar tudo (vi)	**καίγομαι**	[kéɣome]
bombeiro (m)	**πυροσβέστης** (αρ.)	[pirozvéstis]
carro (m) de bombeiros	**πυροσβεστικό όχημα** (ουδ.)	[pirozvestikó óxima]
corpo (m) de bombeiros	**πυροσβεστικό σώμα** (ουδ.)	[pirozvestikó sóma]
escada (f) extensível	**πυροσβεστική σκάλα** (θηλ.)	[pirozvestikí skálʲa]
mangueira (f)	**μάνικα** (θηλ.)	[mánika]
extintor (m)	**πυροσβεστήρας** (αρ.)	[pirozvestíras]
capacete (m)	**κράνος** (ουδ.)	[krános]
sirene (f)	**σειρήνα** (θηλ.)	[sirína]
gritar (vi)	**φωνάζω**	[fonázo]
chamar por socorro	**καλώ βοήθεια**	[kalʲó voíθia]
salvador (m)	**διασώστης** (αρ.)	[ðiasóstis]
salvar, resgatar (vt)	**σώζω**	[sózo]
chegar (vi)	**έρχομαι**	[érxome]
apagar (vt)	**σβήνω**	[zvíno]
água (f)	**νερό** (ουδ.)	[neró]
areia (f)	**άμμος** (θηλ.)	[ámos]
ruínas (f pl)	**ερείπια** (ουδ.πλ.)	[erípia]
ruir (vi)	**γκρεμίζομαι**	[gremízome]
desmoronar (vi)	**καταρρέω**	[kataréo]
desabar (vi)	**γκρεμίζομαι**	[gremízome]
fragmento (m)	**συντρίμμι** (ουδ.)	[sindrími]
cinza (f)	**στάχτη** (θηλ.)	[stáxti]
sufocar (vi)	**ασφυκτιώ**	[asfiktió]
perecer (vi)	**σκοτώνομαι**	[skotónome]

ATIVIDADES HUMANAS

Emprego. Negócios. Parte 1

103. Escritório. O trabalho no escritório

escritório (~ de advogados)	**γραφείο** (ουδ.)	[ɣrafío]
escritório (do diretor, etc.)	**γραφείο** (ουδ.)	[ɣrafío]
receção (f)	**ρεσεψιόν** (θηλ.)	[resepsión]
secretário (m)	**γραμματέας** (αρ./θηλ.)	[ɣramatéas]
diretor (m)	**διευθυντής** (αρ.)	[ðiefθindís]
gerente (m)	**μάνατζερ** (αρ.)	[mánadzer]
contabilista (m)	**λογιστής** (αρ.)	[lʲoʝistís]
empregado (m)	**υπάλληλος** (αρ.)	[ipálilʲos]
mobiliário (m)	**έπιπλα** (ουδ.πλ.)	[épiplʲa]
mesa (f)	**γραφείο** (ουδ.)	[ɣrafío]
cadeira (f)	**καρέκλα** (θηλ.)	[karéklʲa]
bloco (m) de gavetas	**συρταριέρα** (θηλ.)	[sirtariéra]
cabide (m) de pé	**καλόγερος** (αρ.)	[kalʲóʝeros]
computador (m)	**υπολογιστής** (αρ.)	[ipolʲoʝistís]
impressora (f)	**εκτυπωτής** (αρ.)	[ektipotís]
fax (m)	**φαξ** (ουδ.)	[faks]
fotocopiadora (f)	**φωτοτυπικό μηχάνημα** (ουδ.)	[fototipikó mixánima]
papel (m)	**χαρτί** (ουδ.)	[xartí]
artigos (m pl) de escritório	**χαρτικά** (ουδ.πλ.)	[xartiká]
tapete (m) de rato	**μάους παντ** (ουδ.)	[máus pad]
folha (f) de papel	**φύλλο** (ουδ.)	[fílʲo]
pasta (f)	**ντοσιέ** (ουδ.)	[dosié]
catálogo (m)	**κατάλογος** (αρ.)	[katálʲoɣos]
diretório (f) telefónico	**τηλεφωνικός κατάλογος** (αρ.)	[tilefonikós katálʲoɣos]
documentação (f)	**έγγραφα** (ουδ.πλ.)	[éngrafa]
brochura (f)	**φυλλάδιο** (ουδ.)	[filʲáðio]
flyer (m)	**φυλλάδιο** (ουδ.)	[filʲáðio]
amostra (f)	**δείγμα** (ουδ.)	[ðíɣma]
formação (f)	**σεμινάριο** (ουδ.)	[seminário]
reunião (f)	**σύσκεψη** (θηλ.)	[sískepsi]
hora (f) de almoço	**μεσημεριανό διάλειμμα** (ουδ.)	[mesimerianó ðiálima]
fazer uma cópia	**κάνω αντίγραφο**	[káno andíɣrafo]
tirar cópias	**κάνω αντίγραφα**	[káno andíɣrafa]
receber um fax	**λαμβάνω φαξ**	[lʲamváno faks]

enviar um fax	**στέλνω φαξ**	[stélʲno faks]
fazer uma chamada	**τηλεφωνώ**	[tilefonó]
responder (vt)	**απαντώ**	[apandó]
passar (vt)	**συνδέω**	[sinðéo]
marcar (vt)	**κλείνω ραντεβού**	[klíno randevú]
demonstrar (vt)	**επιδεικνύω**	[epiðiknío]
estar ausente	**απουσιάζω**	[apusiázo]
ausência (f)	**απουσία** (θηλ.)	[apusía]

104. Processos negociais. Parte 1

ocupação (f)	**επάγγελμα** (ουδ.)	[epángelʲma]
firma, empresa (f)	**εταιρία** (θηλ.)	[etería]
companhia (f)	**εταιρία** (θηλ.)	[etería]
corporação (f)	**εταιρεία** (θηλ.)	[etería]
empresa (f)	**οργανισμός** (αρ.)	[orɣanizmós]
agência (f)	**πρακτορείο** (ουδ.)	[praktorío]
acordo (documento)	**συμφωνία** (θηλ.)	[simfonía]
contrato (m)	**συμβόλαιο** (ουδ.)	[simvóleo]
acordo (transação)	**συμφωνία** (θηλ.)	[simfonía]
encomenda (f)	**παραγγελία** (θηλ.)	[parangelía]
cláusulas (f pl), termos (m pl)	**όρος** (αρ.)	[óros]
por grosso (adv)	**σε χονδρική**	[se xonðrikí]
por grosso (adj)	**χοντρικός**	[xondrikós]
venda (f) por grosso	**χονδρικό εμπόριο** (ουδ.)	[xonðrikó embório]
a retalho	**λιανικός**	[lianikós]
venda (f) a retalho	**λιανικό εμπόριο** (ουδ.)	[lianikó embório]
concorrente (m)	**ανταγωνιστής** (αρ.)	[andaɣonistís]
concorrência (f)	**ανταγωνισμός** (αρ.)	[andaɣonizmós]
competir (vi)	**ανταγωνίζομαι**	[andaɣonízome]
sócio (m)	**συνέταιρος** (αρ.)	[sinéteros]
parceria (f)	**σύμπραξη** (θηλ.)	[símpraksi]
crise (f)	**κρίση** (θηλ.)	[krísi]
bancarrota (f)	**χρεοκοπία** (θηλ.)	[xreokopía]
entrar em falência	**χρεοκοπώ**	[xreokopó]
dificuldade (f)	**δυσκολία** (θηλ.)	[ðiskolía]
problema (m)	**πρόβλημα** (ουδ.)	[próvlima]
catástrofe (f)	**καταστροφή** (θηλ.)	[katastrofí]
economia (f)	**οικονομία** (θηλ.)	[ikonomía]
económico	**οικονομικός**	[ikonomikós]
recessão (f) económica	**οικονομική ύφεση** (θηλ.)	[ikonomikí ifesi]
objetivo (m)	**στόχος** (αρ.)	[stóxos]
tarefa (f)	**καθήκον** (ουδ.)	[kaθíkon]
comerciar (vi, vt)	**εμπορεύομαι**	[emborévome]
rede (de distribuição)	**δίκτυο** (ουδ.)	[ðíktio]

estoque (m)	**απόθεμα** (ουδ.)	[apóθema]
sortimento (m)	**ποικιλία** (θηλ.)	[pikilía]
líder (m)	**αρχηγός** (αρ.)	[arxiɣós]
grande (~ empresa)	**μεγάλος**	[meɣálʲos]
monopólio (m)	**μονοπώλιο** (ουδ.)	[monopólio]
teoria (f)	**θεωρία** (θηλ.)	[θeoría]
prática (f)	**πρακτική** (θηλ.)	[praktikí]
experiência (falar por ~)	**εμπειρία** (θηλ.)	[embiría]
tendência (f)	**τάση** (θηλ.)	[tási]
desenvolvimento (m)	**εξέλιξη** (θηλ.)	[ekséliksi]

105. Processos negociais. Parte 2

rentabilidade (f)	**κέρδος** (ουδ.)	[kérðos]
rentável	**κερδοφόρος**	[kerðofóros]
delegação (f)	**αντιπροσωπεία** (θηλ.)	[andiprosopía]
salário, ordenado (m)	**μισθός** (αρ.)	[misθós]
corrigir (um erro)	**διορθώνω**	[ðiorθóno]
viagem (f) de negócios	**επαγγελματικό ταξίδι** (ουδ.)	[epangelʲmatikó taksíði]
comissão (f)	**επιτροπή** (θηλ.)	[epitropí]
controlar (vt)	**ελέγχω**	[elénxo]
conferência (f)	**συνέδριο** (ουδ.)	[sinéðrio]
licença (f)	**άδεια** (θηλ.)	[áðia]
confiável	**αξιόπιστος**	[aksiópistos]
empreendimento (m)	**πρωτοβουλία** (θηλ.)	[protovulía]
norma (f)	**προδιαγραφή** (θηλ.)	[proðiaɣrafí]
circunstância (f)	**περίσταση** (θηλ.)	[perístasi]
dever (m)	**υποχρέωση** (θηλ.)	[ipoxréosi]
empresa (f)	**οργάνωση** (θηλ.)	[orɣánosi]
organização (f)	**οργάνωση** (θηλ.)	[orɣánosi]
organizado	**οργανωμένος**	[orɣanoménos]
anulação (f)	**ακύρωση** (θηλ.)	[akírosi]
anular, cancelar (vt)	**ακυρώνω**	[akiróno]
relatório (m)	**έκθεση, αναφορά** (θηλ.)	[ékθesi], [anaforá]
patente (f)	**πατέντα** (θηλ.)	[paténda]
patentear (vt)	**πατεντάρω**	[patendáro]
planear (vt)	**σχεδιάζω**	[sxeðiázo]
prémio (m)	**μπόνους** (ουδ.)	[bónus]
profissional	**επαγγελματικός**	[epangelʲmatikós]
procedimento (m)	**διαδικασία** (θηλ.)	[ðiaðikasía]
examinar (a questão)	**εξετάζω**	[eksetázo]
cálculo (m)	**υπολογισμός** (αρ.)	[ipolʲojizmós]
reputação (f)	**υπόληψη** (θηλ.)	[ipólipsi]
risco (m)	**ρίσκο** (ουδ.)	[rísko]
dirigir (~ uma empresa)	**διευθύνω**	[ðiefθíno]

informação (f)	**στοιχεία** (ουδ.πλ.)	[stixía]
propriedade (f)	**ιδιοκτησία** (θηλ.)	[iðioktisía]
união (f)	**ένωση** (θηλ.)	[énosi]
seguro (m) de vida	**ασφάλιση ζωής** (θηλ.)	[asfálisi zoís]
fazer um seguro	**ασφαλίζω**	[asfalízo]
seguro (m)	**ασφάλεια** (θηλ.)	[asfália]
leilão (m)	**δημοπρασία** (θηλ.)	[ðimoprasía]
notificar (vt)	**ειδοποιώ**	[iðopió]
gestão (f)	**διοίκηση** (θηλ.)	[ðiíkisi]
serviço (indústria de ~s)	**υπηρεσία** (θηλ.)	[ipiresía]
fórum (m)	**φόρουμ** (ουδ.)	[fórum]
funcionar (vi)	**λειτουργώ**	[lituryó]
estágio (m)	**στάδιο** (ουδ.)	[stáðio]
jurídico	**νομικός**	[nomikós]
jurista (m)	**νομικός** (αρ.)	[nomikós]

106. Produção. Trabalhos

usina (f)	**εργοστάσιο** (ουδ.)	[eryostásio]
fábrica (f)	**εργοστάσιο** (ουδ.)	[eryostásio]
oficina (f)	**εργαστήρι** (ουδ.)	[eryastíri]
local (m) de produção	**παραγωγική μονάδα** (θηλ.)	[parayojikí monáða]
indústria (f)	**βιομηχανία** (θηλ.)	[viomixanía]
industrial	**βιομηχανικός**	[viomixanikós]
indústria (f) pesada	**βαριά βιομηχανία** (θηλ.)	[variá viomixanía]
indústria (f) ligeira	**ελαφρά βιομηχανία** (θηλ.)	[el^jafrá viomixanía]
produção (f)	**προϊόντα** (ουδ.πλ.)	[projónda]
produzir (vt)	**παράγω**	[paráyo]
matérias-primas (f pl)	**πρώτες ύλες** (θηλ.πλ.)	[prótes íles]
chefe (m) de brigada	**εργοδηγός** (αρ.)	[eryoðiyós]
brigada (f)	**ομάδα** (θηλ.)	[omáða]
operário (m)	**εργάτης** (αρ.)	[eryátis]
dia (m) de trabalho	**εργάσιμη μέρα** (θηλ.)	[eryásimi méra]
pausa (f)	**διάλειμμα** (ουδ.)	[ðiálima]
reunião (f)	**σύσκεψη** (θηλ.)	[sískepsi]
discutir (vt)	**συζητώ**	[sizitó]
plano (m)	**σχέδιο** (ουδ.)	[sxéðio]
cumprir o plano	**υλοποιώ το σχέδιο**	[il^jopió to sxéðio]
taxa (f) de produção	**ρυθμός παραγωγής** (αρ.)	[riθmós parayojís]
qualidade (f)	**ποιότητα** (θηλ.)	[piótita]
controlo (m)	**έλεγχος** (αρ.)	[élenxos]
controlo (m) da qualidade	**έλεγχος ποιότητας** (αρ.)	[élenxos piótitas]
segurança (f) no trabalho	**ασφάλεια της εργασίας** (θηλ.)	[asfália tis eryasías]
disciplina (f)	**πειθαρχία** (θηλ.)	[piθarxía]
infração (f)	**παράβαση** (θηλ.)	[parávasi]

violar (as regras)	**παραβιάζω**	[paraviázo]
greve (f)	**απεργία** (θηλ.)	[aperʝía]
grevista (m)	**απεργός** (αρ.)	[aperɣós]
estar em greve	**απεργώ**	[aperɣó]
sindicato (m)	**συνδικάτο** (ουδ.)	[sinðikáto]
inventar (vt)	**εφευρίσκω**	[efevrísko]
invenção (f)	**εφεύρεση** (θηλ.)	[efévresi]
pesquisa (f)	**έρευνα** (θηλ.)	[érevna]
melhorar (vt)	**βελτιώνω**	[velʲtióno]
tecnologia (f)	**τεχνολογία** (θηλ.)	[texnolʲoʝía]
desenho (m) técnico	**σχέδιο** (ουδ.)	[sxéðio]
carga (f)	**φορτίο** (ουδ.)	[fortío]
carregador (m)	**φορτωτής** (αρ.)	[fortotís]
carregar (vt)	**φορτώνω**	[fortóno]
carregamento (m)	**φόρτωση** (θηλ.)	[fórtosi]
descarregar (vt)	**ξεφορτώνω**	[ksefortóno]
descarga (f)	**ξεφόρτωμα** (ουδ.)	[ksefórtoma]
transporte (m)	**μεταφορά** (θηλ.)	[metaforá]
companhia (f) de transporte	**μεταφορική εταιρία** (θηλ.)	[metaforikí etería]
transportar (vt)	**μεταφέρω**	[metaféro]
vagão (m) de carga	**φορτηγό βαγόνι** (ουδ.)	[fortiɣó vaɣóni]
cisterna (f)	**δεξαμενή** (θηλ.)	[ðeksamení]
camião (m)	**φορτηγό** (ουδ.)	[fortiɣó]
máquina-ferramenta (f)	**εργαλειομηχανή** (θηλ.)	[erɣaliomixaní]
mecanismo (m)	**μηχανισμός** (αρ.)	[mixanizmós]
resíduos (m pl) industriais	**βιομηχανικά απόβλητα** (ουδ.πλ.)	[viomixaniká apóvlita]
embalagem (f)	**συσκευασία** (θηλ.)	[siskevasía]
embalar (vt)	**συσκευάζω**	[siskevázo]

107. Contrato. Acordo

contrato (m)	**συμβόλαιο** (ουδ.)	[simvóleo]
acordo (m)	**συμφωνία** (θηλ.)	[simfonía]
adenda (f), anexo (m)	**παράρτημα** (ουδ.)	[parártima]
assinar o contrato	**υπογράφω συμβόλαιο**	[ipoɣráfo simvóleo]
assinatura (f)	**υπογραφή** (θηλ.)	[ipoɣrafí]
assinar (vt)	**υπογράφω**	[ipoɣráfo]
carimbo (m)	**σφραγίδα** (θηλ.)	[sfraʝíða]
objeto (m) do contrato	**αντικείμενο της συμβάσης** (ουδ.)	[andikímeno tis simvásis]
cláusula (f)	**ρήτρα** (θηλ.)	[rítra]
partes (f pl)	**συμβαλλόμενοι** (αρ.πλ.)	[simvalʲómeni]
morada (f) jurídica	**διεύθυνση εγγεγραμμένου γραφείου** (θηλ.)	[ðiéfθinsi engeɣraménu ɣrafíu]
violar o contrato	**παραβιάζω τη σύμβαση**	[paraviázo ti símvasi]

obrigação (f)	**υποχρέωση** (θηλ.)	[ipoxréosi]
responsabilidade (f)	**ευθύνη** (θηλ.)	[efθíni]
força (f) maior	**ανωτέρα βία** (θηλ.)	[anotéra vía]
litígio (m), disputa (f)	**διαφωνία, διαφορά** (θηλ.)	[ðiafonía], [ðiaforá]
multas (f pl)	**κυρώσεις** (θηλ.πλ.)	[kirósis]

108. Importação & Exportação

importação (f)	**εισαγωγή** (θηλ.)	[isaɣoʝí]
importador (m)	**εισαγωγέας** (αρ.)	[isaɣoʝéas]
importar (vt)	**εισάγω**	[isáɣo]
de importação	**εισαγόμενος**	[isaɣómenos]
exportador (m)	**εξαγωγέας** (αρ.)	[eksaɣoʝéas]
exportar (vt)	**εξάγω**	[eksáɣo]
mercadoria (f)	**εμπόρευμα** (ουδ.)	[embórevma]
lote (de mercadorias)	**παρτίδα** (θηλ.)	[partíða]
peso (m)	**βάρος** (ουδ.)	[város]
volume (m)	**όγκος** (αρ.)	[óngos]
metro (m) cúbico	**κυβικό μέτρο** (ουδ.)	[kivikó métro]
produtor (m)	**παραγωγός** (αρ.)	[paraɣoɣós]
companhia (f) de transporte	**μεταφορική εταιρία** (θηλ.)	[metaforikí etería]
contentor (m)	**εμπορευματοκιβώτιο** (ουδ.)	[emborevmatokivótio]
fronteira (f)	**σύνορο** (ουδ.)	[sínoro]
alfândega (f)	**τελωνείο** (ουδ.)	[telʲonío]
taxa (f) alfandegária	**τελωνειακός δασμός** (αρ.)	[telʲoniakós ðazmós]
funcionário (m) da alfândega	**τελωνειακός** (αρ.)	[telʲoniakós]
contrabando (atividade)	**λαθρεμπόριο** (ουδ.)	[lʲaθrembório]
contrabando (produtos)	**λαθραία εμπορεύματα** (ουδ.πλ.)	[lʲaθréa emborévmata]

109. Finanças

ação (f)	**μετοχή** (θηλ.)	[metoxí]
obrigação (f)	**ομόλογο** (ουδ.)	[omólʲoɣo]
nota (f) promissória	**γραμμάτιο** (ουδ.)	[ɣramátio]
bolsa (f)	**χρηματιστήριο** (ουδ.)	[xrimatistírio]
cotação (m) das ações	**τιμή μετοχής** (θηλ.)	[timí metoxís]
tornar-se mais barato	**πέφτω**	[péfto]
tornar-se mais caro	**ακριβαίνω**	[akrivéno]
participação (f) maioritária	**ελέγχουσα συμμετοχή** (θηλ.)	[elénxusa simetoxí]
investimento (m)	**επενδύσεις** (θηλ.πλ.)	[epenðísis]
investir (vt)	**επενδύω**	[epenðío]
percentagem (f)	**τοις εκατό**	[tis ekató]
juros (m pl)	**τόκος** (αρ.)	[tókos]

lucro (m)	**κέρδος** (ουδ.)	[kérðos]
lucrativo	**κερδοφόρος**	[kerðofóros]
imposto (m)	**φόρος** (αρ.)	[fóros]
divisa (f)	**συνάλλαγμα** (ουδ.)	[sinálʲaɣma]
nacional	**εθνικός**	[eθnikós]
câmbio (m)	**ανταλλαγή** (θηλ.)	[andalʲaʝí]
contabilista (m)	**λογιστής** (αρ.)	[lʲoʝistís]
contabilidade (f)	**λογιστήριο** (αρ.)	[lʲoʝistírio]
bancarrota (f)	**χρεοκοπία** (θηλ.)	[xreokopía]
falência (f)	**κατάρρευση** (θηλ.)	[katárefsi]
ruína (f)	**χρεοκοπία** (θηλ.)	[xreokopía]
arruinar-se (vr)	**χρεοκοπώ**	[xreokopó]
inflação (f)	**πληθωρισμός** (αρ.)	[pliθorizmós]
desvalorização (f)	**υποτίμηση** (θηλ.)	[ipotímisi]
capital (m)	**κεφάλαιο** (ουδ.)	[kefáleo]
rendimento (m)	**κέρδος** (ουδ.)	[kérðos]
volume (m) de negócios	**τζίρος** (αρ.)	[dzíros]
recursos (m pl)	**πόροι** (αρ.πλ.)	[póri]
recursos (m pl) financeiros	**νομισματικοί πόροι** (αρ.πλ.)	[nomizmatikí póri]
reduzir (vt)	**μειώνω**	[mióno]

110. Marketing

marketing (m)	**μάρκετινγκ** (ουδ.)	[márketing]
mercado (m)	**αγορά** (θηλ.)	[aɣorá]
segmento (m) do mercado	**τμήμα αγοράς** (ουδ.)	[tmíma aɣorás]
produto (m)	**προϊόν** (ουδ.)	[projón]
mercadoria (f)	**εμπόρευμα** (ουδ.)	[embórevma]
marca (f)	**εμπορικό σήμα** (ουδ.)	[emborikó síma]
logotipo (m)	**λογότυπο** (ουδ.)	[lʲoɣótipo]
logo (m)	**λογότυπο** (ουδ.)	[lʲoɣótipo]
demanda (f)	**ζήτηση** (θηλ.)	[zítisi]
oferta (f)	**προσφορά** (θηλ.)	[prosforá]
necessidade (f)	**ανάγκη** (θηλ.)	[anángi]
consumidor (m)	**καταναλωτής** (αρ.)	[katanalʲotís]
análise (f)	**ανάλυση** (θηλ.)	[análisi]
analisar (vt)	**αναλύω**	[analío]
posicionamento (m)	**τοποθέτηση** (θηλ.)	[topoθétisi]
posicionar (vt)	**τοποθετώ**	[topoθetó]
preço (m)	**τιμή** (θηλ.)	[timí]
política (f) de preços	**πολιτική τιμών** (θηλ.)	[politikí timón]
formação (f) de preços	**τιμολόγηση** (θηλ.)	[timolʲóʝisi]

111. Publicidade

publicidade (f)	**διαφήμιση** (θηλ.)	[ðiafímisi]
publicitar (vt)	**διαφημίζω**	[ðiafimízo]
orçamento (m)	**προϋπολογισμός** (αρ.)	[proipolʲojizmós]
anúncio (m) publicitário	**διαφήμιση** (θηλ.)	[ðiafímisi]
publicidade (f) televisiva	**τηλεοπτική διαφήμιση** (θηλ.)	[tileoptikí ðiafímisi]
publicidade (f) na rádio	**ραδιοφωνική διαφήμιση** (θηλ.)	[raðiofonikí ðiafímisi]
publicidade (f) exterior	**εξωτερική διαφήμιση** (θηλ.)	[eksoterikí ðiafímisi]
comunicação (f) de massa	**μέσα μαζικής ενημέρωσης** (ουδ.πλ.)	[mésa mazikís enimérosis]
periódico (m)	**περιοδικό** (ουδ.)	[perioðikó]
imagem (f)	**εικόνα** (θηλ.)	[ikóna]
slogan (m)	**σύνθημα** (ουδ.)	[sínθima]
mote (m), divisa (f)	**μότο** (ουδ.)	[móto]
campanha (f)	**καμπάνια** (θηλ.)	[kambánia]
companha (f) publicitária	**διαφημιστική καμπάνια** (θηλ.)	[ðiafimistikí kambánia]
grupo (m) alvo	**ομάδα στόχος** (θηλ.)	[omáða stóxos]
cartão (m) de visita	**επαγγελματική κάρτα** (θηλ.)	[epangelʲmatikí kárta]
flyer (m)	**φυλλάδιο** (ουδ.)	[filʲáðio]
brochura (f)	**φυλλάδιο** (ουδ.)	[filʲáðio]
folheto (m)	**φυλλάδιο** (ουδ.)	[filʲáðio]
boletim (~ informativo)	**ενημερωτικό δελτίο** (ουδ.)	[enimerotikó ðelʲtío]
letreiro (m)	**ταμπέλα** (θηλ.)	[tabélʲa]
cartaz, póster (m)	**αφίσα, πόστερ** (ουδ.)	[afísa], [póster]
painel (m) publicitário	**διαφημιστική πινακίδα** (θηλ.)	[ðiafimistikí pinakíða]

112. Banca

banco (m)	**τράπεζα** (θηλ.)	[trápeza]
sucursal, balcão (f)	**κατάστημα** (ουδ.)	[katástima]
consultor (m)	**υπάλληλος** (αρ.)	[ipálilʲos]
gerente (m)	**διευθυντής** (αρ.)	[ðiefθindís]
conta (f)	**λογαριασμός** (αρ.)	[lʲoɣariazmós]
número (m) da conta	**αριθμός λογαριασμού** (αρ.)	[ariθmós lʲoɣariazmú]
conta (f) corrente	**τρεχούμενος λογαριασμός** (αρ.)	[trexúmenos lʲoɣariazmós]
abrir uma conta	**ανοίγω λογαριασμό**	[aníɣo lʲoɣariazmó]
fechar uma conta	**κλείνω λογαριασμό**	[klíno lʲoɣariazmó]
depositar na conta	**καταθέτω στο λογαριασμό**	[kataθéto sto lʲoɣariazmó]
levantar (vt)	**κάνω ανάληψη**	[káno análipsi]
depósito (m)	**κατάθεση** (θηλ.)	[katáθesi]

fazer um depósito	**καταθέτω**	[kataθéto]
transferência (f) bancária	**έμβασμα** (ουδ.)	[émvazma]
transferir (vt)	**εμβάζω**	[emvázo]
soma (f)	**ποσό** (ουδ.)	[posó]
Quanto?	**Πόσο κάνει;**	póso káni?
assinatura (f)	**υπογραφή** (θηλ.)	[ipoɣrafí]
assinar (vt)	**υπογράφω**	[ipoɣráfo]
cartão (m) de crédito	**πιστωτική κάρτα** (θηλ.)	[pistotikí kárta]
código (m)	**κωδικός** (αρ.)	[koðikós]
número (m) do cartão de crédito	**αριθμός πιστωτικής κάρτας** (αρ.)	[ariθmós pistotikís kártas]
Caixa Multibanco (m)	**ATM** (ουδ.)	[eitiém]
cheque (m)	**επιταγή** (θηλ.)	[epitaʝí]
passar um cheque	**κόβω επιταγή**	[kóvo epitaʝí]
livro (m) de cheques	**βιβλιάριο επιταγών** (ουδ.)	[vivliário epitaɣón]
empréstimo (m)	**δάνειο** (ουδ.)	[ðánio]
pedir um empréstimo	**υποβάλλω αίτηση για δάνειο**	[ipovál^jo étisi ʝa ðánio]
obter um empréstimo	**παίρνω δάνειο**	[pérno ðánio]
conceder um empréstimo	**παρέχω δάνειο**	[paréxo ðánio]

113. Telefone. Conversação telefónica

telefone (m)	**τηλέφωνο** (ουδ.)	[tiléfono]
telemóvel (m)	**κινητό τηλέφωνο** (ουδ.)	[kinitó tiléfono]
secretária (f) electrónica	**τηλεφωνητής** (αρ.)	[tilefonitís]
fazer uma chamada	**τηλεφωνώ**	[tilefonó]
chamada (f)	**κλήση** (θηλ.)	[klísi]
marcar um número	**καλώ έναν αριθμό**	[kal^jó énan ariθmó]
Alô!	**Εμπρός!**	[embrós]
perguntar (vt)	**ρωτάω**	[rotáo]
responder (vt)	**απαντώ**	[apandó]
ouvir (vt)	**ακούω**	[akúo]
bem	**καλά**	[kal^já]
mal	**χάλια**	[xália]
ruído (m)	**παρεμβολές** (θηλ.πλ.)	[paremvolés]
auscultador (m)	**ακουστικό** (ουδ.)	[akustikó]
pegar o telefone	**σηκώνω το ακουστικό**	[sikóno to akustikó]
desligar (vi)	**κλείνω το τηλεφώνο**	[klíno to tiléfono]
ocupado	**κατειλημμένος**	[katiliménos]
tocar (vi)	**χτυπάω**	[xtipáo]
lista (f) telefónica	**τηλεφωνικός κατάλογος** (αρ.)	[tilefonikós katál^joɣos]
local	**τοπική**	[topikí]

de longa distância	**υπεραστική**	[iperastikí]
internacional	**διεθνής**	[ðieθnís]

114. Telefone móvel

telemóvel (m)	**κινητό τηλέφωνο** (ουδ.)	[kinitó tiléfono]
ecrã (m)	**οθόνη** (θηλ.)	[oθóni]
botão (m)	**κουμπί** (ουδ.)	[kumbí]
cartão SIM (m)	**κάρτα SIM** (θηλ.)	[kárta sim]
bateria (f)	**μπαταρία** (θηλ.)	[bataría]
descarregar-se	**εξαντλούμαι**	[eksantlʲúme]
carregador (m)	**φορτιστής** (αρ.)	[fortistís]
menu (m)	**μενού** (ουδ.)	[menú]
definições (f pl)	**ρυθμίσεις** (θηλ.πλ.)	[riθmísis]
melodia (f)	**μελωδία** (θηλ.)	[melʲoðía]
escolher (vt)	**επιλέγω**	[epiléɣo]
calculadora (f)	**αριθμομηχανή** (θηλ.)	[ariθmomixaní]
correio (m) de voz	**τηλεφωνητής** (αρ.)	[tilefonitís]
despertador (m)	**ξυπνητήρι** (ουδ.)	[ksipnitíri]
contatos (m pl)	**επαφές** (θηλ.πλ.)	[epafés]
mensagem (f) de texto	**μήνυμα SMS** (ουδ.)	[mínima esemés]
assinante (m)	**συνδρομητής** (αρ.)	[sinðromitís]

115. Estacionário

caneta (f)	**στιλό διαρκείας** (ουδ.)	[stilʲó ðiarkías]
caneta (f) tinteiro	**πέννα** (θηλ.)	[péna]
lápis (m)	**μολύβι** (ουδ.)	[molívi]
marcador (m)	**μαρκαδόρος** (αρ.)	[markaðóros]
caneta (f) de feltro	**μαρκαδόρος** (αρ.)	[markaðóros]
bloco (m) de notas	**μπλοκ** (ουδ.)	[blʲok]
agenda (f)	**ατζέντα** (θηλ.)	[adzénda]
régua (f)	**χάρακας** (αρ.)	[xárakas]
calculadora (f)	**αριθμομηχανή** (θηλ.)	[ariθmomixaní]
borracha (f)	**γόμα** (θηλ.)	[ɣóma]
pionés (m)	**πινέζα** (θηλ.)	[pinéza]
clipe (m)	**συνδετήρας** (αρ.)	[sinðetíras]
cola (f)	**κόλλα** (θηλ.)	[kólʲa]
agrafador (m)	**συρραπτικό** (ουδ.)	[siraptikó]
furador (m)	**περφορατέρ** (ουδ.)	[perforatér]
afia-lápis (m)	**ξύστρα** (θηλ.)	[ksístra]

116. Vários tipos de documentos

relatório (m)	**έκθεση, αναφορά** (θηλ.)	[ékθesi], [anaforá]
acordo (m)	**συμφωνία** (θηλ.)	[simfonía]
ficha (f) de inscrição	**αίτηση** (θηλ.)	[étisi]
autêntico	**αυθεντικός**	[afθendikós]
crachá (m)	**κονκάρδα** (θηλ.)	[konkárða]
cartão (m) de visita	**επαγγελματική κάρτα** (θηλ.)	[epangelʲmatikí kárta]
certificado (m)	**πιστοποιητικό** (ουδ.)	[pistopiitikó]
cheque (m)	**επιταγή** (θηλ.)	[epitaʝí]
conta (f)	**λογαριασμός** (αρ.)	[lʲoɣariazmós]
constituição (f)	**σύνταγμα** (ουδ.)	[síndaɣma]
contrato (m)	**συμβόλαιο** (ουδ.)	[simvóleo]
cópia (f)	**αντίγραφο** (ουδ.)	[andíɣrafo]
exemplar (m)	**αντίτυπο** (ουδ.)	[andítipo]
declaração (f) alfandegária	**τελωνειακή διασάφηση** (θηλ.)	[telʲoniakí ðiasáfisi]
documento (m)	**έγγραφο** (ουδ.)	[éngrafo]
carta (f) de condução	**δίπλωμα οδήγησης** (ουδ.)	[ðíplʲoma oðíʝisis]
adenda (ao contrato)	**παράρτημα** (ουδ.)	[parártima]
questionário (m)	**ερωτηματολόγιο** (ουδ.)	[erotimatolʲóʝo]
bilhete (m) de identidade	**ταυτότητα** (θηλ.)	[taftótita]
inquérito (m)	**αίτημα** (ουδ.)	[étima]
convite (m)	**πρόσκληση** (θηλ.)	[prósklisi]
fatura (f)	**τιμολόγιο** (ουδ.)	[timolʲóʝo]
lei (f)	**νόμος** (αρ.)	[nómos]
carta (correio)	**γράμμα** (ουδ.)	[ɣráma]
papel (m) timbrado	**επιστολόχαρτο** (ουδ.)	[epistolóxarto]
lista (f)	**λίστα** (θηλ.)	[lísta]
manuscrito (m)	**χειρόγραφο** (ουδ.)	[xiróɣrafo]
boletim (~ informativo)	**ενημερωτικό δελτίο** (ουδ.)	[enimerotikó ðelʲtío]
bilhete (mensagem breve)	**σημείωμα** (ουδ.)	[simíoma]
passe (m)	**πάσο** (ουδ.)	[páso]
passaporte (m)	**διαβατήριο** (ουδ.)	[ðiavatírio]
permissão (f)	**άδεια** (θηλ.)	[áðia]
CV, currículo (m)	**βιογραφικό** (ουδ.)	[vioɣrafikó]
vale (nota promissória)	**ταμειακό γραμμάτιο** (ουδ.)	[tamiakó ɣramátio]
recibo (m)	**απόδειξη** (θηλ.)	[apóðiksi]
talão (f)	**απόδειξη** (θηλ.)	[apóðiksi]
relatório (m)	**αναφορά** (θηλ.)	[anaforá]
mostrar (vt)	**επιδεικνύω**	[epiðiknío]
assinar (vt)	**υπογράφω**	[ipoɣráfo]
assinatura (f)	**υπογραφή** (θηλ.)	[ipoɣrafí]
carimbo (m)	**σφραγίδα** (θηλ.)	[sfraʝíða]
texto (m)	**κείμενο** (ουδ.)	[kímeno]
bilhete (m)	**εισιτήριο** (ουδ.)	[isitírio]
riscar (vt)	**διαγράφω**	[ðiaɣráfo]
preencher (vt)	**συμπληρώνω**	[simbliróno]

guia (f) de remessa	**φορτωτική** (θηλ.)	[fortotikí]
testamento (m)	**διαθήκη** (θηλ.)	[ðiaθíki]

117. Tipos de negócios

serviços (m pl) de contabilidade	**λογιστικές υπηρεσίες** (θηλ.πλ.)	[lʲojistikés iperisíes]
publicidade (f)	**διαφήμιση** (θηλ.)	[ðiafímisi]
agência (f) de publicidade	**διαφημιστικό πρακτορείο** (ουδ.)	[ðiafimistikó praktorío]
ar (m) condicionado	**κλιματιστικά** (ουδ.πλ.)	[klimatistiká]
companhia (f) aérea	**αεροπορική εταιρεία** (θηλ.)	[aeroporikí etería]
bebidas (f pl) alcoólicas	**αλκοολούχα ποτά** (ουδ.πλ.)	[alʲkoolʲúxa potá]
comércio (m) de antiguidades	**αντίκες** (θηλ.πλ.)	[andíkes]
galeria (f) de arte	**γκαλερί** (θηλ.)	[galerí]
serviços (m pl) de auditoria	**ελεγκτικές υπηρεσίες** (θηλ.πλ.)	[elengtikés iperisíes]
negócios (m pl) bancários	**τραπεζικός τομέας** (αρ.)	[trapezikós toméas]
bar (m)	**μπαρ** (ουδ.)	[bar]
salão (m) de beleza	**κέντρο ομορφιάς** (ουδ.)	[kéndro omorfiás]
livraria (f)	**βιβλιοπωλείο** (ουδ.)	[vivliopolío]
cervejaria (f)	**ζυθοποιία** (θηλ.)	[ziθopiía]
centro (m) de escritórios	**κτίριο γραφείων** (ουδ.)	[ktírio ɣrafíon]
escola (f) de negócios	**σχολή επιχειρήσεων** (θηλ.)	[sxolí epixiríseon]
casino (m)	**καζίνο** (ουδ.)	[kazíno]
construção (f)	**κατασκευές** (θηλ.πλ.)	[kataskevés]
serviços (m pl) de consultoria	**συμβουλευτικές υπηρεσίες** (θηλ.πλ.)	[simvuleftikés ipiresíes]
estomatologia (f)	**οδοντιατρική κλινική** (θηλ.)	[oðondiatrikí klinikí]
design (m)	**σχεδιασμός** (αρ.)	[sxeðiazmós]
farmácia (f)	**φαρμακείο** (ουδ.)	[farmakío]
lavandaria (f)	**στεγνοκαθαριστήριο** (ουδ.)	[steɣnokaθaristírio]
agência (f) de emprego	**γραφείο ευρέσεως εργασίας** (ουδ.)	[ɣrafío évresis erɣasías]
serviços (m pl) financeiros	**χρηματοοικονομικές υπηρεσίες** (θηλ.πλ.)	[xrimatikonomikés ipiresíes]
alimentos (m pl)	**τρόφιμα** (ουδ.πλ.)	[trófima]
agência (f) funerária	**γραφείο τελετών** (ουδ.)	[ɣrafío teletón]
mobiliário (m)	**έπιπλα** (ουδ.πλ.)	[épiplʲa]
roupa (f)	**ενδύματα** (ουδ.πλ.)	[enðímata]
hotel (m)	**ξενοδοχείο** (ουδ.)	[ksenoðoxío]
gelado (m)	**παγωτό** (ουδ.)	[paɣotó]
indústria (f)	**βιομηχανία** (θηλ.)	[viomixanía]
seguro (m)	**ασφάλιση** (θηλ.)	[asfálisi]
internet (f)	**διαδίκτυο** (ουδ.)	[ðiaðíktio]
investimento (m)	**επενδύσεις** (θηλ.πλ.)	[epenðísis]
joalheiro (m)	**κοσμηματοπώλης** (αρ.)	[kozmimatopólis]
joias (f pl)	**κοσμήματα** (ουδ.πλ.)	[kozmímata]

lavandaria (f)	**καθαριστήριο ρούχων** (ουδ.)	[kaθaristírio rúxon]
serviços (m pl) jurídicos	**νομικός σύμβουλος** (αρ.)	[nomikós símvulʲos]
indústria (f) ligeira	**ελαφρά βιομηχανία** (θηλ.)	[elʲafrá viomixanía]
revista (f)	**περιοδικό** (ουδ.)	[perioðikó]
vendas (f pl) por catálogo	**πωλήσεις με αλληλογραφία** (θηλ.πλ.)	[polísis me alilʲoɣrafía]
medicina (f)	**ιατρική** (θηλ.)	[jatrikí]
cinema (m)	**κινηματογράφος** (αρ.)	[kinimatoɣráfos]
museu (m)	**μουσείο** (ουδ.)	[musío]
agência (f) de notícias	**ειδησεογραφικό πρακτορείο** (ουδ.)	[iðiseoɣrafikó praktorío]
jornal (m)	**εφημερίδα** (θηλ.)	[efimeríða]
clube (m) noturno	**νυχτερινό κέντρο** (ουδ.)	[nixterinó kéndro]
petróleo (m)	**πετρέλαιο** (ουδ.)	[petréleo]
serviço (m) de encomendas	**υπηρεσία ταχυμεταφοράς** (θηλ.)	[ipiresía taximetaforás]
indústria (f) farmacêutica	**φαρμακοποιία** (θηλ.)	[farmakopiía]
poligrafia (f)	**τυπογραφία** (θηλ.)	[tipoɣrafía]
editora (f)	**εκδοτικός οίκος** (αρ.)	[ekðotikós íkos]
rádio (m)	**ραδιόφωνο** (ουδ.)	[raðiófono]
imobiliário (m)	**ακίνητη περιουσία** (θηλ.)	[akíniti periusía]
restaurante (m)	**εστιατόριο** (ουδ.)	[estiatório]
empresa (f) de segurança	**εταιρεία παροχής υπηρεσιών ασφαλείας** (θηλ.)	[etería paroxís ipiresión asfalías]
desporto (m)	**αθλητισμός** (αρ.)	[aθlitizmós]
bolsa (f)	**χρηματιστήριο** (ουδ.)	[xrimatistírio]
loja (f)	**κατάστημα** (ουδ.)	[katástima]
supermercado (m)	**σουπερμάρκετ** (ουδ.)	[supermárket]
piscina (f)	**πισίνα** (θηλ.)	[pisína]
alfaiataria (f)	**ραφτάδικο** (ουδ.)	[raftáðiko]
televisão (f)	**τηλεόραση** (θηλ.)	[tileórasi]
teatro (m)	**θέατρο** (ουδ.)	[θéatro]
comércio (atividade)	**εμπόριο** (ουδ.)	[embório]
serviços (m pl) de transporte	**μεταφορά** (θηλ.)	[metaforá]
viagens (f pl)	**τουρισμός** (αρ.)	[turizmós]
veterinário (m)	**κτηνίατρος** (αρ.)	[ktiníatros]
armazém (m)	**αποθήκη** (θηλ.)	[apoθíki]
recolha (f) do lixo	**αποκομιδή απορριμάτων** (θηλ.)	[apokomiðí aporimáton]

Emprego. Negócios. Parte 2

118. Espetáculo. Feira

feira (f)	**έκθεση** (θηλ.)	[ékθesi]
feira (f) comercial	**εμπορική έκθεση** (θηλ.)	[emborikí ékθesi]
participação (f)	**συμμετοχή** (θηλ.)	[simetoxí]
participar (vi)	**συμμετέχω**	[simetéxo]
participante (m)	**εκθέτης** (αρ.)	[ekθétis]
diretor (m)	**διευθυντής** (αρ.)	[ðiefθindís]
direção (f)	**διοργανώτρια εταιρεία** (αρ.)	[ðioɣanótria etería]
organizador (m)	**οργανωτής** (αρ.)	[orɣanotís]
organizar (vt)	**διοργανώνω**	[ðiorɣanóno]
ficha (f) de inscrição	**δήλωση συμμετοχής** (θηλ.)	[ðílʲosi simetoxís]
preencher (vt)	**συμπληρώνω**	[simblirónο]
detalhes (m pl)	**λεπτομέρειες** (θηλ.πλ.)	[leptoméries]
informação (f)	**πληροφορίες** (θηλ.πλ.)	[pliroforíes]
preço (m)	**τιμή** (θηλ.), **κόστος** (ουδ.)	[timí], [kóstos]
incluindo	**συμπεριλαμβανομένου**	[simberilʲamvanoménu]
incluir (vt)	**συμπεριλαμβάνω**	[simberilʲamváno]
pagar (vt)	**πληρώνω**	[pliróno]
taxa (f) de inscrição	**κόστος εγγραφής** (ουδ.)	[kóstos engrafís]
entrada (f)	**είσοδος** (θηλ.)	[ísoðos]
pavilhão (m)	**αίθουσα** (θηλ.), **περίπτερο** (ουδ.)	[éθusa], [períptero]
inscrever (vt)	**καταχωρώ**	[kataxoró]
crachá (m)	**κονκάρδα** (θηλ.)	[konkárða]
stand (m)	**περίπτερο** (ουδ.)	[períptero]
reservar (vt)	**κλείνω**	[klíno]
vitrina (f)	**βιτρίνα** (θηλ.)	[vitrína]
foco, spot (m)	**προβολέας** (αρ.)	[provoléas]
design (m)	**σχεδιασμός** (αρ.)	[sxeðiazmós]
pôr, colocar (vt)	**τοποθετώ**	[topoθetó]
distribuidor (m)	**διανομέας** (αρ.)	[ðianoméas]
fornecedor (m)	**προμηθευτής** (αρ.)	[promiθeftís]
país (m)	**χώρα** (θηλ.)	[xóra]
estrangeiro	**ξένος**	[ksénos]
produto (m)	**προϊόν** (ουδ.)	[projón]
associação (f)	**σύλλογος** (αρ.)	[sílʲoɣos]
sala (f) de conferências	**αίθουσα συνεδριάσεων** (θηλ.)	[éθusa sineðriáseon]

congresso (m)	**συνέδριο** (ουδ.)	[sinéðrio]
concurso (m)	**διαγωνισμός** (αρ.)	[ðiaɣonizmós]
visitante (m)	**επισκέπτης** (αρ.)	[episképtis]
visitar (vt)	**επισκέπτομαι**	[episképtome]
cliente (m)	**πελάτης** (αρ.)	[pelʲátis]

119. Media

jornal (m)	**εφημερίδα** (θηλ.)	[efimeríða]
revista (f)	**περιοδικό** (ουδ.)	[perioðikó]
imprensa (f)	**τύπος** (αρ.)	[típos]
rádio (m)	**ραδιόφωνο** (ουδ.)	[raðiófono]
estação (f) de rádio	**ραδιοφωνικός σταθμός** (αρ.)	[raðiofonikós staθmós]
televisão (f)	**τηλεόραση** (θηλ.)	[tileórasi]
apresentador (m)	**παρουσιαστής** (αρ.)	[parusiastís]
locutor (m)	**παρουσιαστής** (αρ.)	[parusiastís]
comentador (m)	**σχολιαστής** (αρ.)	[sxoliastís]
jornalista (m)	**δημοσιογράφος** (αρ.)	[ðimosioɣráfos]
correspondente (m)	**ανταποκριτής** (αρ.)	[andapokritís]
repórter (m)	**ρεπόρτερ** (αρ.)	[repórter]
redator (m)	**συντάκτης** (αρ.)	[sindáktis]
redator-chefe (m)	**αρχισυντάκτης** (αρ.)	[arxisindáktis]
assinar a ...	**γίνομαι συνδρομητής** (αρ.)	[jínome sinðromitís]
assinatura (f)	**συνδρομή** (θηλ.)	[sinðromí]
assinante (m)	**συνδρομητής** (αρ.)	[sinðromitís]
ler (vt)	**διαβάζω**	[ðiavázo]
leitor (m)	**αναγνώστης** (αρ.)	[anaɣnóstis]
tiragem (f)	**τιράζ** (ουδ.)	[tiráz]
mensal	**μηνιαίος**	[miniéos]
semanal	**εβδομαδιαίος**	[evðomaðiéos]
número (jornal, revista)	**τεύχος** (ουδ.)	[téfxos]
recente	**τελευταίος**	[teleftéos]
manchete (f)	**τίτλος** (αρ.)	[títlʲos]
pequeno artigo (m)	**αρθρίδιο** (ουδ.)	[arθríðio]
coluna (~ semanal)	**στήλη** (θηλ.)	[stíli]
artigo (m)	**άρθρο** (ουδ.)	[árθro]
página (f)	**σελίδα** (θηλ.)	[selíða]
reportagem (f)	**ρεπορτάζ** (ουδ.)	[reportáz]
evento (m)	**γεγονός** (ουδ.)	[jeɣonós]
sensação (f)	**εντύπωση** (θηλ.)	[endíposi]
escândalo (m)	**σκάνδαλο** (ουδ.)	[skánðalʲo]
escandaloso	**σκανδαλιστικός**	[skanðalistikós]
grande	**μεγάλος**	[meɣálʲos]
programa (m) de TV	**εκπομπή** (θηλ.)	[ekpombí]
entrevista (f)	**συνέντευξη** (θηλ.)	[sinéndefksi]

transmissão (f) em direto	**απευθείας μετάδοση** (θηλ.)	[apefθías metáðosi]
canal (m)	**κανάλι** (ουδ.)	[kanáli]

120. Agricultura

agricultura (f)	**γεωργία** (θηλ.)	[ʝeorʝía]
camponês (m)	**αγρότης** (αρ.)	[aɣrótis]
camponesa (f)	**αγρότισσα** (θηλ.)	[aɣrótisa]
agricultor (m)	**αγρότης** (αρ.)	[aɣrótis]
trator (m)	**τρακτέρ** (ουδ.)	[traktér]
ceifeira-debulhadora (f)	**θεριζοαλωνιστική μηχανή** (θηλ.)	[θerizoalʲonistikí mixaní]
arado (m)	**άροτρο** (ουδ.)	[árotro]
arar (vt)	**οργώνω**	[orɣóno]
campo (m) lavrado	**οργωμένο χωράφι** (ουδ.)	[orɣoméno xoráfi]
rego (m)	**αυλακιά** (θηλ.)	[avlʲakiá]
semear (vt)	**σπείρω**	[spíro]
semeadora (f)	**σπαρτική μηχανή** (θηλ.)	[spartikí mixaní]
semeadura (f)	**σπορά** (θηλ.)	[sporá]
gadanha (f)	**κόσα** (θηλ.)	[kósa]
gadanhar (vt)	**θερίζω**	[θerízo]
pá (f)	**φτυάρι** (ουδ.)	[ftiári]
cavar (vt)	**οργώνω**	[orɣóno]
enxada (f)	**τσάπα** (θηλ.)	[tsápa]
carpir (vt)	**σκαλίζω, ξεχορταριάζω**	[skalízo], [ksexortariázo]
erva (f) daninha	**ζιζάνιο** (ουδ.)	[zizánio]
regador (m)	**ποτιστήρι** (ουδ.)	[potistíri]
regar (vt)	**ποτίζω**	[potízo]
rega (f)	**πότισμα** (ουδ.)	[pótizma]
forquilha (f)	**δικράνι** (ουδ.)	[ðikráni]
ancinho (m)	**τσουγκράνα** (θηλ.)	[tsungrána]
fertilizante (m)	**λίπασμα** (ουδ.)	[lípazma]
fertilizar (vt)	**λιπαίνω**	[lipéno]
estrume (m)	**κοπριά** (θηλ.)	[kopriá]
campo (m)	**αγρός** (αρ.)	[aɣrós]
prado (m)	**λιβάδι** (ουδ.)	[liváði]
horta (f)	**λαχανόκηπος** (αρ.)	[lʲaxanókipos]
pomar (m)	**οπωρώνας** (αρ.)	[oporónas]
pastar (vt)	**βόσκω**	[vósko]
pastor (m)	**βοσκός** (αρ.)	[voskós]
pastagem (f)	**βοσκή** (θηλ.)	[voskí]
pecuária (f)	**κτηνοτροφία** (θηλ.)	[ktinotrofía]
criação (f) de ovelhas	**εκτροφή προβάτων** (θηλ.)	[ektrofí prováton]

plantação (f)	**φυτεία** (θηλ.)	[fitía]
canteiro (m)	**βραγιά** (θηλ.)	[vraʝá]
invernadouro (m)	**θερμοκήπιο** (ουδ.)	[θermokípio]
seca (f)	**ξηρασιά** (θηλ.)	[ksirasiá]
seco (verão ~)	**ξηρός**	[ksirós]
cereais (m pl)	**δημητριακών** (ουδ.πλ.)	[ðimitriakón]
colher (vt)	**θερίζω**	[θerízo]
moleiro (m)	**μυλωνάς** (αρ.)	[milʲonás]
moinho (m)	**μύλος** (αρ.)	[mílʲos]
moer (vt)	**αλέθω**	[aléθo]
farinha (f)	**αλεύρι** (ουδ.)	[alévri]
palha (f)	**άχυρο** (ουδ.)	[áxiro]

121. Construção. Processo de construção

canteiro (m) de obras	**εργοτάξιο** (ουδ.)	[erɣotáksio]
construir (vt)	**κτίζω**	[ktízo]
construtor (m)	**οικοδόμος** (αρ.)	[ikoðómos]
projeto (m)	**πρότζεκτ** (ουδ.)	[pródzekt]
arquiteto (m)	**αρχιτέκτονας** (αρ.)	[arxitéktonas]
operário (m)	**εργάτης** (αρ.)	[erɣátis]
fundação (f)	**θεμέλιο** (ουδ.)	[θemélio]
telhado (m)	**στέγη** (θηλ.)	[stéʝi]
estaca (f)	**πάσσαλος** (αρ.)	[pásalʲos]
parede (f)	**τοίχος** (αρ.)	[tíxos]
varões (m pl) para betão	**οπλισμός** (αρ.)	[oplizmós]
andaime (m)	**σκαλωσιές** (θηλ.πλ.)	[skalʲosiés]
betão (m)	**μπετόν** (ουδ.)	[betón]
granito (m)	**γρανίτης** (αρ.)	[ɣranítis]
pedra (f)	**πέτρα** (θηλ.)	[pétra]
tijolo (m)	**τούβλο** (ουδ.)	[túvlʲo]
areia (f)	**άμμος** (θηλ.)	[ámos]
cimento (m)	**τσιμέντο** (ουδ.)	[tsiméndo]
emboço (m)	**στόκος** (αρ.)	[stókos]
emboçar (vt)	**σοβατίζω**	[sovatízo]
tinta (f)	**μπογιά** (θηλ.)	[boʝá]
pintar (vt)	**βάφω**	[váfo]
barril (m)	**βαρέλι** (ουδ.)	[varéli]
grua (f), guindaste (m)	**γερανός** (αρ.)	[ʝeranós]
erguer (vt)	**σηκώνω**	[sikóno]
baixar (vt)	**κατεβάζω**	[katevázo]
buldózer (m)	**μπουλντόζα** (θηλ.)	[bulʲdóza]
escavadora (f)	**εκσκαφέας** (αρ.)	[ekskaféas]

caçamba (f)	**κουβάς** (αρ.)	[kuvás]
escavar (vt)	**σκάβω**	[skávo]
capacete (m) de proteção	**κράνος** (ουδ.)	[krános]

122. Ciência. Investigação. Cientistas

ciência (f)	**επιστήμη** (θηλ.)	[epistími]
científico	**επιστημονικός**	[epistimonikós]
cientista (m)	**επιστήμονας** (αρ.)	[epistímonas]
teoria (f)	**θεωρία** (θηλ.)	[θeoría]
axioma (m)	**αξίωμα** (ουδ.)	[aksíoma]
análise (f)	**ανάλυση** (θηλ.)	[análisi]
analisar (vt)	**αναλύω**	[analío]
argumento (m)	**επιχείρημα** (ουδ.)	[epixírima]
substância (f)	**ουσία** (θηλ.)	[usía]
hipótese (f)	**υπόθεση** (θηλ.)	[ipóθesi]
dilema (m)	**δίλημμα** (ουδ.)	[ðílima]
tese (f)	**διατριβή** (θηλ.)	[ðiatriví]
dogma (m)	**δόγμα** (ουδ.)	[ðóɣma]
doutrina (f)	**δοξασία** (θηλ.)	[ðoksasía]
pesquisa (f)	**έρευνα** (θηλ.)	[érevna]
pesquisar (vt)	**ερευνώ**	[erevnó]
teste (m)	**δοκιμές** (θηλ.πλ.)	[ðokimés]
laboratório (m)	**εργαστήριο** (ουδ.)	[erɣastírio]
método (m)	**μέθοδος** (θηλ.)	[méθoðos]
molécula (f)	**μόριο** (ουδ.)	[mório]
monitoramento (m)	**παρακολούθηση** (θηλ.)	[parakolʲúθisi]
descoberta (f)	**ανακάλυψη** (θηλ.)	[anakálipsi]
postulado (m)	**αξίωμα** (ουδ.)	[aksíoma]
princípio (m)	**αρχή** (θηλ.)	[arxí]
prognóstico (previsão)	**πρόγνωση** (θηλ.)	[próɣnosi]
prognosticar (vt)	**προβλέπω**	[provlépo]
síntese (f)	**σύνθεση** (θηλ.)	[sínθesi]
tendência (f)	**τάση** (θηλ.)	[tási]
teorema (m)	**θεώρημα** (ουδ.)	[θeórima]
ensinamentos (m pl)	**διδαχές** (θηλ.πλ.)	[ðiðaxés]
facto (m)	**γεγονός** (ουδ.)	[ʝeɣonós]
expedição (f)	**αποστολή** (θηλ.)	[apostolí]
experiência (f)	**πείραμα** (ουδ.)	[pírama]
académico (m)	**ακαδημαϊκός** (αρ.)	[akaðimaikós]
bacharel (m)	**πτυχιούχος** (αρ.)	[ptixiúxos]
doutor (m)	**δόκτορας** (αρ.)	[ðóktoras]
docente (m)	**επίκουρος καθηγητής** (αρ.)	[epíkuros kaθiʝitís]
mestre (m)	**κάτοχος μάστερ** (αρ.)	[kátoxos máster]
professor (m) catedrático	**καθηγητής** (αρ.)	[kaθiʝitís]

Profissões e ocupações

123. Procura de emprego. Demissão

trabalho (m)	**δουλειά** (θηλ.)	[ðuliá]
equipa (f)	**προσωπικό** (ουδ.)	[prosopikó]
carreira (f)	**καριέρα** (θηλ.)	[kariéra]
perspetivas (f pl)	**προοπτικές** (θηλ.πλ.)	[prooptikés]
mestria (f)	**μαστοριά** (θηλ.)	[mastoriá]
seleção (f)	**επιλογή** (θηλ.)	[epiʎoʝí]
agência (f) de emprego	**γραφείο ευρέσεως εργασίας** (ουδ.)	[ɣrafío évresis erɣasías]
CV, currículo (m)	**βιογραφικό** (ουδ.)	[vioɣrafikó]
entrevista (f) de emprego	**συνέντευξη** (θηλ.)	[sinéndefksi]
vaga (f)	**κενή θέση** (θηλ.)	[kení θési]
salário (m)	**μισθός** (αρ.)	[misθós]
salário (m) fixo	**άκαμπτος μισθός** (αρ.)	[ákamptos misθós]
pagamento (m)	**αμοιβή** (θηλ.)	[amiví]
posto (m)	**θέση** (θηλ.)	[θési]
dever (do empregado)	**υποχρέωση** (θηλ.)	[ipoxréosi]
gama (f) de deveres	**φάσμα καθηκόντων** (ουδ.)	[fázma kaθikóndon]
ocupado	**απασχολημένος**	[apasxoliménos]
despedir, demitir (vt)	**απολύω**	[apolío]
demissão (f)	**απόλυση** (θηλ.)	[apólisi]
desemprego (m)	**ανεργία** (θηλ.)	[aneʝía]
desempregado (m)	**άνεργος** (αρ.)	[ánerɣos]
reforma (f)	**σύνταξη** (θηλ.)	[síndaksi]
reformar-se	**βγαίνω σε σύνταξη**	[vʝéno se síndaksi]

124. Gente de negócios

diretor (m)	**διευθυντής** (αρ.)	[ðiefθindís]
gerente (m)	**διευθυντής** (αρ.)	[ðiefθindís]
patrão, chefe (m)	**διαχειριστής** (αρ.)	[ðiaxiristís]
superior (m)	**προϊστάμενος** (αρ.)	[projstámenos]
superiores (m pl)	**προϊστάμενοι** (πλ.)	[projstámeni]
presidente (m)	**πρόεδρος** (αρ.)	[próeðros]
presidente (m) de direção	**πρόεδρος** (αρ.)	[próeðros]
substituto (m)	**αναπληρωτής** (αρ.)	[anaplirotís]
assistente (m)	**βοηθός** (αρ.)	[voiθós]

secretário (m)	**γραμματέας** (αρ./θηλ.)	[ɣramatéas]
secretário (m) pessoal	**προσωπικός γραμματέας** (αρ.)	[prosopikós ɣramatéas]
homem (m) de negócios	**μπίζνεσμαν** (αρ.)	[bíznezman]
empresário (m)	**επιχειρηματίας** (αρ.)	[epixirimatías]
fundador (m)	**ιδρυτής** (αρ.)	[iðritís]
fundar (vt)	**ιδρύω**	[iðrío]
fundador, sócio (m)	**ιδρυτής** (αρ.)	[iðritís]
parceiro, sócio (m)	**συνέταιρος** (αρ.)	[sinéteros]
acionista (m)	**μέτοχος** (αρ.)	[métoxos]
milionário (m)	**εκατομμυριούχος** (αρ.)	[ekatomiriúxos]
bilionário (m)	**δισεκατομμυριούχος** (αρ.)	[ðisekatomiriúxos]
proprietário (m)	**ιδιοκτήτης** (αρ.)	[iðioktítis]
proprietário (m) de terras	**κτηματίας** (αρ.)	[ktimatías]
cliente (m)	**πελάτης** (αρ.)	[pelʲátis]
cliente (m) habitual	**τακτικός πελάτης** (αρ.)	[taktikós pelʲátis]
comprador (m)	**αγοραστής** (αρ.)	[aɣorastís]
visitante (m)	**επισκέπτης** (αρ.)	[episképtis]
profissional (m)	**επαγγελματίας** (αρ.)	[epangelʲmatías]
perito (m)	**ειδήμονας** (αρ.)	[iðímonas]
especialista (m)	**ειδικός** (αρ.)	[iðikós]
banqueiro (m)	**τραπεζίτης** (αρ.)	[trapezítis]
corretor (m)	**μεσίτης** (αρ.)	[mesítis]
caixa (m, f)	**ταμίας** (αρ./θηλ.)	[tamías]
contabilista (m)	**λογιστής** (αρ.)	[lʲoʝistís]
guarda (m)	**φρουρός** (αρ.)	[fílʲakas]
investidor (m)	**επενδυτής** (αρ.)	[epenðitís]
devedor (m)	**χρεώστης** (αρ.)	[xreóstis]
credor (m)	**πιστωτής** (αρ.)	[pistotís]
mutuário (m)	**δανειολήπτης** (αρ.)	[ðaniolíptis]
importador (m)	**εισαγωγέας** (αρ.)	[isaɣoʝéas]
exportador (m)	**εξαγωγέας** (αρ.)	[eksaɣoʝéas]
produtor (m)	**παραγωγός** (αρ.)	[paraɣoɣós]
distribuidor (m)	**διανομέας** (αρ.)	[ðianoméas]
intermediário (m)	**μεσολαβητής** (αρ.)	[mesolʲavitís]
consultor (m)	**σύμβουλος** (αρ.)	[símvulʲos]
representante (m)	**αντιπρόσωπος** (αρ.)	[andiprósopos]
agente (m)	**πράκτορας** (αρ.)	[práktoras]
agente (m) de seguros	**ασφαλιστής** (αρ.)	[asfalistís]

125. Profissões de serviços

cozinheiro (m)	**μάγειρας** (αρ.)	[máʝiras]
cozinheiro chefe (m)	**σεφ** (αρ./θηλ.)	[sef]

padeiro (m)	**φούρναρης** (αρ.)	[fúrnaris]
barman (m)	**μπάρμαν** (αρ.)	[bárman]
empregado (m) de mesa	**σερβιτόρος** (αρ.)	[servitóros]
empregada (f) de mesa	**σερβιτόρα** (θηλ.)	[servitóra]
advogado (m)	**δικηγόρος** (αρ.)	[ðikiɣóros]
jurista (m)	**νομικός** (αρ.)	[nomikós]
notário (m)	**συμβολαιογράφος** (αρ.)	[simvoleoɣráfos]
eletricista (m)	**ηλεκτρολόγος** (αρ.)	[ilektrolʲóɣos]
canalizador (m)	**υδραυλικός** (αρ.)	[iðravlikós]
carpinteiro (m)	**μαραγκός** (αρ.)	[marangós]
massagista (m)	**μασέρ** (αρ.)	[masér]
massagista (f)	**μασέζ** (θηλ.)	[maséz]
médico (m)	**γιατρός** (αρ.)	[jatrós]
taxista (m)	**ταξιτζής** (αρ.)	[taksidzís]
condutor (automobilista)	**οδηγός** (αρ.)	[oðiɣós]
entregador (m)	**κούριερ** (αρ.)	[kúrier]
camareira (f)	**καμαριέρα** (θηλ.)	[kamariéra]
guarda (m)	**φρουρός** (αρ.)	[fílʲakas]
hospedeira (f) de bordo	**αεροσυνοδός** (θηλ.)	[aerosinoðós]
professor (m)	**δάσκαλος** (αρ.)	[ðáskalʲos]
bibliotecário (m)	**βιβλιοθηκάριος** (αρ.)	[vivlioθikários]
tradutor (m)	**μεταφραστής** (αρ.)	[metafrastís]
intérprete (m)	**διερμηνέας** (αρ.)	[ðierminéas]
guia (pessoa)	**ξεναγός** (αρ.)	[ksenaɣós]
cabeleireiro (m)	**κομμωτής** (αρ.)	[komotís]
carteiro (m)	**ταχυδρόμος** (αρ.)	[taxiðrómos]
vendedor (m)	**πωλητής** (αρ.)	[politís]
jardineiro (m)	**κηπουρός** (αρ.)	[kipurós]
criado (m)	**υπηρέτης** (αρ.)	[ipirétis]
criada (f)	**υπηρέτρια** (θηλ.)	[ipirétria]
empregada (f) de limpeza	**καθαρίστρια** (θηλ.)	[kaθarístria]

126. Profissões militares e postos

soldado (m) raso	**απλός στρατιώτης** (αρ.)	[aplʲós stratiótis]
sargento (m)	**λοχίας** (αρ.)	[lʲoxías]
tenente (m)	**υπολοχαγός** (αρ.)	[ipolʲoxaɣós]
capitão (m)	**λοχαγός** (αρ.)	[lʲoxaɣós]
major (m)	**ταγματάρχης** (αρ.)	[taɣmatárxis]
coronel (m)	**συνταγματάρχης** (αρ.)	[sindaɣmatárxis]
general (m)	**στρατηγός** (αρ.)	[stratiɣós]
marechal (m)	**στρατάρχης** (αρ.)	[stratárxis]
almirante (m)	**ναύαρχος** (αρ.)	[návarxos]
militar (m)	**στρατιωτικός** (αρ.)	[stratiotikós]
soldado (m)	**στρατιώτης** (αρ.)	[stratiótis]

oficial (m)	**αξιωματικός** (αρ.)	[aksiomatikós]
comandante (m)	**διοικητής** (αρ.)	[ðiikitís]
guarda (m) fronteiriço	**φρουρός των συνόρων** (αρ.)	[frurós ton sinóron]
operador (m) de rádio	**χειριστής ασυρμάτου** (αρ.)	[xiristís asirmátu]
explorador (m)	**ανιχνευτής** (αρ.)	[anixneftís]
sapador (m)	**σκαπανέας** (αρ.)	[skapanéas]
atirador (m)	**σκοπευτής** (αρ.)	[skopeftís]
navegador (m)	**πλοηγός** (αρ.)	[plʲoiɣós]

127. Oficiais. Padres

rei (m)	**βασιλιάς** (αρ.)	[vasiliás]
rainha (f)	**βασίλισσα** (θηλ.)	[vasílisa]
príncipe (m)	**πρίγκιπας** (αρ.)	[príngipas]
princesa (f)	**πριγκίπισσα** (θηλ.)	[pringípisa]
czar (m)	**τσάρος** (αρ.)	[tsáros]
czarina (f)	**τσαρίνα** (θηλ.)	[tsarína]
presidente (m)	**πρόεδρος** (αρ.)	[próeðros]
ministro (m)	**υπουργός** (αρ.)	[ipurɣós]
primeiro-ministro (m)	**πρωθυπουργός** (αρ.)	[proθipurɣós]
senador (m)	**γερουσιαστής** (αρ.)	[ʝerusiastís]
diplomata (m)	**διπλωμάτης** (αρ.)	[ðiplʲomátis]
cônsul (m)	**πρόξενος** (αρ.)	[próksenos]
embaixador (m)	**πρέσβης** (αρ.)	[prézvis]
conselheiro (m)	**σύμβουλος** (αρ.)	[símvulʲos]
funcionário (m)	**αξιωματούχος** (αρ.)	[aksiomatúxos]
prefeito (m)	**νομάρχης** (αρ.)	[nomárxis]
Presidente (m) da Câmara	**δήμαρχος** (αρ.)	[ðímarxos]
juiz (m)	**δικαστής** (αρ.)	[ðikastís]
procurador (m)	**εισαγγελέας** (αρ.)	[isangeléas]
missionário (m)	**ιεραπόστολος** (αρ.)	[ierapóstolʲos]
monge (m)	**καλόγερος** (αρ.)	[kalʲóʝeros]
abade (m)	**αβάς** (αρ.)	[avás]
rabino (m)	**ραβίνος** (αρ.)	[ravínos]
vizir (m)	**βεζίρης** (αρ.)	[vezíris]
xá (m)	**σάχης** (αρ.)	[sáxis]
xeque (m)	**σεΐχης** (αρ.)	[séjxis]

128. Profissões agrícolas

apicultor (m)	**μελισσοκόμος** (αρ.)	[melisokómos]
pastor (m)	**βοσκός** (αρ.)	[voskós]
agrónomo (m)	**αγρονόμος** (αρ.)	[aɣronómos]

criador (m) de gado	**κτηνοτρόφος** (αρ.)	[ktinotrófos]
veterinário (m)	**κτηνίατρος** (αρ.)	[ktiníatros]
agricultor (m)	**αγρότης** (αρ.)	[aɣrótis]
vinicultor (m)	**οινοποιός** (αρ.)	[inopiós]
zoólogo (m)	**ζωολόγος** (αρ.)	[zoolʲóɣos]
cowboy (m)	**καουμπόης** (αρ.)	[kaubóis]

129. Profissões artísticas

ator (m)	**ηθοποιός** (αρ.)	[iθopiós]
atriz (f)	**ηθοποιός** (θηλ.)	[iθopiós]
cantor (m)	**τραγουδιστής** (αρ.)	[traɣuðistís]
cantora (f)	**τραγουδίστρια** (θηλ.)	[traɣuðístria]
bailarino (m)	**χορευτής** (αρ.)	[xoreftís]
bailarina (f)	**χορεύτρια** (θηλ.)	[xoréftria]
artista (m)	**καλλιτέχνης** (αρ.)	[kalitéxnis]
artista (f)	**καλλιτέχνης** (θηλ.)	[kalitéxnis]
músico (m)	**μουσικός** (αρ.)	[musikós]
pianista (m)	**πιανίστας** (αρ.)	[pianístas]
guitarrista (m)	**κιθαρίστας** (αρ.)	[kiθarístas]
maestro (m)	**μαέστρος** (αρ.)	[maéstros]
compositor (m)	**συνθέτης** (αρ.)	[sinθétis]
empresário (m)	**ιμπρεσάριος** (αρ.)	[imbresários]
realizador (m)	**σκηνοθέτης** (αρ.)	[skinoθétis]
produtor (m)	**παραγωγός** (αρ.)	[paraɣoɣós]
argumentista (m)	**σεναριογράφος** (αρ.)	[senarioɣráfos]
crítico (m)	**κριτικός** (αρ.)	[kritikós]
escritor (m)	**συγγραφέας** (αρ.)	[singraféas]
poeta (m)	**ποιητής** (αρ.)	[piitís]
escultor (m)	**γλύπτης** (αρ.)	[ɣlíptis]
pintor (m)	**ζωγράφος** (αρ.)	[zoɣráfos]
malabarista (m)	**ζογκλέρ** (αρ.)	[zonglér]
palhaço (m)	**κλόουν** (αρ.)	[klʲóun]
acrobata (m)	**ακροβάτης** (αρ.)	[akrovátis]
mágico (m)	**θαυματοποιός** (αρ.)	[θavmatopiós]

130. Várias profissões

médico (m)	**γιατρός** (αρ.)	[ʝatrós]
enfermeira (f)	**νοσοκόμα** (θηλ.)	[nosokóma]
psiquiatra (m)	**ψυχίατρος** (αρ.)	[psixíatros]
estomatologista (m)	**οδοντίατρος** (αρ.)	[oðondíatros]
cirurgião (m)	**χειρουργός** (αρ.)	[xiruryós]

astronauta (m)	**αστροναύτης** (αρ.)	[astronáftis]
astrónomo (m)	**αστρονόμος** (αρ.)	[astronómos]
motorista (m)	**οδηγός** (αρ.)	[oðiɣós]
maquinista (m)	**οδηγός τρένου** (αρ.)	[oðiɣós trénu]
mecânico (m)	**μηχανικός** (αρ.)	[mixanikós]
mineiro (m)	**ανθρακωρύχος** (αρ.)	[anθrakoríxos]
operário (m)	**εργάτης** (αρ.)	[erɣátis]
serralheiro (m)	**κλειδαράς** (αρ.)	[kliðarás]
marceneiro (m)	**ξυλουργός** (αρ.)	[ksilʲurɣós]
torneiro (m)	**τορναδόρος** (αρ.)	[tornaðóros]
construtor (m)	**οικοδόμος** (αρ.)	[ikoðómos]
soldador (m)	**ηλεκτροσυγκολλητής** (αρ.)	[ilektrosingolitís]
professor (m) catedrático	**καθηγητής** (αρ.)	[kaθiʝitís]
arquiteto (m)	**αρχιτέκτονας** (αρ.)	[arxitéktonas]
historiador (m)	**ιστορικός** (αρ.)	[istorikós]
cientista (m)	**επιστήμονας** (αρ.)	[epistímonas]
físico (m)	**φυσικός** (αρ.)	[fisikós]
químico (m)	**χημικός** (αρ.)	[ximikós]
arqueólogo (m)	**αρχαιολόγος** (αρ.)	[arxeolʲóɣos]
geólogo (m)	**γεωλόγος** (αρ.)	[ʝeolʲóɣos]
pesquisador (cientista)	**ερευνητής** (αρ.)	[erevnitís]
babysitter (f)	**νταντά** (θηλ.)	[dadá]
professor (m)	**παιδαγωγός** (αρ.)	[peðaɣoɣós]
redator (m)	**συντάκτης** (αρ.)	[sindáktis]
redator-chefe (m)	**αρχισυντάκτης** (αρ.)	[arxisindáktis]
correspondente (m)	**ανταποκριτής** (αρ.)	[andapokritís]
datilógrafa (f)	**δακτυλογράφος** (θηλ.)	[ðaktilʲoɣráfos]
designer (m)	**σχεδιαστής** (αρ.)	[sxeðiastís]
especialista (m) em informática	**τεχνικός υπολογιστών** (αρ.)	[texnikós ipolʲoʝistón]
programador (m)	**προγραμματιστής** (αρ.)	[proɣramatistís]
engenheiro (m)	**μηχανικός** (αρ.)	[mixanikós]
marujo (m)	**ναυτικός** (αρ.)	[naftikós]
marinheiro (m)	**ναύτης** (αρ.)	[náftis]
salvador (m)	**διασώστης** (αρ.)	[ðiasóstis]
bombeiro (m)	**πυροσβέστης** (αρ.)	[pirozvéstis]
polícia (m)	**αστυνομικός** (αρ.)	[astinomikós]
guarda-noturno (m)	**φύλακας** (αρ.)	[fílʲakas]
detetive (m)	**ντετέκτιβ** (αρ.)	[detéktiv]
funcionário (m) da alfândega	**τελωνειακός** (αρ.)	[telʲoniakós]
guarda-costas (m)	**σωματοφύλακας** (αρ.)	[somatofílʲakas]
guarda (m) prisional	**δεσμοφύλακας** (αρ.)	[ðezmofílʲakas]
inspetor (m)	**παρατηρητής** (αρ.)	[paratiritís]
desportista (m)	**αθλητής** (αρ.)	[aθlitís]
treinador (m)	**προπονητής** (αρ.)	[proponitís]

talhante (m)	**κρεοπώλης** (αρ.)	[kreopólis]
sapateiro (m)	**τσαγκάρης** (αρ.)	[tsangáris]
comerciante (m)	**επιχειρηματίας** (αρ.)	[epixirimatías]
carregador (m)	**φορτωτής** (αρ.)	[fortotís]
estilista (m)	**σχεδιαστής** (αρ.)	[sxeðiastís]
modelo (f)	**μοντέλο** (ουδ.)	[modélʲo]

131. Ocupações. Estatuto social

aluno, escolar (m)	**μαθητής** (αρ.)	[maθitís]
estudante (~ universitária)	**φοιτητής** (αρ.)	[fititís]
filósofo (m)	**φιλόσοφος** (αρ.)	[filʲósofos]
economista (m)	**οικονομολόγος** (αρ.)	[ikonomolʲóɣos]
inventor (m)	**εφευρέτης** (αρ.)	[efevrétis]
desempregado (m)	**άνεργος** (αρ.)	[ánerɣos]
reformado (m)	**συνταξιούχος** (αρ.)	[sindaksiúxos]
espião (m)	**κατάσκοπος** (αρ.)	[katáskopos]
preso (m)	**φυλακισμένος** (αρ.)	[filʲakizménos]
grevista (m)	**απεργός** (αρ.)	[aperɣós]
burocrata (m)	**γραφειοκράτης** (αρ.)	[ɣrafiokrátis]
viajante (m)	**ταξιδιώτης** (αρ.)	[taksiðiótis]
homossexual (m)	**γκέι, ομοφυλόφιλος** (αρ.)	[géi], [omofilʲófilʲos]
hacker (m)	**χάκερ** (αρ.)	[xáker]
bandido (m)	**συμμορίτης** (αρ.)	[simorítis]
assassino (m) a soldo	**πληρωμένος δολοφόνος** (αρ.)	[pliroménos ðolʲofónos]
toxicodependente (m)	**ναρκομανής** (αρ.)	[narkomanís]
traficante (m)	**έμπορος ναρκωτικών** (αρ.)	[émboros narkotikón]
prostituta (f)	**πόρνη** (θηλ.)	[pórni]
chulo (m)	**νταβατζής** (αρ.)	[davadzís]
bruxo (m)	**μάγος** (αρ.)	[máɣos]
bruxa (f)	**μάγισσα** (θηλ.)	[májisa]
pirata (m)	**πειρατής** (αρ.)	[piratís]
escravo (m)	**δούλος** (αρ.)	[ðúlʲos]
samurai (m)	**σαμουράι** (αρ.)	[samurái]
selvagem (m)	**άγριος** (αρ.)	[áɣrios]

Desportos

132. Tipos de desportos. Desportistas

desportista (m)	**αθλητής** (αρ.)	[aθlitís]
tipo (m) de desporto	**είδος αθλήματος** (ουδ.)	[íðos aθlímatos]
basquetebol (m)	**μπάσκετ** (ουδ.)	[básket]
jogador (m) de basquetebol	**μπασκετμπολίστας** (αρ.)	[basketbolístas]
beisebol (m)	**μπέιζμπολ** (ουδ.)	[béjzbolʲ]
jogador (m) de beisebol	**παίκτης μπέιζμπολ** (αρ.)	[péktis béjzbolʲ]
futebol (m)	**ποδόσφαιρο** (ουδ.)	[poðósfero]
futebolista (m)	**ποδοσφαιριστής** (αρ.)	[poðosferistís]
guarda-redes (m)	**τερματοφύλακας** (αρ.)	[termatofílʲakas]
hóquei (m)	**χόκεϊ** (ουδ.)	[xókej]
jogador (m) de hóquei	**παίκτης χόκεϊ** (αρ.)	[péktis xókej]
voleibol (m)	**βόλεϊ** (ουδ.)	[vólej]
jogador (m) de voleibol	**βολεϊμπολίστας** (αρ.)	[volejbolístas]
boxe (m)	**πυγμαχία** (θηλ.)	[piɣmaxía]
boxeador, pugilista (m)	**πυγμάχος** (αρ.)	[piɣmáxos]
luta (f)	**πάλη** (θηλ.)	[páli]
lutador (m)	**παλαιστής** (αρ.)	[palestís]
karaté (m)	**καράτε** (ουδ.)	[karáte]
karateca (m)	**αθλητής καράτε** (αρ.)	[aθlitís karáte]
judo (m)	**τζούντο** (ουδ.)	[dzúdo]
judoca (m)	**αθλητής του τζούντου** (αρ.)	[aθlitís tu dzúdu]
ténis (m)	**τένις** (ουδ.)	[ténis]
tenista (m)	**τενίστας** (αρ.)	[tenístas]
natação (f)	**κολύμβηση** (θηλ.)	[kolímvisi]
nadador (m)	**κολυμβητής** (αρ.)	[kolimvistís]
esgrima (f)	**ξιφασκία** (θηλ.)	[ksifaskía]
esgrimista (m)	**ξιφομάχος** (αρ.)	[ksifomáxos]
xadrez (m)	**σκάκι** (ουδ.)	[skáki]
xadrezista (m)	**σκακιστής** (αρ.)	[skakistís]
alpinismo (m)	**ορειβασία** (θηλ.)	[orivasía]
alpinista (m)	**ορειβάτης** (αρ.)	[orivátis]
corrida (f)	**δρόμος** (αρ.)	[ðrómos]

corredor (m)	**δρομέας** (αρ.)	[ðroméas]
atletismo (m)	**στίβος** (αρ.)	[stívos]
atleta (m)	**αθλητής** (αρ.)	[aθlitís]
hipismo (m)	**ιππασία** (θηλ.)	[ipasía]
cavaleiro (m)	**ιππέας** (αρ.)	[ipéas]
patinagem (f) artística	**καλλιτεχνικό πατινάζ** (ουδ.)	[kalitexnikó patináz]
patinador (m)	**αθλητής του καλλιτεχνικού πατινάζ** (αρ.)	[aθlitís tu kalitexnikú patináz]
patinadora (f)	**αθλήτρια του καλλιτεχνικού πατινάζ** (θηλ.)	[aθlítria tu kalitexnikú patináz]
halterofilismo (m)	**άρση βαρών** (θηλ.)	[ársi varón]
corrida (f) de carros	**αγώνας αυτοκινήτων** (αρ.)	[aɣónas aftokiníton]
ciclismo (m)	**ποδηλασία** (θηλ.)	[poðilʲasía]
ciclista (m)	**ποδηλάτης** (αρ.)	[poðilʲátis]
salto (m) em comprimento	**άλμα εις μήκος** (ουδ.)	[álʲma is míkos]
salto (m) à vara	**άλμα επί κοντώ** (ουδ.)	[álʲma epí kontó]
atleta (m) de saltos	**άλτης** (αρ.)	[álʲtis]

133. Tipos de desportos. Diversos

futebol (m) americano	**αμερικάνικο ποδόσφαιρο** (ουδ.)	[amerikániko poðósfero]
badminton (m)	**μπάντμιντον** (ουδ.)	[bádminton]
biatlo (m)	**δίαθλο** (ουδ.)	[ðíaθlʲo]
bilhar (m)	**μπιλιάρδο** (ουδ.)	[biliárðo]
bobsled (m)	**έλκηθρο** (ουδ.)	[élʲkiθro]
musculação (f)	**μπόντι μπίλντινγκ** (ουδ.)	[bódi bílʲding]
polo (m) aquático	**πόλο** (ουδ.)	[pólʲo]
andebol (m)	**χειροσφαίριση** (θηλ.)	[xirosférisi]
golfe (m)	**γκολφ** (ουδ.)	[golʲf]
remo (m)	**κωπηλασία** (θηλ.)	[kopilʲasía]
mergulho (m)	**κατάδυση** (θηλ.)	[katáðisi]
corrida (f) de esqui	**σκι αντοχής** (ουδ.)	[ski andoxís]
ténis (m) de mesa	**επιτραπέζια αντισφαίριση** (θηλ.)	[epitrapézia andisfírisi]
vela (f)	**ιστιοπλοΐα** (θηλ.)	[istioplʲoía]
rali (m)	**ράλι** (ουδ.)	[ráli]
râguebi (m)	**ράγκμπι** (ουδ.)	[rágbi]
snowboard (m)	**σνόουμπορντ** (ουδ.)	[snóubord]
tiro (m) com arco	**τοξοβολία** (θηλ.)	[toksovolía]

134. Ginásio

barra (f)	**μπάρα** (θηλ.)	[bára]
halteres (m pl)	**βαράκια** (ουδ.πλ.)	[varákia]

aparelho (m) de musculaçao	**όργανο γυμναστικής** (ουδ.)	[órɣano ʝimnastikís]
bicicleta (f) ergométrica	**στατικό ποδήλατο** (ουδ.)	[statikó poðílʲato]
passadeira (f) de corrida	**διάδρομος** (αρ.)	[ðiáðromos]
barra (f) fixa	**μονόζυγο** (ουδ.)	[monóziɣo]
barras (f) paralelas	**παράλληλοι ζυγοί** (αρ.πλ.)	[parálili ziɣí]
cavalo (m)	**ίππος** (αρ.)	[ípos]
tapete (m) de ginástica	**στρώμα** (ουδ.)	[stróma]
aeróbica (f)	**αεροβική** (θηλ.)	[aerovikí]
ioga (f)	**γιόγκα** (θηλ.)	[ʝóga]

135. Hóquei

hóquei (m)	**χόκεϊ** (ουδ.)	[xókej]
jogador (m) de hóquei	**παίκτης χόκεϊ** (αρ.)	[péktis xókej]
jogar hóquei	**παίζω χόκεϊ**	[pézo xókej]
gelo (m)	**πάγος** (αρ.)	[páɣos]
disco (m)	**σφαίρα** (θηλ.)	[sféra]
taco (m) de hóquei	**μπαστούνι χόκεϊ** (ουδ.)	[bastúni xókej]
patins (m pl) de gelo	**παγοπέδιλα** (ουδ.πλ.)	[paɣopéðilʲa]
muro (m)	**πλευρά** (θηλ.)	[plevrá]
tiro (m)	**σουτ** (ουδ.)	[sut]
guarda-redes (m)	**τερματοφύλακας** (αρ.)	[termatofílʲakas]
golo (m)	**γκολ** (ουδ.)	[golʲ]
marcar um golo	**βάζω γκολ**	[vázo golʲ]
tempo (m)	**περίοδος** (θηλ.)	[períoðos]
banco (m) de reservas	**πάγκος αναπληρωματικών** (αρ.)	[pángos anapliromatikón]

136. Futebol

futebol (m)	**ποδόσφαιρο** (ουδ.)	[poðósfero]
futebolista (m)	**ποδοσφαιριστής** (αρ.)	[poðosferistís]
jogar futebol	**παίζω ποδόσφαιρο**	[pézo poðósfero]
Liga Principal (f)	**Σούπερ Λίγκα** (θηλ.)	[súper líga]
clube (m) de futebol	**ποδοσφαιρικός σύλλογος** (αρ.)	[poðosferikós sílʲoɣos]
treinador (m)	**προπονητής** (αρ.)	[proponitís]
proprietário (m)	**ιδιοκτήτης** (αρ.)	[iðioktítis]
equipa (f)	**ομάδα** (θηλ.)	[omáða]
capitão (m) da equipa	**αρχηγός της ομάδας** (αρ.)	[arxiɣós tis omáðas]
jogador (m)	**παίκτης** (αρ.)	[péktis]
jogador (m) de reserva	**αναπληρωματικός** (αρ.)	[anapliromatikós]
atacante (m)	**επιθετικός** (αρ.)	[epiθetikós]
avançado (m) centro	**κεντρικός επιθετικός** (αρ.)	[kendrikós epiθetikós]

marcador (m)	**σκόρερ** (αρ.)	[skórer]
defesa (m)	**αμυντικός** (αρ.)	[amindikós]
médio (m)	**μέσος** (αρ.)	[mésos]

jogo (desafio)	**ματς** (ουδ.)	[mats]
encontrar-se (vr)	**συναντιέμαι**	[sinandiéme]
final (m)	**τελικός** (αρ.)	[telikós]
meia-final (f)	**ημιτελικός** (αρ.)	[imitelikós]
campeonato (m)	**πρωτάθλημα** (ουδ.)	[protáθlima]

tempo (m)	**ημίχρονο** (ουδ.)	[imíxrono]
primeiro tempo (m)	**πρώτο ημίχρονο** (ουδ.)	[próto imíxrono]
intervalo (m)	**διάλειμμα** (ουδ.)	[ðiálima]

baliza (f)	**τέρμα** (ουδ.)	[térma]
guarda-redes (m)	**τερματοφύλακας** (αρ.)	[termatofílʲakas]
trave (f)	**δοκάρι** (ουδ.)	[ðokári]
barra (f) transversal	**οριζόντιο δοκάρι** (ουδ.)	[orizóndio ðokári]
rede (f)	**δίχτυ** (ουδ.)	[ðíxti]
sofrer um golo	**δέχομαι γκολ**	[ðéxome gólʲ]

bola (f)	**μπάλα** (θηλ.)	[bálʲa]
passe (m)	**πάσα** (θηλ.)	[pása]
chute (m)	**κλωτσιά** (θηλ.), **σουτ** (ουδ.)	[klʲotsiá], [sut]
chutar (vt)	**κλωτσάω**	[klʲotsáo]
tiro (m) livre	**ελεύθερο χτύπημα** (ουδ.)	[eléfθero xtípima]
canto (m)	**κόρνερ** (ουδ.)	[kórner]

ataque (m)	**επίθεση** (θηλ.)	[epíθesi]
contra-ataque (m)	**αντεπίθεση** (θηλ.)	[andepíθesi]
combinação (f)	**συνδυασμός** (αρ.)	[sinðiazmós]

árbitro (m)	**διαιτητής** (αρ.)	[ðietitís]
apitar (vi)	**σφυρίζω**	[sfirízo]
apito (m)	**σφύριγμα** (ουδ.)	[sfíriɣma]
falta (f)	**φάουλ, παράπτωμα** (ουδ.)	[fául], [paráptoma]
cometer a falta	**παραβιάζω**	[paraviázo]
expulsar (vt)	**αποβάλλω**	[apovált͡ʲo]

cartão (m) amarelo	**κίτρινη κάρτα** (θηλ.)	[kítrini kárta]
cartão (m) vermelho	**κόκκινη κάρτα** (θηλ.)	[kókini kárta]
desqualificação (f)	**αποκλεισμός** (αρ.)	[apoklizmós]
desqualificar (vt)	**αποκλείω**	[apoklío]

penálti (m)	**πέναλτι** (ουδ.)	[pénalʲti]
barreira (f)	**τείχος** (αρ.)	[tíxos]
marcar (vt)	**σκοράρω**	[skoráro]
golo (m)	**γκολ** (ουδ.)	[golʲ]
marcar um golo	**βάζω γκολ**	[vázo golʲ]

substituição (f)	**αλλαγή** (θηλ.)	[alʲaʝí]
substituir (vt)	**αντικαθιστώ**	[andikaθistó]
regras (f pl)	**κανόνες** (αρ.πλ.)	[kanónes]
tática (f)	**τακτική** (θηλ.)	[taktikí]
estádio (m)	**γήπεδο** (ουδ.)	[ʝípeðo]
bancadas (f pl)	**κερκίδα** (θηλ.)	[kerkíða]

fã, adepto (m)	**φίλαθλος** (αρ.)	[fílʲaθlʲos]
gritar (vi)	**φωνάζω**	[fonázo]
marcador (m)	**πίνακας** (αρ.)	[pínakas]
resultado (m)	**σκορ, αποτέλεσμα** (ουδ.)	[skor], [apotélezma]
derrota (f)	**ήττα** (θηλ.)	[íta]
perder (vt)	**χάνω**	[xáno]
empate (m)	**ισοπαλία** (θηλ.)	[isopalía]
empatar (vi)	**έρχομαι ισοπαλία**	[érxome isopalía]
vitória (f)	**νίκη** (θηλ.)	[níki]
ganhar, vencer (vi, vt)	**νικάω, κερδίζω**	[nikáo], [kerðízo]
campeão (m)	**πρωταθλητής** (αρ.)	[protaθlitís]
melhor	**καλύτερος**	[kalíteros]
felicitar (vt)	**συγχαίρω**	[sinxéro]
comentador (m)	**σχολιαστής** (αρ.)	[sxoliastís]
comentar (vt)	**σχολιάζω**	[sxoliázo]
transmissão (f)	**μετάδοση** (θηλ.)	[metáðosi]

137. Esqui alpino

esqui (m)	**σκι** (ουδ.)	[ski]
esquiar (vi)	**κάνω σκι**	[káno ski]
estância (f) de esqui	**χιονοδρομικό κέντρο** (ουδ.)	[xonoðromikó kéndro]
teleférico (m)	**τελεφερίκ** (ουδ.)	[teleferík]
bastões (m pl) de esqui	**μπαστούνια του σκι** (ουδ.πλ.)	[bastúni tu ski]
declive (m)	**πλαγιά** (θηλ.)	[plʲaʝá]
slalom (m)	**σλάλομ** (ουδ.)	[slʲálʲom]

138. Ténis. Golfe

golfe (m)	**γκολφ** (ουδ.)	[golʲf]
clube (m) de golfe	**γκολφ κλαμπ** (ουδ.)	[golʲf klʲab]
jogador (m) de golfe	**γκολφέρ** (αρ.)	[golʲfér]
buraco (m)	**τρύπα** (θηλ.)	[trípa]
taco (m)	**μπαστούνι** (ουδ.)	[bastúni]
trolley (m)	**καροτσάκι** (ουδ.)	[karotsáki]
ténis (m)	**τένις** (ουδ.)	[ténis]
quadra (f) de ténis	**γήπεδο τένις** (ουδ.)	[ʝípeðo ténis]
saque (m)	**σερβίς** (ουδ.)	[servís]
sacar (vi)	**σερβίρω**	[servíro]
raquete (f)	**ρακέτα** (θηλ.)	[rakéta]
rede (f)	**δίχτυ** (ουδ.)	[ðíxti]
bola (f)	**μπάλα** (θηλ.)	[bálʲa]

139. Xadrez

xadrez (m)	**σκάκι** (ουδ.)	[skáki]
peças (f pl) de xadrez	**πεσσοί** (αρ.πλ.)	[pesí]
xadrezista (m)	**σκακιστής** (αρ.)	[skakistís]
tabuleiro (m) de xadrez	**σκακιέρα** (θηλ.)	[skakiéra]
peça (f) de xadrez	**πεσσός** (αρ.)	[pesós]
brancas (f pl)	**λευκά** (ουδ.πλ.)	[lefká]
pretas (f pl)	**μαύρα** (ουδ.πλ.)	[mávra]
peão (m)	**πιόνι** (ουδ.)	[pióni]
bispo (m)	**αξιωματικός** (αρ.)	[aksiomatikós]
cavalo (m)	**άλογο** (ουδ.)	[álʲoɣo]
torre (f)	**πύργος** (αρ.)	[pírɣos]
dama (f)	**βασίλισσα** (θηλ.)	[vasílisa]
rei (m)	**βασιλιάς** (αρ.)	[vasiliás]
vez (m)	**κίνηση** (θηλ.)	[kínisi]
mover (vt)	**κάνω κίνηση**	[káno kínisi]
sacrificar (vt)	**θυσιάζω**	[θisiázo]
roque (m)	**ροκέ** (ουδ.)	[roké]
xeque (m)	**σαχ** (ουδ.)	[sax]
xeque-mate (m)	**ματ** (ουδ.)	[mat]
torneio (m) de xadrez	**τουρνουά σκάκι** (ουδ.)	[turnuá skáki]
grão-mestre (m)	**Γκρανμαίτρ** (αρ.)	[granmétr]
combinação (f)	**συνδυασμός** (αρ.)	[sinðiazmós]
partida (f)	**παρτίδα** (θηλ.)	[partíða]
jogo (m) de damas	**ντάμα** (θηλ.)	[dáma]

140. Boxe

boxe (m)	**πυγμαχία** (θηλ.), **μποξ** (ουδ.)	[piɣmaxía], [boks]
combate (m)	**αγώνας** (αρ.)	[aɣónas]
duelo (m)	**μονομαχία** (θηλ.)	[monomaxía]
round (m)	**γύρος** (αρ.)	[ʝíros]
ringue (m)	**ρινγκ** (ουδ.)	[ring]
gongo (m)	**γκονγκ** (ουδ.)	[gong]
murro, soco (m)	**γροθιά, μπουνιά** (θηλ.)	[ɣroθxá], [buniá]
knockdown (m)	**νοκ ντάουν** (ουδ.)	[nokdáun]
nocaute (m)	**νοκ άουτ** (ουδ.)	[nokáut]
nocautear (vt)	**βγάζω νοκ άουτ**	[vɣázo nokáut]
luva (f) de boxe	**γάντι πυγμαχίας** (ουδ.)	[ɣándi piɣmaxías]
árbitro (m)	**διαιτητής** (αρ.)	[ðietitís]
peso-leve (m)	**ελαφριών βαρών** (ουδ.)	[elʲafrión varón]
peso-médio (m)	**μεσαίων βαρών** (ουδ.)	[meséon varón]
peso-pesado (m)	**βαρέων βαρών** (ουδ.)	[varéon varón]

141. Desportos. Diversos

Jogos (m pl) Olímpicos	**Ολυμπιακοί Αγώνες** (αρ.πλ.)	[olimbiakí aɣónes]
vencedor (m)	**νικητής** (αρ.)	[nikitís]
vencer (vi)	**νικάω**	[nikáo]
vencer, ganhar (vi)	**νικάω, κερδίζω**	[nikáo], [kerðízo]
líder (m)	**αρχηγός** (αρ.)	[arxiɣós]
liderar (vt)	**αρχηγεύω**	[arxiʝévo]
primeiro lugar (m)	**πρώτη θέση** (θηλ.)	[próti θési]
segundo lugar (m)	**δεύτερη θέση** (θηλ.)	[ðéfteri θési]
terceiro lugar (m)	**τρίτη θέση** (θηλ.)	[tríti θési]
medalha (f)	**μετάλλιο** (ουδ.)	[metálio]
troféu (m)	**τρόπαιο** (ουδ.)	[trópeo]
taça (f)	**κύπελλο** (ουδ.)	[kípelʲo]
prémio (m)	**βραβείο** (ουδ.)	[vravío]
prémio (m) principal	**πρώτο βραβείο** (ουδ.)	[próto vravío]
recorde (m)	**ρεκόρ** (ουδ.)	[rekór]
estabelecer um recorde	**κάνω ρεκόρ**	[káno rekór]
final (m)	**τελικός** (αρ.)	[telikós]
final	**τελικός**	[telikós]
campeão (m)	**πρωταθλητής** (αρ.)	[protaθlitís]
campeonato (m)	**πρωτάθλημα** (ουδ.)	[protáθlima]
estádio (m)	**γήπεδο** (ουδ.)	[ʝípeðo]
bancadas (f pl)	**κερκίδα** (θηλ.)	[kerkíða]
fã, adepto (m)	**φίλαθλος** (αρ.)	[fílʲaθlʲos]
adversário (m)	**αντίπαλος** (αρ.)	[andípalʲos]
partida (f)	**αφετηρία** (θηλ.)	[afetiría]
chegada, meta (f)	**τέρμα** (ουδ.)	[térma]
derrota (f)	**ήττα** (θηλ.)	[íta]
perder (vt)	**χάνω**	[xáno]
árbitro (m)	**δικαστής** (αρ.)	[ðikastís]
júri (m)	**κριτές** (αρ.πλ.)	[krités]
resultado (m)	**σκορ** (ουδ.)	[skor]
empate (m)	**ισοπαλία** (θηλ.)	[isopalía]
empatar (vi)	**έρχομαι ισοπαλία**	[érxome isopalía]
ponto (m)	**πόντος, βαθμός** (αρ.)	[póndos], [vaθmós]
resultado (m) final	**αποτέλεσμα** (ουδ.)	[apotélezma]
intervalo (m)	**διάλειμμα** (ουδ.)	[ðiálima]
doping (m)	**ντόπινγκ** (ουδ.)	[dóping]
penalizar (vt)	**επιβάλλω ποινή**	[epiválʲo piní]
desqualificar (vt)	**αποκλείω**	[apoklío]
aparelho (m)	**όργανο γυμναστικής** (ουδ.)	[órɣano ʝimnastikís]
dardo (m)	**ακόντιο** (ουδ.)	[akóndio]

peso (m)	**σφαίρα** (θηλ.)	[sféra]
bola (f)	**μπάλα** (θηλ.)	[bálʲa]
alvo, objetivo (m)	**στόχος** (αρ.)	[stóxos]
alvo (~ de papel)	**στόχος** (αρ.)	[stóxos]
atirar, disparar (vi)	**πυροβολώ**	[pirovolʲó]
preciso (tiro ~)	**ακριβής**	[akrivís]
treinador (m)	**προπονητής** (αρ.)	[proponitís]
treinar (vt)	**προπονώ**	[proponó]
treinar-se (vr)	**προπονούμαι**	[proponúme]
treino (m)	**προπόνηση** (θηλ.)	[propónisi]
ginásio (m)	**γυμναστήριο** (ουδ.)	[jimnastírio]
exercício (m)	**άσκηση** (θηλ.)	[áskisi]
aquecimento (m)	**προθέρμανση** (θηλ.)	[proθérmansi]

Educação

142. Escola

escola (f)	**σχολείο** (ουδ.)	[sxolío]
diretor (m) de escola	**διευθυντής** (αρ.)	[ðiefθindís]
aluno (m)	**μαθητής** (αρ.)	[maθitís]
aluna (f)	**μαθήτρια** (θηλ.)	[maθítria]
escolar (m)	**μαθητής** (αρ.)	[maθitís]
escolar (f)	**μαθήτρια** (θηλ.)	[maθítria]
ensinar (vt)	**διδάσκω**	[ðiðásko]
aprender (vt)	**μαθαίνω**	[maθéno]
aprender de cor	**μαθαίνω απ'έξω**	[maθéno apékso]
estudar (vi)	**μαθαίνω**	[maθéno]
andar na escola	**πηγαίνω σχολείο**	[pijéno sxolío]
ir à escola	**πηγαίνω σχολείο**	[pijéno sxolío]
alfabeto (m)	**αλφάβητος** (θηλ.)	[alʲfávitos]
disciplina (f)	**μάθημα** (ουδ.)	[máθima]
sala (f) de aula	**τάξη** (θηλ.)	[táksi]
lição (f)	**μάθημα** (ουδ.)	[máθima]
recreio (m)	**διάλειμμα** (ουδ.)	[ðiálima]
toque (m)	**κουδούνι** (ουδ.)	[kuðúni]
carteira (f)	**θρανίο** (ουδ.)	[θranío]
quadro (m) negro	**πίνακας** (αρ.)	[pínakas]
nota (f)	**βαθμός** (αρ.)	[vaθmós]
boa nota (f)	**καλός βαθμός** (αρ.)	[kalʲós vaθmós]
nota (f) baixa	**κακός βαθμός** (αρ.)	[kakós vaθmós]
dar uma nota	**βάζω βαθμό**	[vázo vaθmó]
erro (m)	**λάθος** (ουδ.)	[lʲáθos]
fazer erros	**κάνω λάθη**	[káno lʲáθi]
corrigir (vt)	**διορθώνω**	[ðiorθóno]
cábula (f)	**σκονάκι** (ουδ.)	[skonáki]
dever (m) de casa	**εργασία για το σπίτι** (θηλ.)	[erɣasía ja to spíti]
exercício (m)	**άσκηση** (θηλ.)	[áskisi]
estar presente	**είμαι παρών**	[íme parón]
estar ausente	**απουσιάζω**	[apusiázo]
punir (vt)	**τιμωρώ**	[timoró]
punição (f)	**τιμωρία** (θηλ.)	[timoría]
comportamento (m)	**συμπεριφορά** (θηλ.)	[simberiforá]

boletim (m) escolar	**έλεγχος** (αρ.)	[élenxos]
lápis (m)	**μολύβι** (ουδ.)	[molívi]
borracha (f)	**γόμα** (θηλ.)	[ɣóma]
giz (m)	**κιμωλία** (θηλ.)	[kimolía]
estojo (m)	**κασετίνα** (θηλ.)	[kasetína]
pasta (f) escolar	**σχολική τσάντα** (θηλ.)	[sxolikí tsánda]
caneta (f)	**στιλό** (ουδ.)	[stilʲó]
caderno (m)	**τετράδιο** (ουδ.)	[tetráðio]
manual (m) escolar	**σχολικό βιβλίο** (ουδ.)	[sxolikó vivlío]
compasso (m)	**διαβήτης** (αρ.)	[ðiavítis]
traçar (vt)	**σχεδιάζω**	[sxeðiázo]
desenho (m) técnico	**σχέδιο** (ουδ.)	[sxéðio]
poesia (f)	**ποίημα** (ουδ.)	[píima]
de cor	**απ'έξω**	[apékso]
aprender de cor	**μαθαίνω απ'έξω**	[maθéno apékso]
férias (f pl)	**διακοπές** (θηλ.πλ.)	[ðiakopés]
estar de férias	**κάνω διακοπές**	[káno ðiakopés]
teste (m)	**τεστ, διαγώνισμα** (ουδ.)	[test], [ðiaɣónizma]
composição, redação (f)	**έκθεση** (θηλ.)	[ékθesi]
ditado (m)	**υπαγόρευση** (θηλ.)	[ipaɣórefsi]
exame (m)	**εξετάσεις** (θηλ.πλ.)	[eksetásis]
fazer exame	**δίνω εξετάσεις**	[ðíno eksetásis]
experiência (~ química)	**πείραμα** (ουδ.)	[pírama]

143. Colégio. Universidade

academia (f)	**ακαδημία** (θηλ.)	[akaðimía]
universidade (f)	**πανεπιστήμιο** (ουδ.)	[panepistímio]
faculdade (f)	**σχολή** (θηλ.)	[sxolí]
estudante (m)	**φοιτητής** (αρ.)	[fititís]
estudante (f)	**φοιτήτρια** (θηλ.)	[fitítria]
professor (m)	**καθηγητής** (αρ.)	[kaθiʝitís]
sala (f) de palestras	**αίθουσα διαλέξεων** (θηλ.)	[éθusa ðialékseon]
graduado (m)	**απόφοιτος** (αρ.)	[apófitos]
diploma (m)	**πτυχίο** (ουδ.)	[ptixío]
tese (f)	**διατριβή** (θηλ.)	[ðiatriví]
estudo (obra)	**έρευνα** (θηλ.)	[érevna]
laboratório (m)	**εργαστήριο** (ουδ.)	[erɣastírio]
palestra (f)	**διάλεξη** (θηλ.)	[ðiáleksi]
colega (m) de curso	**συμφοιτητής** (αρ.)	[simfititís]
bolsa (f) de estudos	**υποτροφία** (θηλ.)	[ipotrofía]
grau (m) académico	**ακαδημαϊκό πτυχίο** (ουδ.)	[akaðimaikó ptixío]

144. Ciências. Disciplinas

matemática (f)	**μαθηματικά** (ουδ.πλ.)	[maθimatiká]
álgebra (f)	**άλγεβρα** (θηλ.)	[álʲʝevra]
geometria (f)	**γεωμετρία** (θηλ.)	[ʝeometría]
astronomia (f)	**αστρονομία** (θηλ.)	[astronomía]
biologia (f)	**βιολογία** (θηλ.)	[violʲoʝía]
geografia (f)	**γεωγραφία** (θηλ.)	[ʝeoɣrafía]
geologia (f)	**γεωλογία** (θηλ.)	[ʝeolʲoʝía]
história (f)	**ιστορία** (θηλ.)	[istoría]
medicina (f)	**ιατρική** (θηλ.)	[ʝatrikí]
pedagogia (f)	**παιδαγωγική** (θηλ.)	[peðaɣoʝikí]
direito (m)	**δίκαιο** (ουδ.)	[ðíkeo]
física (f)	**φυσική** (θηλ.)	[fisikí]
química (f)	**χημεία** (θηλ.)	[ximía]
filosofia (f)	**φιλοσοφία** (θηλ.)	[filʲosofía]
psicologia (f)	**ψυχολογία** (θηλ.)	[psixolʲoʝía]

145. Sistema de escrita. Ortografia

gramática (f)	**γραμματική** (θηλ.)	[ɣramatikí]
vocabulário (m)	**λεξιλόγιο** (ουδ.)	[leksilʲóʝo]
fonética (f)	**φωνητική** (θηλ.)	[fonitikí]
substantivo (m)	**ουσιαστικό** (ουδ.)	[usiastikó]
adjetivo (m)	**επίθετο** (ουδ.)	[epíθeto]
verbo (m)	**ρήμα** (ουδ.)	[ríma]
advérbio (m)	**επίρρημα** (ουδ.)	[epírima]
pronome (m)	**αντωνυμία** (θηλ.)	[andonimía]
interjeição (f)	**επιφώνημα** (ουδ.)	[epifónima]
preposição (f)	**πρόθεση** (θηλ.)	[próθesi]
raiz (f) da palavra	**ρίζα** (θηλ.)	[ríza]
terminação (f)	**κατάληξη** (θηλ.)	[katáliksi]
prefixo (m)	**πρόθεμα** (ουδ.)	[próθema]
sílaba (f)	**συλλαβή** (θηλ.)	[silʲaví]
sufixo (m)	**επίθημα** (ουδ.)	[epíθima]
acento (m)	**τόνος** (αρ.)	[tónos]
apóstrofo (m)	**απόστροφος** (θηλ.)	[apóstrofos]
ponto (m)	**τελεία** (θηλ.)	[telía]
vírgula (f)	**κόμμα** (ουδ.)	[kóma]
ponto e vírgula (m)	**άνω τελεία** (θηλ.)	[áno telía]
dois pontos (m pl)	**διπλή τελεία** (θηλ.)	[ðiplí telía]
reticências (f pl)	**αποσιωπητικά** (ουδ.πλ.)	[aposiopitiká]
ponto (m) de interrogação	**ερωτηματικό** (ουδ.)	[erotimatikó]
ponto (m) de exclamação	**θαυμαστικό** (ουδ.)	[θavmastikó]

aspas (f pl)	**εισαγωγικά** (ουδ.πλ.)	[isaɣojiká]
entre aspas	**σε εισαγωγικά**	[se isaɣojiká]
parênteses (m pl)	**παρένθεση** (θηλ.)	[parénθesi]
entre parênteses	**σε παρένθεση**	[se parénθesi]
hífen (m)	**ενωτικό** (ουδ.)	[enotikó]
travessão (m)	**παύλα** (θηλ.)	[pávlʲa]
espaço (m)	**κενό** (ουδ.)	[kenó]
letra (f)	**γράμμα** (ουδ.)	[ɣráma]
letra (f) maiúscula	**κεφαλαίο γράμμα** (ουδ.)	[kefaléo ɣráma]
vogal (f)	**φωνήεν** (ουδ.)	[foníen]
consoante (f)	**σύμφωνο** (ουδ.)	[símfono]
frase (f)	**πρόταση** (θηλ.)	[prótasi]
sujeito (m)	**υποκείμενο** (ουδ.)	[ipokímeno]
predicado (m)	**κατηγορούμενο** (ουδ.)	[katiɣorúmeno]
linha (f)	**γραμμή** (θηλ.)	[ɣramí]
em uma nova linha	**σε καινούργια γραμμή**	[se kenúrjia ɣramí]
parágrafo (m)	**παράγραφος** (θηλ.)	[paráɣrafos]
palavra (f)	**λέξη** (θηλ.)	[léksi]
grupo (m) de palavras	**ομάδα λέξεων** (θηλ.)	[omáða lékseon]
expressão (f)	**έκφραση** (θηλ.)	[ékfrasi]
sinónimo (m)	**συνώνυμο** (ουδ.)	[sinónimo]
antónimo (m)	**αντώνυμο** (ουδ.)	[andónimo]
regra (f)	**κανόνας** (αρ.)	[kanónas]
exceção (f)	**εξαίρεση** (θηλ.)	[ekséresi]
correto	**σωστός**	[sostós]
conjugação (f)	**κλίση ρήματος** (θηλ.)	[klísi rímatos]
declinação (f)	**κλίση** (θηλ.)	[klísi]
caso (m)	**πτώση** (θηλ.)	[ptósi]
pergunta (f)	**ερώτημα** (ουδ.)	[erótima]
sublinhar (vt)	**υπογραμμίζω**	[ipoɣramízo]
linha (f) pontilhada	**διακεκομμένη γραμμή** (θηλ.)	[ðiakekoméni ɣramí]

146. Línguas estrangeiras

língua (f)	**γλώσσα** (θηλ.)	[ɣlʲósa]
língua (f) estrangeira	**ξένη γλώσσα** (θηλ.)	[kséni ɣlósa]
estudar (vt)	**μελετάω**	[meletáo]
aprender (vt)	**μαθαίνω**	[maθéno]
ler (vt)	**διαβάζω**	[ðiavázo]
falar (vi)	**μιλάω**	[milʲáo]
compreender (vt)	**καταλαβαίνω**	[katalʲavéno]
escrever (vt)	**γράφω**	[ɣráfo]
rapidamente	**γρήγορα**	[ɣríɣora]
devagar	**αργά**	[arɣá]

fluentemente	**ευφράδεια**	[effráðia]
regras (f pl)	**κανόνες** (αρ.πλ.)	[kanónes]
gramática (f)	**γραμματική** (θηλ.)	[ɣramatikí]
vocabulário (m)	**λεξιλόγιο** (ουδ.)	[leksilʲójo]
fonética (f)	**φωνητική** (θηλ.)	[fonitikí]
manual (m) escolar	**σχολικό βιβλίο** (ουδ.)	[sxolikó vivlío]
dicionário (m)	**λεξικό** (ουδ.)	[leksikó]
manual (m) de autoaprendizagem	**εγχειρίδιο αυτοδιδασκαλίας** (ουδ.)	[enxiríðio aftoðiðaskalías]
guia (m) de conversação	**βιβλίο φράσεων** (ουδ.)	[vivlío fráseon]
cassete (f)	**κασέτα** (θηλ.)	[kaséta]
vídeo cassete (m)	**βιντεοκασέτα** (θηλ.)	[videokaséta]
CD (m)	**συμπαγής δίσκος** (αρ.)	[simpajís ðískos]
DVD (m)	**DVD** (ουδ.)	[dividí]
alfabeto (m)	**αλφάβητος** (θηλ.)	[alʲfávitos]
pronúncia (f)	**προφορά** (θηλ.)	[proforá]
sotaque (m)	**προφορά** (θηλ.)	[proforá]
com sotaque	**με προφορά**	[me proforá]
sem sotaque	**χωρίς προφορά**	[xorís proforá]
palavra (f)	**λέξη** (θηλ.)	[léksi]
sentido (m)	**σημασία** (θηλ.)	[simasía]
cursos (m pl)	**μαθήματα** (ουδ.πλ.)	[maθímata]
inscrever-se (vr)	**γράφομαι**	[ɣráfome]
professor (m)	**καθηγητής** (αρ.)	[kaθijitís]
tradução (processo)	**μετάφραση** (θηλ.)	[metáfrasi]
tradução (texto)	**μετάφραση** (θηλ.)	[metáfrasi]
tradutor (m)	**μεταφραστής** (αρ.)	[metafrastís]
intérprete (m)	**διερμηνέας** (αρ.)	[ðierminéas]
poliglota (m)	**πολύγλωσσος** (αρ.)	[políɣlʲosos]
memória (f)	**μνήμη** (θηλ.)	[mními]

147. Personagens de contos de fadas

Pai (m) Natal	**Άγιος Βασίλης** (αρ.)	[ájos vasílis]
sereia (f)	**γοργόνα** (θηλ.)	[ɣorɣóna]
mago (m)	**μάγος** (αρ.)	[máɣos]
fada (f)	**νεράιδα** (θηλ.)	[neráiða]
mágico	**μαγικός**	[majikós]
varinha (f) mágica	**μαγικό ραβδί** (ουδ.)	[majikó ravðí]
conto (m) de fadas	**παραμύθι** (ουδ.)	[paramíθi]
milagre (m)	**θαύμα** (ουδ.)	[θávma]
anão (m)	**νάνος** (αρ.)	[nános]
transformar-se em ...	**μεταμορφώνομαι**	[metamorfónome]
fantasma (m)	**φάντασμα** (ουδ.)	[fándazma]

espetro (m)	**φάντασμα** (ουδ.)	[fándazma]
monstro (m)	**τέρας** (ουδ.)	[téras]
dragão (m)	**δράκος** (αρ.)	[ðrákos]
gigante (m)	**γίγαντας** (αρ.)	[jíɣandas]

148. Signos do Zodíaco

Carneiro	**Κριός** (αρ.)	[kriós]
Touro	**Ταύρος** (αρ.)	[távros]
Gémeos	**Δίδυμοι** (αρ.πλ.)	[ðídimi]
Caranguejo	**Καρκίνος** (αρ.)	[karkínos]
Leão	**Λέων** (αρ.)	[léon]
Virgem (f)	**Παρθένος** (θηλ.)	[parθénos]
Balança	**Ζυγός** (αρ.)	[ziɣós]
Escorpião	**Σκορπιός** (αρ.)	[skorpiós]
Sagitário	**Τοξότης** (αρ.)	[toksótis]
Capricórnio	**Αιγόκερως** (αρ.)	[eɣókeros]
Aquário	**Υδροχόος** (αρ.)	[iðroxóos]
Peixes	**Ιχθείς** (αρ.πλ.)	[ixθís]
caráter (m)	**χαρακτήρας** (αρ.)	[xaraktíras]
traços (m pl) do caráter	**στοιχεία του χαρακτήρα** (ουδ.πλ.)	[stixía tu xaraktíra]
comportamento (m)	**συμπεριφορά** (θηλ.)	[simberiforá]
predizer (vt)	**λέω την τύχη**	[léo tin tíxi]
adivinha (f)	**μάντισσα** (θηλ.)	[mándisa]
horóscopo (m)	**ωροσκόπιο** (ουδ.)	[oroskópio]

Artes

149. Teatro

teatro (m)	**θέατρο** (ουδ.)	[θéatro]
ópera (f)	**όπερα** (θηλ.)	[ópera]
opereta (f)	**οπερέτα** (θηλ.)	[operéta]
balé (m)	**μπαλέτο** (ουδ.)	[baléto]
cartaz (m)	**αφίσα** (θηλ.)	[afísa]
companhia (f) teatral	**θίασος** (αρ.)	[θíasos]
turné (digressão)	**περιοδεία** (θηλ.)	[perioðía]
estar em turné	**περιοδεύω**	[perioðévo]
ensaiar (vt)	**κάνω πρόβα**	[káno próva]
ensaio (m)	**πρόβα** (θηλ.)	[próva]
repertório (m)	**ρεπερτόριο** (ουδ.)	[repertório]
apresentação (f)	**παράσταση** (θηλ.)	[parástasi]
espetáculo (m)	**παράσταση** (θηλ.)	[parástasi]
peça (f)	**θεατρικό έργο** (ουδ.)	[θeatrikó érɣo]
bilhete (m)	**εισιτήριο** (ουδ.)	[isitírio]
bilheteira (f)	**ταμείο** (ουδ.)	[tamío]
hall (m)	**φουαγιέ** (ουδ.)	[fuaje]
guarda-roupa (m)	**βεστιάριο** (ουδ.)	[vestiário]
senha (f) numerada	**καρτελάκι** (θηλ.)	[karteľáki]
binóculo (m)	**κιάλια** (ουδ.πλ.)	[kiália]
lanterninha (m)	**ταξιθέτης** (αρ.)	[taksiθétis]
plateia (f)	**πλατεία** (θηλ.)	[pľatía]
balcão (m)	**εξώστης** (αρ.)	[eksóstis]
camarote (m)	**θεωρείο** (ουδ.)	[θeorío]
fila (f)	**σειρά** (θηλ.)	[sirá]
assento (m)	**θέση** (θηλ.)	[θési]
público (m)	**κοινό** (ουδ.)	[kinó]
espetador (m)	**θεατής** (αρ.)	[θeatís]
aplaudir (vt)	**χειροκροτώ**	[xirokrotó]
aplausos (m pl)	**χειροκρότημα** (ουδ.)	[xirokrótima]
ovação (f)	**επευφημία** (θηλ.)	[epeffimía]
palco (m)	**σκηνή** (θηλ.)	[skiní]
pano (m) de boca	**παραπέτασμα** (ουδ.)	[parapétazma]
cenário (m)	**σκηνικό** (ουδ.)	[skinikó]
bastidores (m pl)	**παρασκήνια** (ουδ.πλ.)	[paraskínia]
cena (f)	**σκηνή** (θηλ.)	[skiní]
ato (m)	**πράξη** (θηλ.)	[práksi]
entreato (m)	**διάλειμμα** (ουδ.)	[ðiálima]

150. Cinema

ator (m)	**ηθοποιός** (αρ.)	[iθopiós]
atriz (f)	**ηθοποιός** (θηλ.)	[iθopiós]
cinema (m)	**κινηματογράφος** (αρ.)	[kinimatoɣráfos]
filme (m)	**ταινία** (θηλ.)	[tenía]
episódio (m)	**επεισόδιο** (ουδ.)	[episóðio]
filme (m) policial	**αστυνομική ταινία** (θηλ.)	[astinomikí tenía]
filme (m) de ação	**ταινία δράσης** (θηλ.)	[tenía ðrásis]
filme (m) de aventuras	**περιπέτεια** (θηλ.)	[peripétia]
filme (m) de ficção científica	**ταινία επιστημονικής φαντασίας** (θηλ.)	[tenía epistimonikís fandasías]
filme (m) de terror	**ταινία τρόμου** (θηλ.)	[tenía trómu]
comédia (f)	**κωμωδία** (θηλ.)	[komoðía]
melodrama (m)	**μελόδραμα** (ουδ.)	[melʲóðrama]
drama (m)	**δράμα** (ουδ.)	[ðráma]
filme (m) ficcional	**ταινία** (θηλ.)	[tenía]
documentário (m)	**ντοκιμαντέρ** (ουδ.)	[dokimandér]
desenho (m) animado	**κινούμενα σχέδια** (ουδ.πλ.)	[kinúmena sxéðia]
cinema (m) mudo	**βουβές ταινίες** (θηλ.πλ.)	[vuvés tenίes]
papel (m)	**ρόλος** (αρ.)	[rólʲos]
papel (m) principal	**πρωταγωνιστικός ρόλος** (αρ.)	[protaɣonistikós rólʲos]
representar (vt)	**παίζω**	[pézo]
estrela (f) de cinema	**αστέρας** (αρ.)	[astéras]
conhecido	**γνωστός**	[ɣnostós]
famoso	**διάσημος**	[ðiásimos]
popular	**δημοφιλής**	[ðimofilís]
argumento (m)	**σενάριο** (ουδ.)	[senário]
argumentista (m)	**σεναριογράφος** (αρ.)	[senarioɣráfos]
realizador (m)	**σκηνοθέτης** (αρ.)	[skinoθétis]
produtor (m)	**παραγωγός** (αρ.)	[paraɣoɣós]
assistente (m)	**βοηθός** (αρ.)	[voiθós]
diretor (m) de fotografia	**οπερατέρ** (αρ.)	[operatér]
duplo (m)	**κασκαντέρ** (αρ.)	[kaskadér]
filmar (vt)	**γυρίζω ταινία**	[ʝirízo tenía]
audição (f)	**ακρόαση** (θηλ.)	[akróasi]
filmagem (f)	**γυρίσματα** (ουδ.πλ.)	[ʝirízmata]
equipe (f) de filmagem	**κινηματογραφικό συνεργείο** (ουδ.)	[kinimatoɣrafikó sinerʝío]
set (m) de filmagem	**σκηνικό** (ουδ.)	[skinikó]
câmara (f)	**κάμερα** (θηλ.)	[kámera]
cinema (m)	**κινηματογράφος** (αρ.)	[kinimatoɣráfos]
ecrã (m), tela (f)	**οθόνη** (θηλ.)	[oθóni]
exibir um filme	**προβάλλω ταινία**	[prováljo tenía]
pista (f) sonora	**ηχητική λωρίδα** (θηλ.)	[ixitikí lʲoríða]

efeitos (m pl) especiais	**ειδικά εφέ** (ουδ.πλ.)	[iðiká efé]
legendas (f pl)	**υπότιτλοι** (αρ.πλ.)	[ipótitli]
crédito (m)	**τίτλοι** (αρ.πλ.)	[títli]
tradução (f)	**μετάφραση** (θηλ.)	[metáfrasi]

151. Pintura

arte (f)	**τέχνη** (θηλ.)	[téxni]
belas-artes (f pl)	**καλές τέχνες** (θηλ.πλ.)	[kalés texnes]
galeria (f) de arte	**γκαλερί** (θηλ.)	[galerí]
exposição (f) de arte	**έκθεση πινάκων** (θηλ.)	[ékθesi pinákon]
pintura (f)	**ζωγραφική** (θηλ.)	[zoɣrafikí]
arte (f) gráfica	**γραφική τέχνη** (θηλ.)	[ɣrafikí téxni]
arte (f) abstrata	**αφηρημένη τέχνη** (θηλ.)	[afiriméni téxni]
impressionismo (m)	**ιμπρεσιονισμός** (αρ.)	[imbresionizmós]
pintura (f), quadro (m)	**πίνακας** (αρ.)	[pínakas]
desenho (m)	**ζωγραφιά** (θηλ.)	[zoɣrafiá]
cartaz, póster (m)	**πόστερ** (ουδ.)	[póster]
ilustração (f)	**εικονογράφηση** (θηλ.)	[ikonoɣráfisi]
miniatura (f)	**μινιατούρα** (θηλ.)	[miniatúra]
cópia (f)	**αντίγραφο** (ουδ.)	[andíɣrafo]
reprodução (f)	**αντίγραφο** (ουδ.)	[andíɣrafo]
mosaico (m)	**ψηφιδωτό** (ουδ.)	[psifiðotó]
vitral (m)	**υαλογράφημα** (ουδ.)	[ialʲoɣráfima]
fresco (m)	**φρέσκο** (ουδ.)	[frésko]
gravura (f)	**χαλκογραφία** (θηλ.)	[xalʲkoɣrafía]
busto (m)	**προτομή** (θηλ.)	[protomí]
escultura (f)	**γλυπτό** (ουδ.)	[ɣliptó]
estátua (f)	**άγαλμα** (ουδ.)	[áɣalʲma]
gesso (m)	**γύψος** (αρ.)	[ʝípsos]
em gesso	**γύψινος**	[ʝípsinos]
retrato (m)	**πορτρέτο** (ουδ.)	[portréto]
autorretrato (m)	**αυτοπορτρέτο** (ουδ.)	[aftoportréto]
paisagem (f)	**τοπιογραφία** (θηλ.)	[topioɣrafía]
natureza (f) morta	**νεκρή φύση** (θηλ.)	[nekrí físi]
caricatura (f)	**καρικατούρα** (θηλ.)	[karikatúra]
esboço (m)	**σκίτσο** (ουδ.)	[skítso]
tinta (f)	**μπογιά** (θηλ.)	[boʝá]
aguarela (f)	**νερομπογιά** (θηλ.)	[neroboʝá]
óleo (m)	**λαδομπογιά** (θηλ.)	[lʲaðoboʝá]
lápis (m)	**μολύβι** (ουδ.)	[molívi]
tinta da China (f)	**μελάνι** (ουδ.)	[melʲáni]
carvão (m)	**άνθρακας** (αρ.)	[ánθrakas]
desenhar (vt)	**ζωγραφίζω**	[zoɣrafízo]
pintar (vt)	**ζωγραφίζω**	[zoɣrafízo]
posar (vi)	**ποζάρω**	[pozáro]

modelo (m)	**μοντέλο** (ουδ.)	[modélʲo]
modelo (f)	**μοντέλο** (ουδ.)	[modélʲo]
pintor (m)	**ζωγράφος** (αρ.)	[zoɣráfos]
obra (f)	**έργο** (ουδ.)	[érɣo]
obra-prima (f)	**αριστούργημα** (ουδ.)	[aristúrʝima]
estúdio (m)	**ατελιέ** (ουδ.)	[atelié]
tela (f)	**καμβάς** (αρ.)	[kamvás]
cavalete (m)	**καβαλέτο** (ουδ.)	[kavaléto]
paleta (f)	**παλέτα** (θηλ.)	[paléta]
moldura (f)	**κορνίζα** (θηλ.)	[korníza]
restauração (f)	**αναστήλωση** (θηλ.)	[anastílʲosi]
restaurar (vt)	**αναστηλώνω**	[anastilʲóno]

152. Literatura & Poesia

literatura (f)	**λογοτεχνία** (θηλ.)	[lʲoɣotexnía]
autor (m)	**συγγραφέας** (αρ.)	[singraféas]
pseudónimo (m)	**ψευδώνυμο** (ουδ.)	[psevðónimo]
livro (m)	**βιβλίο** (ουδ.)	[vivlío]
volume (m)	**τόμος** (αρ.)	[tómos]
índice (m)	**περιεχόμενα** (ουδ.πλ.)	[periexómena]
página (f)	**σελίδα** (θηλ.)	[selíða]
protagonista (m)	**πρωταγωνιστής** (αρ.)	[protaɣonistís]
autógrafo (m)	**αυτόγραφο** (ουδ.)	[aftóɣrafo]
conto (m)	**διήγημα** (ουδ.)	[ðiíʝima]
novela (f)	**νουβέλα** (θηλ.)	[nuvélʲa]
romance (m)	**μυθιστόρημα** (ουδ.)	[miθistórima]
obra (f)	**έργο** (ουδ.)	[érɣo]
fábula (m)	**μύθος** (αρ.)	[míθos]
romance (m) policial	**αστυνομικό μυθιστόρημα** (ουδ.)	[astinomikó miθistórima]
poesia (obra)	**ποίημα** (ουδ.)	[píima]
poesia (arte)	**ποίηση** (θηλ.)	[píisi]
poema (m)	**έπος** (ουδ.)	[épos]
poeta (m)	**ποιητής** (αρ.)	[piitís]
ficção (f)	**μυθοπλασία** (θηλ.)	[miθoplʲasía]
ficção (f) científica	**επιστημονική φαντασία** (θηλ.)	[epistimonikí fandasía]
aventuras (f pl)	**περιπέτειες** (θηλ.πλ.)	[peripéties]
literatura (f) didática	**εκπαιδευτικά βιβλία** (ουδ.πλ.)	[ekpeðeftiká vivlía]
literatura (f) infantil	**παιδικά βιβλία** (ουδ.πλ.)	[peðiká vivlía]

153. Circo

circo (m)	**τσίρκο** (ουδ.)	[tsírko]
circo (m) ambulante	**περιοδεύον τσίρκο** (ουδ.)	[perioðévon tsírko]

programa (m)	**πρόγραμμα** (ουδ.)	[próɣrama]
apresentação (f)	**παράσταση** (θηλ.)	[parástasi]
número (m)	**νούμερο** (ουδ.)	[número]
arena (f)	**σκηνή** (θηλ.)	[skiní]
palhaço (m)	**κλόουν** (αρ.)	[klʲóun]
acrobata (m)	**ακροβάτης** (αρ.)	[akrovátis]
acrobacia (f)	**ακροβατική** (θηλ.)	[akrovatikí]
ginasta (m)	**ακροβάτης** (αρ.)	[akrovátis]
ginástica (f)	**ακροβασία** (θηλ.)	[akrovasía]
salto (m) mortal	**σάλτο** (ουδ.)	[sálʲto]
homem forte (m)	**μασίστας** (αρ.)	[masístas]
domador (m)	**δαμαστής** (αρ.)	[ðamastís]
cavaleiro (m) equilibrista	**ιππέας** (αρ.)	[ipéas]
assistente (m)	**βοηθός** (αρ.)	[voiθós]
truque (m)	**κόλπο** (ουδ.)	[kólʲpo]
truque (m) de mágica	**μαγικό κόλπο** (ουδ.)	[majikó kólʲpo]
mágico (m)	**θαυματοποιός** (αρ.)	[θavmatopiós]
malabarista (m)	**ζογκλέρ** (αρ.)	[zonglér]
domador (m)	**εκπαιδευτής ζώων** (αρ.)	[ekpeðeftís zóon]
adestramento (m)	**εκπαίδευση ζώων** (θηλ.)	[ekpéðefsi zóon]
adestrar (vt)	**εκπαιδεύω**	[ekpeðévo]

154. Música. Música popular

música (f)	**μουσική** (θηλ.)	[musikí]
músico (m)	**μουσικός** (αρ.)	[musikós]
instrumento (m) musical	**μουσικό όργανο** (ουδ.)	[musikó órɣano]
tocar ...	**παίζω ...**	[pézo]
guitarra (f)	**κιθάρα** (θηλ.)	[kiθára]
violino (m)	**βιολί** (ουδ.)	[violí]
violoncelo (m)	**βιολοντσέλο** (ουδ.)	[violʲontsélʲo]
contrabaixo (m)	**κοντραμπάσο** (ουδ.)	[kondrabáso]
harpa (f)	**άρπα** (θηλ.)	[árpa]
piano (m)	**πιάνο** (ουδ.)	[piáno]
piano (m) de cauda	**πιάνο** (ουδ.)	[piáno]
órgão (m)	**εκκλησιαστικό όργανο** (ουδ.)	[eklisiastikó orɣano]
instrumentos (m pl) de sopro	**πνευστά όργανα** (ουδ.πλ.)	[pnefstá órɣana]
oboé (m)	**όμποε** (ουδ.)	[óboe]
saxofone (m)	**σαξόφωνο** (ουδ.)	[saksófono]
clarinete (m)	**κλαρίνο** (ουδ.)	[klʲaríno]
flauta (f)	**φλάουτο** (ουδ.)	[flʲáuto]
trompete (m)	**τρομπέτα** (θηλ.)	[trombéta]
acordeão (m)	**ακορντεόν** (ουδ.)	[akordeón]
tambor (m)	**τύμπανο** (ουδ.)	[tímbano]
duo, dueto (m)	**ντουέτο** (ουδ.)	[duéto]

trio (m)	**τρίο** (ουδ.)	[trío]
quarteto (m)	**κουαρτέτο** (ουδ.)	[kuartéto]
coro (m)	**χορωδία** (θηλ.)	[xoroðía]
orquestra (f)	**ορχήστρα** (θηλ.)	[orxístra]
música (f) pop	**ποπ μουσική** (θηλ.)	[pop musikí]
música (f) rock	**ροκ μουσική** (θηλ.)	[rok musikí]
grupo (m) de rock	**ροκ συγκρότημα** (ουδ.)	[rok singrótima]
jazz (m)	**τζαζ** (θηλ.)	[dzaz]
ídolo (m)	**είδωλο** (ουδ.)	[íðolʲo]
fã, admirador (m)	**θαυμαστής** (αρ.)	[θavmastís]
concerto (m)	**συναυλία** (θηλ.)	[sinavlía]
sinfonia (f)	**συμφωνία** (θηλ.)	[simfonía]
composição (f)	**σύνθεση** (θηλ.)	[sínθesi]
compor (vt)	**συνθέτω**	[sinθéto]
canto (m)	**τραγούδημα** (ουδ.)	[traɣúðima]
canção (f)	**τραγούδι** (ουδ.)	[traɣúði]
melodia (f)	**μελωδία** (θηλ.)	[melʲoðía]
ritmo (m)	**ρυθμός** (αρ.)	[riθmós]
blues (m)	**μπλουζ** (ουδ.)	[blʲuz]
notas (f pl)	**νότες** (θηλ.πλ.)	[nótes]
batuta (f)	**μπαγκέτα** (θηλ.)	[bagéta]
arco (m)	**δοξάρι** (ουδ.)	[ðoksári]
corda (f)	**χορδή** (θηλ.)	[xorðí]
estojo (m)	**θήκη** (θηλ.)	[θíki]

Descanso. Entretenimento. Viagens

155. Viagens

turismo (m)	**τουρισμός** (αρ.)	[turizmós]
turista (m)	**τουρίστας** (αρ.)	[turístas]
viagem (f)	**ταξίδι** (ουδ.)	[taksíði]
aventura (f)	**περιπέτεια** (θηλ.)	[peripétia]
viagem (f)	**ταξίδι** (ουδ.)	[taksíði]
férias (f pl)	**διακοπές** (θηλ.πλ.)	[ðiakopés]
estar de férias	**είμαι σε διακοπές**	[íme se ðiakopés]
descanso (m)	**διακοπές** (πλ.)	[ðiakopés]
comboio (m)	**τραίνο, τρένο** (ουδ.)	[tréno]
de comboio (chegar ~)	**με τρένο**	[me tréno]
avião (m)	**αεροπλάνο** (ουδ.)	[aeropl^jáno]
de avião	**με αεροπλάνο**	[me aeropl^jáno]
de carro	**με αυτοκίνητο**	[me aftokínito]
de navio	**με καράβι**	[me karávi]
bagagem (f)	**αποσκευές** (θηλ.πλ.)	[aposkevés]
mala (f)	**βαλίτσα** (θηλ.)	[valítsa]
carrinho (m)	**καρότσι αποσκευών** (ουδ.)	[karótsi aposkevón]
passaporte (m)	**διαβατήριο** (ουδ.)	[ðiavatírio]
visto (m)	**βίζα** (θηλ.)	[víza]
bilhete (m)	**εισιτήριο** (ουδ.)	[isitírio]
bilhete (m) de avião	**αεροπορικό εισιτήριο** (ουδ.)	[aeroporikó isitírio]
guia (m) de viagem	**ταξιδιωτικός οδηγός** (αρ.)	[taksiðiotikós oðiɣós]
mapa (m)	**χάρτης** (αρ.)	[xártis]
local (m), area (f)	**περιοχή** (θηλ.)	[perioxí]
lugar, sítio (m)	**τόπος** (αρ.)	[tópos]
exotismo (m)	**εξωτικά πράγματα** (ουδ.πλ.)	[eksotiká práɣmata]
exótico	**εξωτικός**	[eksotikós]
surpreendente	**καταπληκτικός**	[katapliktikós]
grupo (m)	**ομάδα** (θηλ.)	[omáða]
excursão (f)	**εκδρομή** (θηλ.)	[ekðromí]
guia (m)	**ξεναγός** (αρ.)	[ksenaɣós]

156. Hotel

hotel (m)	**ξενοδοχείο** (ουδ.)	[ksenoðoxío]
motel (m)	**μοτέλ** (ουδ.)	[motél^j]
três estrelas	**τριών αστέρων**	[trión astéron]

cinco estrelas	**πέντε αστέρων**	[pénde astéron]
ficar (~ num hotel)	**μένω**	[méno]
quarto (m)	**δωμάτιο** (ουδ.)	[ðomátio]
quarto (m) individual	**μονόκλινο δωμάτιο** (ουδ.)	[monóklino ðomátio]
quarto (m) duplo	**δίκλινο δωμάτιο** (ουδ.)	[ðíklino ðomátio]
reservar um quarto	**κλείνω δωμάτιο**	[klíno ðomátio]
meia pensão (f)	**ημιδιατροφή** (θηλ.)	[imiðiatrofí]
pensão (f) completa	**πλήρης διατροφή** (θηλ.)	[plíris ðiatrofí]
com banheira	**με μπανιέρα**	[me baniéra]
com duche	**με ντουζ**	[me dúz]
televisão (m) satélite	**δορυφορική τηλεόραση** (θηλ.)	[ðoriforikí tileórasi]
ar (m) condicionado	**κλιματιστικό** (ουδ.)	[klimatistikó]
toalha (f)	**πετσέτα** (θηλ.)	[petséta]
chave (f)	**κλειδί** (ουδ.)	[kliðí]
administrador (m)	**υπεύθυνος** (αρ.)	[ipéfθinos]
camareira (f)	**καμαριέρα** (θηλ.)	[kamariéra]
bagageiro (m)	**αχθοφόρος** (αρ.)	[axθofóros]
porteiro (m)	**πορτιέρης** (αρ.)	[portiéris]
restaurante (m)	**εστιατόριο** (ουδ.)	[estiatório]
bar (m)	**μπαρ** (ουδ.), **μπυραρία** (θηλ.)	[bar], [biraría]
pequeno-almoço (m)	**πρωινό** (ουδ.)	[proinó]
jantar (m)	**δείπνο** (ουδ.)	[ðípno]
buffet (m)	**μπουφές** (αρ.)	[bufés]
hall (m) de entrada	**φουαγιέ** (ουδ.)	[fuaјé]
elevador (m)	**ασανσέρ** (ουδ.)	[asansér]
NÃO PERTURBE	**ΜΗΝ ΕΝΟΧΛΕΙΤΕ!**	[min enoxlíte]
PROIBIDO FUMAR!	**ΑΠΑΓΟΡΕΥΕΤΑΙ ΤΟ ΚΑΠΝΙΣΜΑ**	[apaɣorévete to kápnizma]

157. Livros. Leitura

livro (m)	**βιβλίο** (ουδ.)	[vivlío]
autor (m)	**συγγραφέας** (αρ.)	[singraféas]
escritor (m)	**συγγραφέας** (αρ.)	[singraféas]
escrever (vt)	**γράφω**	[ɣráfo]
leitor (m)	**αναγνώστης** (αρ.)	[anaɣnóstis]
ler (vt)	**διαβάζω**	[ðiavázo]
leitura (f)	**ανάγνωση** (θηλ.)	[anáɣnosi]
para si	**από μέσα**	[apó mésa]
em voz alta	**φωναχτά**	[fonaxtá]
publicar (vt)	**εκδίδω**	[ekðíðo]
publicação (f)	**έκδοση** (θηλ.)	[ékðosi]
editor (m)	**εκδότης** (αρ.)	[ekðótis]

editora (f)	**εκδοτικός οίκος** (αρ.)	[ekðotikós íkos]
sair (vi)	**βγαίνω**	[vjéno]
lançamento (m)	**κυκλοφορία** (θηλ.)	[kikl^joforía]
tiragem (f)	**έκδοση** (θηλ.)	[ékðosi]
livraria (f)	**βιβλιοπωλείο** (ουδ.)	[vivliopolío]
biblioteca (f)	**βιβλιοθήκη** (θηλ.)	[vivlioθíki]
novela (f)	**νουβέλα** (θηλ.)	[nuvél^ja]
conto (m)	**διήγημα** (ουδ.)	[ðiíjima]
romance (m)	**μυθιστόρημα** (ουδ.)	[miθistórima]
romance (m) policial	**αστυνομικό μυθιστόρημα** (ουδ.)	[astinomikó miθistórima]
memórias (f pl)	**απομνημονεύματα** (ουδ.πλ.)	[apomnimonévmata]
lenda (f)	**θρύλος** (αρ.)	[θríl^jos]
mito (m)	**μύθος** (αρ.)	[míθos]
poesia (f)	**ποιήματα** (ουδ.πλ.)	[piímata]
autobiografia (f)	**αυτοβιογραφία** (θηλ.)	[aftovioɣrafía]
obras (f pl) escolhidas	**εκλεκτά έργα** (ουδ.πλ.)	[eklektá érɣa]
ficção (f) científica	**επιστημονική φαντασία** (θηλ.)	[epistimonikí fandasía]
título (m)	**τίτλος** (αρ.)	[títl^jos]
introdução (f)	**εισαγωγή** (θηλ.)	[isaɣojí]
folha (f) de rosto	**εξώφυλλο** (ουδ.)	[eksófil^jo]
capítulo (m)	**κεφάλαιο** (ουδ.)	[kefáleo]
excerto (m)	**απόσπασμα** (ουδ.)	[apóspazma]
episódio (m)	**σκηνή** (θηλ.)	[skiní]
tema (m)	**υπόθεση** (θηλ.)	[ipóθesi]
conteúdo (m)	**περιεχόμενα** (ουδ.πλ.)	[periexómena]
índice (m)	**περιεχόμενα** (ουδ.πλ.)	[periexómena]
protagonista (m)	**πρωταγωνιστής** (αρ.)	[protaɣonistís]
tomo, volume (m)	**τόμος** (αρ.)	[tómos]
capa (f)	**εξώφυλλο** (ουδ.)	[eksófil^jo]
encadernação (f)	**δέσιμο** (ουδ.)	[ðésimo]
marcador (m) de livro	**σελιδοδείκτης** (αρ.)	[seliðoðíktis]
página (f)	**σελίδα** (θηλ.)	[selíða]
folhear (vt)	**ξεφυλλίζω**	[ksefilízo]
margem (f)	**περιθώρια** (ουδ.πλ.)	[periθória]
anotação (f)	**σημείωση** (θηλ.)	[simíosi]
nota (f) de rodapé	**υποσημείωση** (θηλ.)	[iposimíosi]
texto (m)	**κείμενο** (ουδ.)	[kímeno]
fonte (f)	**γραμματοσειρά** (θηλ.)	[ɣramatosirá]
gralha (f)	**τυπογραφικό λάθος** (ουδ.)	[tipoɣrafikó l^jáθos]
tradução (f)	**μετάφραση** (θηλ.)	[metáfrasi]
traduzir (vt)	**μεταφράζω**	[metafrázo]
original (m)	**πρωτότυπο** (ουδ.)	[protótipo]
famoso	**διάσημος**	[ðiásimos]

desconhecido	**άγνωστος**	[áɣnostos]
interessante	**ενδιαφέρων**	[enðiaféron]
best-seller (m)	**μπεστ σέλερ** (ουδ.)	[best séler]
dicionário (m)	**λεξικό** (ουδ.)	[leksikó]
manual (m) escolar	**σχολικό βιβλίο** (ουδ.)	[sxolikó vivlío]
enciclopédia (f)	**εγκυκλοπαίδεια** (θηλ.)	[engiklʲopéðia]

158. Caça. Pesca

caça (f)	**κυνήγι** (ουδ.)	[kinʝi]
caçar (vi)	**κυνηγώ**	[kiniɣó]
caçador (m)	**κυνηγός** (αρ.)	[kiniɣós]
atirar (vi)	**πυροβολώ**	[pirovolʲó]
caçadeira (f)	**τουφέκι** (ουδ.)	[tuféki]
cartucho (m)	**φυσίγγι** (ουδ.)	[fisíngi]
chumbo (m) de caça	**σκάγια** (ουδ.πλ.)	[skája]
armadilha (f)	**δόκανο** (ουδ.)	[ðókano]
armadilha (com corda)	**παγίδα** (θηλ.)	[pajíða]
pôr a armadilha	**στήνω δόκανο**	[stíno ðókano]
caçador (m) furtivo	**λαθροθήρας** (αρ.)	[lʲaθroθíras]
caça (f)	**θήραμα** (ουδ.)	[θírama]
cão (m) de caça	**λαγωνικό** (ουδ.)	[lʲaɣonikó]
safári (m)	**σαφάρι** (ουδ.)	[safári]
animal (m) empalhado	**βαλσαμωμένο ζώο** (ουδ.)	[valʲsamoméno zóo]
pescador (m)	**ψαράς** (αρ.)	[psarás]
pesca (f)	**ψάρεμα** (ουδ.)	[psárema]
pescar (vt)	**ψαρεύω**	[psarévo]
cana (f) de pesca	**καλάμι** (ουδ.)	[kalʲámi]
linha (f) de pesca	**πετονιά** (θηλ.)	[petoniá]
anzol (m)	**αγκίστρι** (ουδ.)	[angístri]
boia (f)	**φελλός** (αρ.)	[felós]
isca (f)	**δόλωμα** (ουδ.)	[ðólʲoma]
lançar a linha	**ρίχνω δόλωμα**	[ríxno ðólʲoma]
morder (vt)	**τσιμπάω**	[tsimbáo]
pesca (f)	**αλίευμα** (ουδ.)	[alíevma]
buraco (m) no gelo	**τρύπα στον πάγο** (θηλ.)	[trípa ston páɣo]
rede (f)	**δίχτυ** (ουδ.)	[ðíxti]
barco (m)	**βάρκα** (θηλ.)	[várka]
pescar com rede	**πιάνω με δίχτυ**	[piáno me ðíxti]
lançar a rede	**ρίχνω δίχτυ**	[ríxno ðíxti]
puxar a rede	**βγάζω δίχτυ**	[vɣázo ðíxti]
baleeiro (m)	**φαλαινοθήρας** (αρ.)	[falenoθíras]
baleeira (f)	**φαλαινοθηρικό** (ουδ.)	[falenoθirikó]
arpão (m)	**καμάκι** (ουδ.)	[kamáki]

159. Jogos. Bilhar

bilhar (m)	**μπιλιάρδο** (ουδ.)	[biliárðo]
sala (f) de bilhar	**αίθουσα μπιλιάρδου** (θηλ.)	[éθusa biliárðu]
bola (f) de bilhar	**μπάλα** (θηλ.)	[bála]
embolsar uma bola	**βάζω μπάλα σε τρύπα**	[vázo bálʲa se trípa]
taco (m)	**στέκα** (θηλ.)	[stéka]
caçapa (f)	**τρύπα** (θηλ.)	[trípa]

160. Jogos. Jogar cartas

ouros (m pl)	**καρό** (ουδ.)	[karó]
espadas (f pl)	**μπαστούνι** (ουδ.)	[bastúni]
copas (f pl)	**κούπα** (θηλ.)	[kúpa]
paus (m pl)	**σπαθί** (ουδ.)	[spaθí]
ás (m)	**άσος** (αρ.)	[ásos]
rei (m)	**ρήγας** (αρ.)	[ríɣas]
dama (f)	**ντάμα** (θηλ.)	[dáma]
valete (m)	**βαλές** (αρ.)	[valés]
carta (f) de jogar	**χαρτί** (ουδ.)	[xartí]
cartas (f pl)	**χαρτιά** (ουδ.πλ.)	[xartiá]
trunfo (m)	**ατού** (ουδ.)	[atú]
baralho (m)	**τράπουλα** (θηλ.)	[trápulʲa]
dar, distribuir (vt)	**μοιράζω**	[mirázo]
embaralhar (vt)	**ανακατεύω**	[anakatévo]
vez, jogada (f)	**σειρά** (θηλ.)	[sirá]
batoteiro (m)	**χαρτοκλέφτης** (αρ.)	[xartokléftis]

161. Casino. Roleta

casino (m)	**καζίνο** (ουδ.)	[kazíno]
roleta (f)	**ρουλέτα** (θηλ.)	[ruléta]
aposta (f)	**στοίχημα, ποντάρισμα** (ουδ.)	[stíxima], [pondárizma]
apostar (vt)	**ποντάρω**	[pondáro]
vermelho (m)	**κόκκινο** (ουδ.)	[kókino]
preto (m)	**μαύρο** (ουδ.)	[mávro]
apostar no vermelho	**ποντάρω στο κόκκινο**	[pondáro sto kókino]
apostar no preto	**ποντάρω στο μαύρο**	[pondáro sto mávro]
crupiê (m, f)	**κρουπιέρης** (αρ.)	[krupiéris]
girar a roda	**γυρίζω τον τροχό**	[ʝirízo ton troxó]
regras (f pl) do jogo	**κανόνες παιχνιδιού** (αρ.πλ.)	[kanónes pexniðiú]
ficha (f)	**μάρκα** (θηλ.)	[márka]
ganhar (vi, vt)	**κερδίζω**	[kerðízo]
ganho (m)	**κέρδη** (ουδ.πλ.)	[kérði]

perder (dinheiro)	**χάνω**	[xáno]
perda (f)	**χάσιμο** (ουδ.)	[xásimo]
jogador (m)	**παίκτης** (αρ.)	[péktis]
blackjack (m)	**μπλακ τζακ** (ουδ.)	[bl^jak dzák]
jogo (m) de dados	**ζάρια** (ουδ.πλ.)	[zária]
máquina (f) de jogo	**κουλοχέρης** (αρ.)	[kul^joxéris]

162. Descanso. Jogos. Diversos

passear (vi)	**κάνω βόλτα**	[káno vól^jta]
passeio (m)	**βόλτα** (θηλ.)	[vól^jta]
viagem (f) de carro	**βόλτα** (θηλ.)	[vól^jta]
aventura (f)	**περιπέτεια** (θηλ.)	[peripétia]
piquenique (m)	**πικνίκ** (ουδ.)	[pikník]
jogo (m)	**παιχνίδι** (ουδ.)	[pexníði]
jogador (m)	**παίκτης** (αρ.)	[péktis]
partida (f)	**παρτίδα** (θηλ.)	[partíða]
colecionador (m)	**συλλέκτης** (αρ.)	[siléktis]
colecionar (vt)	**συλλέγω**	[siléɣo]
coleção (f)	**συλλογή** (θηλ.)	[sil^joʝí]
palavras (f pl) cruzadas	**σταυρόλεξο** (ουδ.)	[stavrólekso]
hipódromo (m)	**ιππόδρομος** (αρ.)	[ipóðromos]
discoteca (f)	**ντίσκο, ντισκοτέκ** (θηλ.)	[ðísko], [diskoték]
sauna (f)	**σάουνα** (θηλ.)	[sáuna]
lotaria (f)	**λοταρία** (θηλ.)	[l^jotaría]
campismo (m)	**ταξίδι** (ουδ.)	[taksíði]
acampamento (m)	**κατασκήνωση** (θηλ.)	[kataskínosi]
tenda (f)	**σκηνή** (θηλ.)	[skiní]
bússola (f)	**πυξίδα** (θηλ.)	[piksíða]
campista (m)	**ταξιδιώτης** (αρ.)	[taksiðiótis]
ver (vt), assistir à ...	**βλέπω**	[vlépo]
telespectador (m)	**τηλεθεατής** (αρ.)	[tileθeatís]
programa (m) de TV	**τηλεοπτική εκπομπή** (θηλ.)	[tileoptikí ekpombí]

163. Fotografia

máquina (f) fotográfica	**φωτογραφική μηχανή** (θηλ.)	[fotoɣrafikí mixaní]
foto, fotografia (f)	**φωτογραφία** (θηλ.)	[fotoɣrafía]
fotógrafo (m)	**φωτογράφος** (αρ.)	[fotoɣráfos]
estúdio (m) fotográfico	**φωτοστούντιο** (ουδ.)	[fotostúdio]
álbum (m) de fotografias	**φωτογραφικό άλμπουμ** (ουδ.)	[fotoɣrafikó ál^jbum]
objetiva (f)	**φακός** (αρ.)	[fakós]
teleobjetiva (f)	**τηλεφακός** (αρ.)	[tilefakós]

filtro (m)	**φίλτρο** (ουδ.)	[fílʲtro]
lente (f)	**φακός** (αρ.)	[fakós]
ótica (f)	**οπτικά** (ουδ.πλ.)	[optiká]
abertura (f)	**διάφραγμα** (ουδ.)	[ðiáfraɣma]
exposição (f)	**ταχύτητα κλείστρου** (θηλ.)	[taxítita klístru]
visor (m)	**σκόπευτρο** (ουδ.)	[skópeftro]
câmara (f) digital	**ψηφιακή φωτογραφική μηχανή** (θηλ.)	[psifiakí fotoɣrafikí mixaní]
tripé (m)	**τρίποδο** (ουδ.)	[trípoðo]
flash (m)	**φλας** (ουδ.)	[flʲas]
fotografar (vt)	**φωτογραφίζω**	[fotoɣrafízo]
tirar fotos	**βγάζω φωτογραφία**	[vɣázo fotoɣrafía]
fotografar-se	**βγαίνω φωτογραφία**	[vjéno fotoɣrafía]
foco (m)	**σημείο εστίασης** (ουδ.)	[simío estíasis]
focar (vt)	**εστιάζω**	[estiázo]
nítido	**ευκρινής**	[efkrinís]
nitidez (f)	**ευκρίνεια** (θηλ.)	[efkrínia]
contraste (m)	**αντίθεση** (θηλ.)	[andíθesi]
contrastante	**με αντίθεση**	[me andíθesi]
retrato (m)	**φωτογραφία** (θηλ.)	[fotoɣrafía]
negativo (m)	**αρνητικό** (ουδ.)	[arnitikó]
filme (m)	**φιλμ** (ουδ.)	[filʲm]
fotograma (m)	**καρέ** (ουδ.)	[karé]
imprimir (vt)	**εκτυπώνω**	[ektipóno]

164. Praia. Natação

praia (f)	**παραλία** (θηλ.)	[paralía]
areia (f)	**άμμος** (θηλ.)	[ámos]
deserto	**ερημικός**	[erimikós]
bronzeado (m)	**μαύρισμα** (ουδ.)	[mávrizma]
bronzear-se (vr)	**μαυρίζω**	[mavrízo]
bronzeado	**μαυρισμένος**	[mavrizménos]
protetor (m) solar	**αντηλιακό** (ουδ.)	[andiliakó]
biquíni (m)	**μπικίνι** (ουδ.)	[bikíni]
fato (m) de banho	**μαγιό** (ουδ.)	[majió]
calção (m) de banho	**μαγιό** (ουδ.)	[majió]
piscina (f)	**πισίνα** (θηλ.)	[pisína]
nadar (vi)	**κολυμπώ**	[kolibó]
duche (m)	**ντους** (ουδ.)	[duz]
mudar de roupa	**αλλάζω**	[alʲázo]
toalha (f)	**πετσέτα** (θηλ.)	[petséta]
barco (m)	**βάρκα** (θηλ.)	[várka]
lancha (f)	**ταχύπλοο** (ουδ.)	[taxíplʲoo]

esqui (m) aquático	**πέδιλο για θαλάσσιο σκι** (ουδ.)	[péðilʲo ja θalʲásio ski]
barco (m) de pedais	**θαλάσσιο ποδήλατο** (ουδ.)	[θalʲásio poðílʲato]
surf (m)	**σέρφινγκ** (ουδ.)	[sérfing]
surfista (m)	**σέρφερ** (αρ.)	[sérfer]
equipamento (m) de mergulho	**αναπνευστήρας** (αρ.)	[anapnefstíras]
barbatanas (f pl)	**βατραχοπέδιλα** (ουδ.πλ.)	[vatraxopéðilʲa]
máscara (f)	**μάσκα** (θηλ.)	[máska]
mergulhador (m)	**καταδύτης** (αρ.)	[kataðítis]
mergulhar (vi)	**βουτάω**	[vutáo]
debaixo d'água	**κάτω από το νερό**	[káto apó oneró]
guarda-sol (m)	**ομπρέλα θαλάσσης** (θηλ.)	[ombrélʲa θalʲásis]
espreguiçadeira (f)	**σεζλόνγκ** (θηλ.)	[sezlʲóng]
óculos (m pl) de sol	**γυαλιά ηλίου** (ουδ.πλ.)	[jaliá ilíu]
colchão (m) de ar	**στρώμα θαλάσσης** (ουδ.)	[stróma θalʲásis]
brincar (vi)	**παίζω**	[pézo]
ir nadar	**κάνω μπάνιο**	[káno bánio]
bola (f) de praia	**μπάλα** (θηλ.)	[bálʲa]
encher (vt)	**φουσκώνω**	[fuskóno]
inflável, de ar	**φουσκωτός**	[fuskotós]
onda (f)	**κύμα** (ουδ.)	[kíma]
boia (f)	**σημαδούρα** (θηλ.)	[simaðúra]
afogar-se (pessoa)	**πνίγομαι**	[pníɣome]
salvar (vt)	**σώζω**	[sózo]
colete (m) salva-vidas	**σωσίβιο γιλέκο** (ουδ.)	[sosívio jiléko]
observar (vt)	**παρατηρώ**	[paratiró]
nadador-salvador (m)	**ναυαγοσώστης** (αρ.)	[navaɣosóstis]

EQUIPAMENTO TÉCNICO. TRANSPORTES

Equipamento técnico. Transportes

165. Computador

computador (m)	**υπολογιστής** (αρ.)	[ipolʲojistís]
portátil (m)	**φορητός υπολογιστής** (αρ.)	[foritós ipolʲojistís]
ligar (vt)	**ανοίγω**	[aníɣo]
desligar (vt)	**κλείνω**	[klíno]
teclado (m)	**πληκτρολόγιο** (ουδ.)	[pliktrolʲójo]
tecla (f)	**πλήκτρο** (ουδ.)	[plíktro]
rato (m)	**ποντίκι** (ουδ.)	[pondíki]
tapete (m) de rato	**μάους παντ** (ουδ.)	[máus pad]
botão (m)	**κουμπί** (ουδ.)	[kumbí]
cursor (m)	**κέρσορας** (αρ.)	[kérsoras]
monitor (m)	**οθόνη** (θηλ.)	[oθóni]
ecrã (m)	**οθόνη** (θηλ.)	[oθóni]
disco (m) rígido	**σκληρός δίσκος** (αρ.)	[sklirós ðískos]
capacidade (f) do disco rígido	**χωρητικότητα σκληρού δίσκου** (θηλ.)	[xoritikótita sklirú ðísku]
memória (f)	**μνήμη** (θηλ.)	[mními]
memória RAM (f)	**μνήμη RAM** (θηλ.)	[mními ram]
ficheiro (m)	**αρχείο** (ουδ.)	[arxío]
pasta (f)	**φάκελος** (αρ.)	[fákelʲos]
abrir (vt)	**ανοίγω**	[aníɣo]
fechar (vt)	**κλείνω**	[klíno]
guardar (vt)	**αποθηκεύω**	[apoθikévo]
apagar, eliminar (vt)	**διαγράφω**	[ðiaɣráfo]
copiar (vt)	**αντιγράφω**	[andiɣráfo]
ordenar (vt)	**ταξινομώ**	[taksinomó]
copiar (vt)	**μεταφέρω**	[metaféro]
programa (m)	**πρόγραμμα** (ουδ.)	[próɣrama]
software (m)	**λογισμικό** (ουδ.)	[lʲojizmikó]
programador (m)	**προγραμματιστής** (αρ.)	[proɣramatistís]
programar (vt)	**προγραμματίζω**	[proɣramatízo]
hacker (m)	**χάκερ** (αρ.)	[xáker]
senha (f)	**κωδικός** (αρ.)	[koðikós]
vírus (m)	**ιός** (αρ.)	[jos]
detetar (vt)	**ανιχνεύω**	[anixnévo]

byte (m)	**μπάιτ** (ουδ.)	[bájt]
megabyte (m)	**μεγαμπάιτ** (ουδ.)	[meɣabájt]
dados (m pl)	**δεδομένα** (ουδ.πλ.)	[ðeðoména]
base (f) de dados	**βάση δεδομένων** (θηλ.)	[vási ðeðoménon]
cabo (m)	**καλώδιο** (ουδ.)	[kalʲóðio]
desconectar (vt)	**αποσυνδέω**	[aposinðéo]
conetar (vt)	**συνδέω**	[sinðéo]

166. Internet. E-mail

internet (f)	**διαδίκτυο** (ουδ.)	[ðiaðíktio]
browser (m)	**browser** (αρ.)	[bráuzer]
motor (m) de busca	**μηχανή αναζήτησης** (θηλ.)	[mixaní anazítisis]
provedor (m)	**πάροχος** (αρ.)	[pároxos]
website, sítio web (m)	**ιστοσελίδα** (θηλ.)	[istoselíða]
página (f) web	**ιστοσελίδα** (θηλ.)	[istoselíða]
endereço (m)	**διεύθυνση** (θηλ.)	[ðiéfθinsi]
livro (m) de endereços	**βιβλίο διευθύνσεων** (ουδ.)	[vivlío ðiefθínseon]
caixa (f) de correio	**εισερχόμενα** (ουδ.)	[iserxómena]
correio (m)	**ταχυδρομείο** (ουδ.)	[taxiðromío]
mensagem (f)	**μήνυμα** (ουδ.)	[mínima]
remetente (m)	**αποστολέας** (αρ.)	[apostoléas]
enviar (vt)	**στέλνω**	[stélʲno]
envio (m)	**αποστολή** (θηλ.)	[apostolí]
destinatário (m)	**παραλήπτης** (αρ.)	[paralíptis]
receber (vt)	**λαμβάνω**	[lʲamváno]
correspondência (f)	**αλληλογραφία** (θηλ.)	[alilʲoɣrafía]
corresponder-se (vr)	**αλληλογραφώ**	[alilʲoɣrafó]
ficheiro (m)	**αρχείο** (ουδ.)	[arxío]
fazer download, baixar	**κατεβάζω**	[katevázo]
criar (vt)	**δημιουργώ**	[ðimiurɣó]
apagar, eliminar (vt)	**διαγράφω**	[ðiaɣráfo]
eliminado	**διεγραμμένος**	[ðieɣraménos]
conexão (f)	**σύνδεση** (θηλ.)	[sínðesi]
velocidade (f)	**ταχύτητα** (θηλ.)	[taxítita]
modem (m)	**μόντεμ** (ουδ.)	[módem]
acesso (m)	**πρόσβαση** (θηλ.)	[prózvasi]
porta (f)	**θύρα** (θηλ.)	[θíra]
conexão (f)	**σύνδεση** (θηλ.)	[sínðesi]
conetar (vi)	**συνδέομαι**	[sinðéome]
escolher (vt)	**επιλέγω**	[epiléɣo]
buscar (vt)	**ψάχνω**	[psáxno]

167. Eletricidade

eletricidade (f)	**ηλεκτρισμός** (αρ.)	[ilektrizmós]
elétrico	**ηλεκτρικός**	[ilektrikós]
central (f) elétrica	**ηλεκτροπαραγωγικός σταθμός** (αρ.)	[ilektroparaɣojikós staθmós]
energia (f)	**ενέργεια** (θηλ.)	[enérjia]
energia (f) elétrica	**ηλεκτρική ενέργεια** (θηλ.)	[ilektrikí enérjia]
lâmpada (f)	**λάμπα** (θηλ.)	[lʲámba]
lanterna (f)	**φακός** (αρ.)	[fakós]
poste (m) de iluminação	**στύλος φωτισμού** (αρ.)	[stílʲos fotizmú]
luz (f)	**φως** (ουδ.)	[fos]
ligar (vt)	**ανοίγω, ανάβω**	[aníɣo], [anávo]
desligar (vt)	**κλείνω**	[klíno]
apagar a luz	**σβήνω το φως**	[svíno to fos]
fundir (vi)	**καίγομαι**	[kéɣome]
curto-circuito (m)	**βραχυκύκλωμα** (ουδ.)	[vraxikíklʲoma]
rutura (f)	**σπασμένο καλώδιο** (ουδ.)	[spazméno kalóðio]
contacto (m)	**επαφή** (θηλ.)	[epafí]
interruptor (m)	**διακόπτης** (αρ.)	[ðiakóptis]
tomada (f)	**πρίζα** (θηλ.)	[príza]
ficha (f)	**φις** (ουδ.)	[fis]
extensão (f)	**μπαλαντέζα** (θηλ.)	[balʲadéza]
fusível (m)	**ασφάλεια** (θηλ.)	[asfália]
fio, cabo (m)	**καλώδιο** (ουδ.)	[kalʲóðio]
instalação (f) elétrica	**καλωδίωση** (θηλ.)	[kalʲoðíosi]
ampere (m)	**αμπέρ** (ουδ.)	[ambér]
amperagem (f)	**ένταση ρεύματος** (θηλ.)	[éndasi révmatos]
volt (m)	**βολτ** (ουδ.)	[volʲt]
voltagem (f)	**τάση** (θηλ.)	[tási]
aparelho (m) elétrico	**ηλεκτρική συσκευή** (θηλ.)	[ilektrikí siskevi]
indicador (m)	**δείχτης** (αρ.)	[ðíxtis]
eletricista (m)	**ηλεκτρολόγος** (αρ.)	[ilektrolʲóɣos]
soldar (vt)	**συγκολλώ**	[singolʲó]
ferro (m) de soldar	**κολλητήρι** (ουδ.)	[kolitíri]
corrente (f) elétrica	**ρεύμα** (ουδ.)	[révma]

168. Ferramentas

ferramenta (f)	**εργαλείο** (ουδ.)	[erɣalío]
ferramentas (f pl)	**εργαλεία** (ουδ.πλ.)	[erɣalía]
equipamento (m)	**εξοπλισμός** (αρ.)	[eksoplizmós]
martelo (m)	**σφυρί** (ουδ.)	[sfirí]
chave (f) de fendas	**κατσαβίδι** (ουδ.)	[katsavíði]

machado (m)	**τσεκούρι** (ουδ.)	[tsekúri]
serra (f)	**πριόνι** (ουδ.)	[prióni]
serrar (vt)	**πριονίζω**	[prionízo]
plaina (f)	**πλάνη** (θηλ.)	[plʲáni]
aplainar (vt)	**πλανίζω**	[plʲanízo]
ferro (m) de soldar	**κολλητήρι** (ουδ.)	[kolitíri]
soldar (vt)	**συγκολλώ**	[singolʲó]
lima (f)	**λίμα** (θηλ.)	[líma]
tenaz (f)	**τανάλια** (θηλ.)	[tanália]
alicate (m)	**πένσα** (θηλ.)	[pénsa]
formão (m)	**σκαρπέλο** (ουδ.)	[skarpélʲo]
broca (f)	**τρυπάνι** (ουδ.)	[tripáni]
berbequim (f)	**τρυπάνι, δράπανο** (ουδ.)	[tripáni], [ðrápano]
furar (vt)	**τρυπώ**	[tripó]
faca (f)	**μαχαίρι** (ουδ.)	[maxéri]
lâmina (f)	**λάμα** (θηλ.)	[lʲáma]
afiado	**κοφτερός**	[kofterós]
cego	**αμβλύς**	[amvlís]
embotar-se (vr)	**αμβλύνομαι**	[amvlínome]
afiar, amolar (vt)	**ακονίζω**	[akonízo]
parafuso (m)	**μπουλόνι** (ουδ.)	[bulʲóni]
porca (f)	**περικόχλιο** (ουδ.)	[perikóxlio]
rosca (f)	**σπείρωμα** (ουδ.)	[spíroma]
parafuso (m) para madeira	**βίδα** (θηλ.)	[víða]
prego (m)	**καρφί** (ουδ.)	[karfí]
cabeça (f) do prego	**κεφάλι** (ουδ.)	[kefáli]
régua (f)	**χάρακας** (αρ.)	[xárakas]
fita (f) métrica	**μετροταινία** (θηλ.)	[metrotenía]
lupa (f)	**μεγεθυντικός φακός** (αρ.)	[mejeθindikós fakós]
medidor (m)	**όργανο μέτρησης** (ουδ.)	[óɣano métrisis]
medir (vt)	**μετράω**	[metráo]
escala (f)	**κλίμακα** (θηλ.)	[klímaka]
indicação (f), registo (m)	**ενδείξεις** (θηλ.πλ.)	[enðíksis]
compressor (m)	**συμπιεστής** (αρ.)	[simbiestís]
microscópio (m)	**μικροσκόπιο** (ουδ.)	[mikroskópio]
bomba (f)	**αντλία** (θηλ.)	[andlía]
robô (m)	**ρομπότ** (ουδ.)	[robót]
laser (m)	**λέιζερ** (ουδ.)	[léjzer]
chave (f) de boca	**γαλλικό κλειδί** (ουδ.)	[ɣalikó kliðí]
fita (f) adesiva	**κολλητική ταινία** (θηλ.)	[kolitikí tenía]
cola (f)	**κόλλα** (θηλ.)	[kólʲa]
lixa (f)	**γυαλόχαρτο** (ουδ.)	[jalóxarto]
mola (f)	**ελατήριο** (ουδ.)	[elʲatírio]
íman (m)	**μαγνήτης** (αρ.)	[maɣnítis]

luvas (f pl)	**γάντια** (ουδ.πλ.)	[ɣándia]
corda (f)	**σχοινί, σκοινί** (ουδ.)	[sxiní], [skiní]
cordel (m)	**κορδόνι** (ουδ.)	[korðóni]
fio (m)	**καλώδιο** (ουδ.)	[kalʲóðio]
cabo (m)	**καλώδιο** (ουδ.)	[kalʲóðio]

marreta (f)	**βαριοπούλα** (θηλ.)	[variopúlʲa]
pé de cabra (m)	**λοστός** (αρ.)	[lʲostós]
escada (f) de mão	**φορητή σκάλα** (θηλ.)	[forití skálʲa]
escadote (m)	**φορητή σκάλα** (θηλ.)	[forití skálʲa]

enroscar (vt)	**βιδώνω**	[viðóno]
desenroscar (vt)	**ξεβιδώνω**	[kseviðóno]
apertar (vt)	**σφίγγω**	[sfíngo]
colar (vt)	**κολλάω**	[kolʲáo]
cortar (vt)	**κόβω**	[kóvo]

falha (mau funcionamento)	**βλάβη** (θηλ.)	[vlʲávi]
conserto (m)	**επισκευή** (θηλ.)	[episkeví]
consertar, reparar (vt)	**επισκευάζω**	[episkevázo]
regular, ajustar (vt)	**ρυθμίζω**	[riθmízo]

verificar (vt)	**ελέγχω**	[elénxo]
verificação (f)	**έλεγχος** (αρ.)	[élenxos]
indicação (f), registo (m)	**ενδείξεις** (θηλ.πλ.)	[enðíksis]

seguro	**αξιόπιστος**	[aksiópistos]
complicado	**περίπλοκος**	[períplʲokos]

enferrujar (vi)	**σκουριάζω**	[skuriázo]
enferrujado	**σκουριασμένος**	[skuriazménos]
ferrugem (f)	**σκουριά** (θηλ.)	[skuriá]

Transportes

169. Avião

avião (m)	**αεροπλάνο** (ουδ.)	[aeroplʲáno]
bilhete (m) de avião	**αεροπορικό εισιτήριο** (ουδ.)	[aeroporikó isitírio]
companhia (f) aérea	**αεροπορική εταιρεία** (θηλ.)	[aeroporikí etería]
aeroporto (m)	**αεροδρόμιο** (ουδ.)	[aeroðrómio]
supersónico	**υπερηχητικός**	[iperixitikós]
comandante (m) do avião	**κυβερνήτης** (αρ.)	[kivernítis]
tripulação (f)	**πλήρωμα** (ουδ.)	[plíroma]
piloto (m)	**πιλότος** (αρ.)	[pilʲótos]
hospedeira (f) de bordo	**αεροσυνοδός** (θηλ.)	[aerosinoðós]
copiloto (m)	**πλοηγός** (αρ.)	[plʲoiɣós]
asas (f pl)	**φτερά** (ουδ.πλ.)	[fterá]
cauda (f)	**ουρά** (θηλ.)	[urá]
cabine (f) de pilotagem	**πιλοτήριο** (ουδ.)	[pilʲotírio]
motor (m)	**κινητήρας** (αρ.)	[kinitíras]
trem (m) de aterragem	**σύστημα προσγείωσης** (ουδ.)	[sístima prosʝíosis]
turbina (f)	**στρόβιλος** (αρ.)	[stróvilʲos]
hélice (f)	**έλικας** (αρ.)	[élikas]
caixa-preta (f)	**μαύρο κουτί** (ουδ.)	[mávro kutí]
coluna (f) de controlo	**πηδάλιο** (ουδ.)	[piðálio]
combustível (m)	**καύσιμο** (ουδ.)	[káfsimo]
instruções (f pl) de segurança	**οδηγίες ασφαλείας** (θηλ.πλ.)	[oðiʝíes asfalías]
máscara (f) de oxigénio	**μάσκα οξυγόνου** (θηλ.)	[máska oksiɣónu]
uniforme (m)	**στολή** (θηλ.)	[stolí]
colete (m) salva-vidas	**σωσίβιο γιλέκο** (ουδ.)	[sosívio ʝiléko]
paraquedas (m)	**αλεξίπτωτο** (ουδ.)	[aleksíptoto]
descolagem (f)	**απογείωση** (θηλ.)	[apoʝíosi]
descolar (vi)	**απογειώνομαι**	[apoʝiónome]
pista (f) de descolagem	**διάδρομος απογείωσης** (αρ.)	[ðiáðromos apoʝíosis]
visibilidade (f)	**ορατότητα** (θηλ.)	[oratótita]
voo (m)	**πέταγμα** (ουδ.)	[pétaɣma]
altura (f)	**ύψος** (ουδ.)	[ípsos]
poço (m) de ar	**κενό αέρος** (ουδ.)	[kenó aéros]
assento (m)	**θέση** (θηλ.)	[θési]
auscultadores (m pl)	**ακουστικά** (ουδ.πλ.)	[akustiká]
mesa (f) rebatível	**πτυσσόμενο τραπεζάκι** (ουδ.)	[ptisómeno trapezáki]
vigia (f)	**παράθυρο** (ουδ.)	[paráθiro]
passagem (f)	**διάδρομος** (αρ.)	[ðiáðromos]

170. Comboio

comboio (m)	**τραίνο, τρένο** (ουδ.)	[tréno]
comboio (m) suburbano	**περιφερειακό τρένο** (ουδ.)	[periferiakó tréno]
comboio (m) rápido	**τρένο εξπρές** (ουδ.)	[tréno ekspré s]
locomotiva (f) diesel	**αμαξοστοιχία ντίζελ** (θηλ.)	[amaksostixía dízel]
locomotiva (f) a vapor	**ατμάμαξα** (θηλ.)	[atmámaksa]
carruagem (f)	**βαγόνι** (ουδ.)	[vaɣóni]
carruagem restaurante (f)	**εστιατόριο** (ουδ.)	[estiatório]
carris (m pl)	**ράγες** (θηλ.πλ.)	[rájes]
caminho de ferro (m)	**σιδηρόδρομος** (αρ.)	[siðiróðromos]
travessa (f)	**στρωτήρας** (αρ.)	[strotíras]
plataforma (f)	**πλατφόρμα** (θηλ.)	[platfórma]
linha (f)	**αποβάθρα** (θηλ.)	[apováθra]
semáforo (m)	**σηματοδότης** (αρ.)	[simatoðótis]
estação (f)	**σταθμός** (αρ.)	[staθmós]
maquinista (m)	**οδηγός τρένου** (αρ.)	[oðiɣós trénu]
bagageiro (m)	**αχθοφόρος** (αρ.)	[axθofóros]
hospedeiro, -a (da carruagem)	**συνοδός** (αρ.)	[sinoðós]
passageiro (m)	**επιβάτης** (αρ.)	[epivátis]
revisor (m)	**ελεγκτής εισιτηρίων** (αρ.)	[elengtís isitiríon]
corredor (m)	**διάδρομος** (αρ.)	[ðiáðromos]
freio (m) de emergência	**φρένο έκτακτης ανάγκης** (ουδ.)	[fréno éktaktis anángis]
compartimento (m)	**κουπέ** (ουδ.)	[kupé]
cama (f)	**κουκέτα** (θηλ.)	[kukéta]
cama (f) de cima	**πάνω κουκέτα** (θηλ.)	[páno kukéta]
cama (f) de baixo	**κάτω κουκέτα** (θηλ.)	[káto kukéta]
roupa (f) de cama	**σεντόνια** (ουδ.πλ.)	[sendónia]
bilhete (m)	**εισιτήριο** (ουδ.)	[isitírio]
horário (m)	**δρομολόγιο** (ουδ.)	[ðromolójo]
painel (m) de informação	**πίνακας πληροφοριών** (αρ.)	[pínakas pliroforión]
partir (vt)	**αναχωρώ**	[anaxoró]
partida (f)	**αναχώρηση** (θηλ.)	[anaxórisi]
chegar (vi)	**φτάνω**	[ftáno]
chegada (f)	**άφιξη** (θηλ.)	[áfiksi]
chegar de comboio	**έρχομαι με τρένο**	[érxome me tréno]
apanhar o comboio	**ανεβαίνω στο τρένο**	[anevéno sto tréno]
sair do comboio	**κατεβαίνω από το τρένο**	[katevéno apó to tréno]
acidente (m) ferroviário	**πρόσκρουση τρένου** (θηλ.)	[próskrusi trénu]
fogueiro (m)	**θερμαστής** (αρ.)	[θermastís]
fornalha (f)	**θάλαμο καύσης** (ουδ.)	[θálamo káfsis]
carvão (m)	**κάρβουνο** (ουδ.)	[kárvuno]

171. Barco

navio (m)	**πλοίο** (ουδ.)	[plío]
embarcação (f)	**σκάφος** (ουδ.)	[skáfos]
vapor (m)	**ατμόπλοιο** (ουδ.)	[atmóplio]
navio (m)	**ποταμόπλοιο** (ουδ.)	[potamóplio]
transatlântico (m)	**κρουαζιερόπλοιο** (ουδ.)	[kruazieróplio]
cruzador (m)	**καταδρομικό** (ουδ.)	[kataðromikó]
iate (m)	**κότερο** (ουδ.)	[kótero]
rebocador (m)	**ρυμουλκό** (ουδ.)	[rimulʲkó]
barcaça (f)	**φορτηγίδα** (θηλ.)	[fortiʝíða]
ferry (m)	**φέρι μποτ** (ουδ.)	[féri bot]
veleiro (m)	**ιστιοφόρο** (ουδ.)	[istiofóro]
bergantim (m)	**βριγαντίνο** (ουδ.)	[vriɣantíno]
quebra-gelo (m)	**παγοθραυστικό** (ουδ.)	[paɣoθrafstikó]
submarino (m)	**υποβρύχιο** (ουδ.)	[ipovríxo]
bote, barco (m)	**βάρκα** (θηλ.)	[várka]
bote, dingue (m)	**λέμβος** (θηλ.)	[lémvos]
bote (m) salva-vidas	**σωσίβια λέμβος** (θηλ.)	[sosívia lémvos]
lancha (f)	**ταχύπλοο** (ουδ.)	[taxíplʲoo]
capitão (m)	**καπετάνιος** (αρ.)	[kapetánios]
marinheiro (m)	**ναύτης** (αρ.)	[náftis]
marujo (m)	**ναυτικός** (αρ.)	[naftikós]
tripulação (f)	**πλήρωμα** (ουδ.)	[plíroma]
contramestre (m)	**λοστρόμος** (αρ.)	[lʲostrómos]
grumete (m)	**μούτσος** (αρ.)	[mútsos]
cozinheiro (m) de bordo	**μάγειρας** (αρ.)	[máʝiras]
médico (m) de bordo	**ιατρός πλοίου** (αρ.)	[jatrós plíu]
convés (m)	**κατάστρωμα** (ουδ.)	[katástroma]
mastro (m)	**κατάρτι** (ουδ.)	[katárti]
vela (f)	**ιστίο** (ουδ.)	[istío]
porão (m)	**αμπάρι** (ουδ.)	[ambári]
proa (f)	**πλώρη** (θηλ.)	[plóri]
popa (f)	**πρύμνη** (θηλ.)	[prímni]
remo (m)	**κουπί** (ουδ.)	[kupí]
hélice (f)	**προπέλα** (θηλ.)	[propélʲa]
camarote (m)	**καμπίνα** (θηλ.)	[kabína]
sala (f) dos oficiais	**αίθουσα αξιωματικών** (ουδ.)	[éθusa aksiomatikón]
sala (f) das máquinas	**μηχανοστάσιο** (ουδ.)	[mixanostásio]
ponte (m) de comando	**γέφυρα** (θηλ.)	[ʝéfira]
sala (f) de comunicações	**θάλαμος επικοινωνιών** (αρ.)	[θálamos epikinonión]
onda (f) de rádio	**κύμα** (ουδ.)	[kíma]
diário (m) de bordo	**ημερολόγιο πλοίου** (ουδ.)	[imerolʲóʝo plíu]
luneta (f)	**κυάλι** (ουδ.)	[kiáli]
sino (m)	**καμπάνα** (θηλ.)	[kabána]

bandeira (f)	**σημαία** (θηλ.)	[siméa]
cabo (m)	**παλαμάρι** (ουδ.)	[palʲamári]
nó (m)	**κόμβος** (αρ.)	[kómvos]
corrimão (m)	**κουπαστή** (θηλ.)	[kupastí]
prancha (f) de embarque	**σκάλα επιβιβάσεως** (θηλ.)	[skálʲa epivivásеos]
âncora (f)	**άγκυρα** (θηλ.)	[ángira]
recolher a âncora	**σηκώνω άγκυρα**	[sikóno ángira]
lançar a âncora	**ρίχνω άγκυρα**	[ríxno ángira]
amarra (f)	**αλυσίδα της άγκυρας** (θηλ.)	[alisíða tis ángiras]
porto (m)	**λιμάνι** (ουδ.)	[limáni]
cais, amarradouro (m)	**προβλήτα** (θηλ.)	[provlíta]
atracar (vi)	**αράζω**	[arázo]
desatracar (vi)	**σαλπάρω**	[salʲpáro]
viagem (f)	**ταξίδι** (ουδ.)	[taksíði]
cruzeiro (m)	**κρουαζιέρα** (θηλ.)	[kruaziéra]
rumo (m), rota (f)	**ρότα, πορεία** (θηλ.)	[róta], [poría]
itinerário (m)	**δρομολόγιο** (ουδ.)	[ðromolʲóʝo]
canal (m) navegável	**πλωτό μέρος** (ουδ.)	[plʲotó méros]
banco (m) de areia	**ρηχά** (ουδ.πλ.)	[rixá]
encalhar (vt)	**εξοκέλλω**	[eksokélʲo]
tempestade (f)	**καταιγίδα** (θηλ.)	[kateʝíða]
sinal (m)	**σήμα** (ουδ.)	[síma]
afundar-se (vr)	**βυθίζομαι**	[viθízome]
SOS	**SOS** (ουδ.)	[es-o-es]
boia (f) salva-vidas	**σωσίβιο** (ουδ.)	[sosívio]

172. Aeroporto

aeroporto (m)	**αεροδρόμιο** (ουδ.)	[aeroðrómio]
avião (m)	**αεροπλάνο** (ουδ.)	[aeroplʲáno]
companhia (f) aérea	**αεροπορική εταιρεία** (θηλ.)	[aeroporikí etería]
controlador (m) de tráfego aéreo	**ελεγκτής εναέριας κυκλοφορίας** (αρ.)	[elengtís enaérias kiklʲoforías]
partida (f)	**αναχώρηση** (θηλ.)	[anaxórisi]
chegada (f)	**άφιξη** (θηλ.)	[áfiksi]
chegar (~ de avião)	**φτάνω**	[ftáno]
hora (f) de partida	**ώρα αναχώρησης** (θηλ.)	[ora anaxórisis]
hora (f) de chegada	**ώρα άφιξης** (θηλ.)	[óra áfiksis]
estar atrasado	**καθυστερώ**	[kaθisteró]
atraso (m) de voo	**καθυστέρηση πτήσης** (θηλ.)	[kaθistérisi ptísis]
painel (m) de informação	**πίνακας πληροφοριών** (αρ.)	[pínakas pliroforión]
informação (f)	**πληροφορίες** (θηλ.πλ.)	[pliroforíes]
anunciar (vt)	**ανακοινώνω**	[anakinóno]
voo (m)	**πτήση** (θηλ.)	[ptísi]

alfândega (f)	**τελωνείο** (ουδ.)	[telʲonío]
funcionário (m) da alfândega	**τελωνειακός** (αρ.)	[telʲoniakós]
declaração (f) alfandegária	**τελωνειακή διασάφηση** (θηλ.)	[telʲoniakí ðiasáfisi]
preencher a declaração	**συμπληρώνω τη δήλωση**	[simbliróno ti ðílʲosi]
controlo (m) de passaportes	**έλεγχος διαβατηρίων** (αρ.)	[élenxos ðiavatiríon]
bagagem (f)	**αποσκευές** (θηλ.πλ.)	[aposkevés]
bagagem (f) de mão	**χειραποσκευή** (θηλ.)	[xiraposkeví]
carrinho (m)	**καρότσι αποσκευών** (ουδ.)	[karótsi aposkevón]
aterragem (f)	**προσγείωση** (θηλ.)	[prozʝíosi]
pista (f) de aterragem	**διάδρομος προσγείωσης** (αρ.)	[ðiáðromos prozʝíosis]
aterrar (vi)	**προσγειώνομαι**	[prozʝiónome]
escada (f) de avião	**σκάλα αεροσκάφους** (θηλ.)	[skálʲa aeroskáfus]
check-in (m)	**check-in** (ουδ.)	[ʧek-in]
balcão (m) do check-in	**πάγκος ελέγχου εισιτηρίων** (αρ.)	[pángos elénxu isitiríon]
fazer o check-in	**κάνω check-in**	[káno ʧek-in]
cartão (m) de embarque	**κάρτα επιβίβασης** (θηλ.)	[kárta epivívasis]
porta (f) de embarque	**πύλη αναχώρησης** (θηλ.)	[píli anaxórisis]
trânsito (m)	**διέλευση** (θηλ.)	[ðiélefsi]
esperar (vi, vt)	**περιμένω**	[periméno]
sala (f) de espera	**αίθουσα αναχώρησης** (θηλ.)	[éθusa anaxórisis]
despedir-se de ...	**συνοδεύω**	[sinoðévo]
despedir-se (vr)	**αποχαιρετώ**	[apoxeretó]

173. Bicicleta. Motocicleta

bicicleta (f)	**ποδήλατο** (ουδ.)	[poðílʲato]
scotter, lambreta (f)	**σκούτερ** (ουδ.)	[skúter]
mota (f)	**μοτοσυκλέτα** (θηλ.)	[motosikléta]
ir de bicicleta	**πηγαίνω με το ποδήλατο**	[piʝéno me to poðílʲato]
guiador (m)	**τιμόνι** (ουδ.)	[timóni]
pedal (m)	**πεντάλ** (ουδ.)	[pedálʲ]
travões (m pl)	**φρένα** (ουδ.πλ.)	[fréna]
selim (m)	**σέλα** (θηλ.)	[sélʲa]
bomba (f) de ar	**τρόμπα** (θηλ.)	[trómba]
porta-bagagens (m)	**σχάρα** (θηλ.)	[sxára]
lanterna (f)	**φακός** (αρ.)	[fakós]
capacete (m)	**κράνος** (ουδ.)	[krános]
roda (f)	**τροχός** (αρ.)	[troxós]
guarda-lamas (m)	**λασπωτήρας** (αρ.)	[lʲaspotíras]
aro (m)	**ζάντα** (θηλ.)	[zánda]
raio (m)	**ακτίνα** (θηλ.)	[aktína]

Carros

174. Tipos de carros

carro, automóvel (m)	**αυτοκίνητο** (ουδ.)	[aftokínito]
carro (m) desportivo	**σπορ αυτοκίνητο** (ουδ.)	[spor aftokínito]
limusine (f)	**λιμουζίνα** (θηλ.)	[limuzína]
todo o terreno (m)	**όχημα παντός εδάφους** (ουδ.)	[óxima pandós eðáfus]
descapotável (m)	**κάμπριο** (ουδ.)	[kábrio]
minibus (m)	**μίνιμπας** (ουδ.)	[mínibas]
ambulância (f)	**ασθενοφόρο** (ουδ.)	[asθenofóro]
limpa-neve (m)	**εκχιονιστήρας** (αρ.)	[ekxonistíras]
camião (m)	**φορτηγό** (ουδ.)	[fortiɣó]
camião-cisterna (m)	**βυτιοφόρο** (ουδ.)	[vitiofóro]
carrinha (f)	**φορτηγάκι** (ουδ.)	[fortiɣáki]
camião-trator (m)	**τράκτορας** (αρ.)	[tráktoras]
atrelado (m)	**ρυμουλκούμενο** (ουδ.)	[rimulʲkúmeno]
confortável	**άνετος**	[ánetos]
usado	**μεταχειρισμένος**	[metaxirizménos]

175. Carros. Carroçaria

capô (m)	**καπό** (ουδ.)	[kapó]
guarda-lamas (m)	**λασπωτήρας** (αρ.)	[lʲaspotíras]
tejadilho (m)	**οροφή** (θηλ.)	[orofí]
para-brisa (m)	**παρμπρίζ** (ουδ.)	[parbríz]
espelho (m) retrovisor	**εσωτερικός καθρέφτης** (αρ.)	[esoterikós kaθréftis]
lavador (m)	**ψεκαστήρας** (αρ.)	[psekastíras]
limpa-para-brisas (m)	**υαλοκαθαριστήρες** (αρ.πλ.)	[jalʲokaθaristíres]
vidro (m) lateral	**πλαϊνό τζάμι** (ουδ.)	[plʲajnó dzámi]
elevador (m) do vidro	**ηλεκτρικά παράθυρα** (ουδ.πλ.)	[ilektriká paráθira]
antena (f)	**κεραία** (θηλ.)	[keréa]
teto solar (m)	**ηλιοροφή** (θηλ.)	[iliorofí]
para-choques (m pl)	**προφυλακτήρας** (αρ.)	[profilʲaktíras]
bagageira (f)	**πορτ-μπαγκάζ** (ουδ.)	[portbagáz]
porta (f)	**πόρτα** (θηλ.)	[pórta]
maçaneta (f)	**χερούλι** (ουδ.)	[xerúli]
fechadura (f)	**κλειδαριά** (θηλ.)	[kliðariá]
matrícula (f)	**πινακίδα** (θηλ.)	[pinakíða]
silenciador (m)	**σιγαστήρας** (αρ.)	[siɣastíras]

tanque (m) de gasolina	**ντεπόζιτο** (ουδ.)	[depózito]
tubo (m) de escape	**εξάτμιση** (θηλ.)	[eksátmisi]
acelerador (m)	**γκάζι** (ουδ.)	[gázi]
pedal (m)	**πεντάλ** (ουδ.)	[pedálʲ]
pedal (m) do acelerador	**ποδομοχλός επιταχύνσεως** (αρ.)	[poðomoxlʲós epitaxínseos]
travão (m)	**φρένο** (ουδ.)	[fréno]
pedal (m) do travão	**ποδομοχλός πεδήσεως** (αρ.)	[poðomoxlʲós peðíseos]
travar (vt)	**φρενάρω**	[frenáro]
travão (m) de mão	**χειρόφρενο** (ουδ.)	[xirófreno]
embraiagem (f)	**συμπλέκτης** (αρ.)	[simbléktis]
pedal (m) da embraiagem	**ποδομοχλός συμπλέξεως** (αρ.)	[poðomoxlʲós simblékseos]
disco (m) de embraiagem	**δίσκος συμπλέκτη** (αρ.)	[ðískos simblékti]
amortecedor (m)	**αμορτισέρ** (ουδ.)	[amortisér]
roda (f)	**τροχός** (αρ.), **ρόδα** (θηλ.)	[troxós], [róða]
pneu (m) sobresselente	**ρεζέρβα** (θηλ.)	[rezérva]
tampão (m) de roda	**τάσι** (ουδ.)	[tási]
caixa (f) de mudanças	**κιβώτιο ταχυτήτων** (ουδ.)	[kivótio taxitíton]
automático	**αυτόματος**	[aftómatos]
mecânico	**μηχανικό**	[mixanikó]
alavanca (f) das mudanças	**μοχλός ταχυτήτων** (αρ.)	[moxlʲós taxitíton]
farol (m)	**προβολέας** (αρ.)	[provoléas]
faróis, luzes	**προβολείς** (αρ.πλ.)	[provolís]
médios (m pl)	**φώτα διασταυρώσεως** (ουδ.πλ.)	[fóta ðiastavróseos]
máximos (m pl)	**φώτα πορείας** (ουδ.πλ.)	[fóta porías]
luzes (f pl) de stop	**φώτα πεδήσεως** (ουδ.πλ.)	[fóta peðíseos]
mínimos (m pl)	**φώτα θέσεως** (ουδ.πλ.)	[fóta θéseos]
luzes (f pl) de emergência	**φώτα έκτακτης ανάγκης** (ουδ.πλ.)	[fóta éktaktis anángis]
faróis (m pl) antinevoeiro	**φώτα ομίχλης** (ουδ.πλ.)	[fóta omíxlis]
pisca-pisca (m)	**φλας** (ουδ.)	[flʲas]
luz (f) de marcha atrás	**φως οπισθοπορείας** (ουδ.)	[fos opisθoporías]

176. Carros. Habitáculo

interior (m) do carro	**σαλόνι** (ουδ.)	[salʲóni]
de couro, de pele	**δερμάτινος**	[ðermátinos]
de veludo	**βελουτέ**	[velʲuté]
estofos (m pl)	**ταπετσαρία** (θηλ.)	[tapetsaría]
indicador (m)	**όργανο** (ουδ.), **μετρητής** (αρ.)	[órɣano], [metritís]
painel (m) de instrumentos	**ταμπλό** (ουδ.)	[tablʲó]
velocímetro (m)	**ταχύμετρο, κοντέρ** (ουδ.)	[taxímetro], [kontér]
ponteiro (m)	**βελόνα** (θηλ.), **δείκτης** (αρ.)	[velʲóna], [ðíktis]

conta-quilómetros (m)	**οδόμετρο** (ουδ.)	[oðómetro]
sensor (m)	**ένδειξη** (θηλ.)	[énðiksi]
nível (m)	**στάθμη** (θηλ.)	[stáθmi]
luz (f) avisadora	**λυχνία, ένδειξη** (θηλ.)	[lixnía], [énðiksi]
volante (m)	**τιμόνι** (ουδ.)	[timóni]
buzina (f)	**κόρνα** (θηλ.)	[kórna]
botão (m)	**κουμπί** (ουδ.)	[kumbí]
interruptor (m)	**διακόπτης** (αρ.)	[ðiakóptis]
assento (m)	**θέση** (θηλ.)	[θési]
costas (f pl) do assento	**πλάτη** (θηλ.)	[plʲáti]
cabeceira (f)	**προσκέφαλο** (ουδ.)	[proskéfalʲo]
cinto (m) de segurança	**ζώνη ασφαλείας** (θηλ.)	[zóni asfalías]
apertar o cinto	**βάζω ζώνη**	[vázo zóni]
regulação (f)	**προσαρμογή** (θηλ.)	[prosarmoɣí]
airbag (m)	**αερόσακος** (αρ.)	[aerósakos]
ar (m) condicionado	**κλιματιστικό** (ουδ.)	[klimatistikó]
rádio (m)	**ραδιόφωνο** (ουδ.)	[raðiófono]
leitor (m) de CD	**CD πλέιερ** (ουδ.)	[sidí pléjer]
ligar (vt)	**ανοίγω**	[aníɣo]
antena (f)	**κεραία** (θηλ.)	[keréa]
porta-luvas (m)	**ντουλαπάκι** (ουδ.)	[dulʲapáki]
cinzeiro (m)	**τασάκι** (ουδ.)	[tasáki]

177. Carros. Motor

motor (m)	**κινητήρας** (αρ.)	[kinitíras]
motor (m)	**μηχανή** (θηλ.)	[mixaní]
diesel	**ντίζελ**	[dízelʲ]
a gasolina	**βενζινο-**	[venzino]
cilindrada (f)	**όγκος του κινητήρα** (αρ.)	[óngos tu kinitíra]
potência (f)	**ισχύς** (θηλ.)	[isxís]
cavalo-vapor (m)	**ιπποδύναμη** (θηλ.)	[ipoðínami]
pistão (m)	**πιστόνι** (ουδ.)	[pistóni]
cilindro (m)	**κύλινδρος** (αρ.)	[kílinðros]
válvula (f)	**βαλβίδα** (θηλ.)	[valʲvíða]
injetor (m)	**μπεκ** (ουδ.)	[bek]
gerador (m)	**γεννήτρια** (θηλ.)	[ȷenítria]
carburador (m)	**καρμπυρατέρ** (αρ.)	[karbiratér]
óleo (m) para motor	**λάδι κινητήρων** (ουδ.)	[lʲáði kinitíron]
radiador (m)	**ψυγείο** (ουδ.)	[psiȷío]
refrigerante (m)	**υγρό ψύξεως** (ουδ.)	[iɣró psíkseos]
ventilador (m)	**ανεμιστήρας** (αρ.)	[anemistíras]
bateria (f)	**συσσωρευτής** (αρ.)	[sisoreftís]
dispositivo (m) de arranque	**μίζα** (θηλ.)	[míza]
ignição (f)	**ανάφλεξη** (θηλ.)	[anáfleksi]
vela (f) de ignição	**μπουζί** (ουδ.)	[buzí]

borne (m)	**ακροδέκτης** (αρ.)	[akroðéktis]
borne (m) positivo	**θετικός πόλος** (αρ.)	[θetikós pólʲos]
borne (m) negativo	**αρνητικός πόλος** (αρ.)	[arnitikós pólʲos]
fusível (m)	**ασφάλεια** (θηλ.)	[asfália]
filtro (m) de ar	**φίλτρο αέρα** (ουδ.)	[fílʲtro aéra]
filtro (m) de óleo	**φίλτρο λαδιού** (ουδ.)	[fílʲtro lʲaðiú]
filtro (m) de combustível	**φίλτρο καυσίμου** (ουδ.)	[fílʲtro kafsímu]

178. Carros. Batidas. Reparação

acidente (m) de carro	**σύγκρουση** (θηλ.)	[síngrusi]
acidente (m) rodoviário	**ατύχημα** (ουδ.)	[atíxima]
ir contra ...	**συγκρούομαι**	[singrúome]
sofrer um acidente	**τσακίζομαι**	[tsakízome]
danos (m pl)	**ζημιά** (θηλ.)	[zimiá]
intato	**σώος**	[sóos]
avariar (vi)	**χαλάω**	[xalʲáo]
cabo (m) de reboque	**σχοινί ρυμούλκησης** (ουδ.)	[sxiní rimúlʲkisis]
furo (m)	**τρύπα** (θηλ.)	[trípa]
estar furado	**ξεφουσκώνω**	[ksefuskóno]
encher (vt)	**φουσκώνω**	[fuskóno]
pressão (f)	**πίεση** (θηλ.)	[píesi]
verificar (vt)	**ελέγχω**	[elénxo]
reparação (f)	**επισκευή** (θηλ.)	[episkeví]
oficina (f) de reparação de carros	**συνεργείο αυτοκινήτων** (ουδ.)	[sinerʝío aftokiníton]
peça (f) sobresselente	**ανταλλακτικό** (ουδ.)	[andalʲaktikó]
peça (f)	**μέρος** (ουδ.)	[méros]
parafuso (m)	**μπουλόνι** (ουδ.)	[bulʲóni]
parafuso (m)	**βίδα** (θηλ.)	[víða]
porca (f)	**περικόχλιο** (ουδ.)	[perikóxlio]
anilha (f)	**ροδέλα** (θηλ.)	[roðélʲa]
rolamento (m)	**ρουλεμάν** (ουδ.)	[rulemán]
tubo (m)	**σωλήνας** (αρ.)	[solínas]
junta (f)	**λαστιχάκι** (ουδ.)	[lʲastixáki]
fio, cabo (m)	**καλώδιο** (ουδ.)	[kalʲóðio]
macaco (m)	**γρύλος** (αρ.)	[ɣrílʲos]
chave (f) de boca	**γαλλικό κλειδί** (ουδ.)	[ɣalikó kliðí]
martelo (m)	**σφυρί** (ουδ.)	[sfirí]
bomba (f)	**τρόμπα** (θηλ.)	[trómba]
chave (f) de fendas	**κατσαβίδι** (ουδ.)	[katsavíði]
extintor (m)	**πυροσβεστήρας** (αρ.)	[pirozvestíras]
triângulo (m) de emergência	**προειδοποιητικό τρίγωνο** (ουδ.)	[proiðopoiitikó tríɣono]
parar (vi) (motor)	**σβήνω**	[zvíno]
paragem (f)	**διακοπή** (θηλ.)	[ðiakopí]

estar quebrado	**είμαι χαλασμένος**	[íme xalʲazménos]
superaquecer-se (vr)	**υπερθερμαίνομαι**	[iperθerménome]
congelar-se (vr)	**παγώνω**	[paɣóno]
rebentar (vi)	**σκάω**	[skáo]
pressão (f)	**πίεση** (θηλ.)	[píesi]
nível (m)	**επίπεδο** (ουδ.)	[epípeðo]
frouxo	**χαλαρός**	[xalʲarós]
mossa (f)	**βαθούλωμα** (ουδ.)	[vaθúlʲoma]
ruído (m)	**χτύπημα** (ουδ.)	[xtípima]
fissura (f)	**ράγισμα** (ουδ.)	[rájizma]
arranhão (m)	**γρατζουνιά** (θηλ.)	[ɣradzuniá]

179. Carros. Estrada

estrada (f)	**δρόμος** (αρ.)	[ðrómos]
autoestrada (f)	**αυτοκινητόδρομος** (αρ.)	[aftokinitóðromos]
rodovia (f)	**αυτοκινητόδρομος** (αρ.)	[aftokinitóðromos]
direção (f)	**κατεύθυνση** (θηλ.)	[katéfθinsi]
distância (f)	**απόσταση** (θηλ.)	[apóstasi]
ponte (f)	**γέφυρα** (θηλ.)	[jéfira]
parque (m) de estacionamento	**πάρκινγκ** (ουδ.)	[párking]
praça (f)	**πλατεία** (θηλ.)	[plʲatía]
nó (m) rodoviário	**κυκλοφοριακός κόμβος** (αρ.)	[kiklʲoforiakós kómvos]
túnel (m)	**σήραγγα** (θηλ.)	[síranga]
posto (m) de gasolina	**βενζινάδικο** (ουδ.)	[venzináðiko]
parque (m) de estacionamento	**πάρκινγκ** (ουδ.)	[párking]
bomba (f) de gasolina	**αντλία καυσίμων** (θηλ.)	[andlía kafsímon]
oficina (f) de reparação de carros	**συνεργείο αυτοκινήτων** (ουδ.)	[sinerjío aftokiníton]
abastecer (vt)	**βάζω βενζίνη**	[vázo venzíni]
combustível (m)	**καύσιμο** (ουδ.)	[káfsimo]
bidão (m) de gasolina	**κάνιστρο** (ουδ.)	[kánistro]
asfalto (m)	**άσφαλτος** (θηλ.)	[ásfalʲtos]
marcação (f) de estradas	**σήμανση** (θηλ.)	[símansi]
lancil (m)	**κράσπεδο** (ουδ.)	[kráspeðo]
proteção (f) guard-rail	**στηθαίο** (ουδ.)	[stiθéo]
valeta (f)	**τάφρος** (θηλ.)	[táfros]
berma (f) da estrada	**έρεισμα** (ουδ.)	[érizma]
poste (m) de luz	**φανοστάτης** (αρ.)	[fanostátis]
conduzir, guiar (vt)	**οδηγώ**	[oðiɣó]
virar (ex. ~ à direita)	**στρίβω**	[strívo]
dar retorno	**κάνω αναστροφή**	[káno anastrofí]
marcha-atrás (f)	**όπισθεν** (θηλ.)	[ópisθen]
buzinar (vi)	**κορνάρω**	[kornáro]
buzina (f)	**κόρνα** (θηλ.)	[kórna]
atolar-se (vr)	**κολλάω**	[kolʲáo]
desligar (vt)	**σβήνω**	[zvíno]

velocidade (f)	**ταχύτητα** (θηλ.)	[taxítita]
exceder a velocidade	**υπερβαίνω το όριο ταχύτητας**	[ipervéno to ório taxítitas]
multar (vt)	**επιβάλλω πρόστιμο**	[epiváľo próstimo]
semáforo (m)	**φανάρι** (ουδ.)	[fanári]
carta (f) de condução	**δίπλωμα οδήγησης** (ουδ.)	[ðípľoma oðíjisis]
passagem (f) de nível	**ισόπεδη διάβαση** (θηλ.)	[isópeði ðiávasi]
cruzamento (m)	**διασταύρωση** (θηλ.)	[ðiastávrosi]
passadeira (f)	**διάβαση πεζών** (θηλ.)	[ðiávasi pezón]
curva (f)	**στροφή** (θηλ.)	[strofí]
zona (f) pedonal	**πεζόδρομος** (αρ.)	[pezóðromos]

180. Sinais de trânsito

código (m) da estrada	**κώδικας οδικής κυκλοφορίας** (αρ.)	[kóðikas oðikís kikľoforías]
sinal (m) de trânsito	**πινακίδα** (θηλ.)	[pinakíða]
ultrapassagem (f)	**προσπέρασμα** (ουδ.)	[prospérazma]
curva (f)	**στροφή** (θηλ.)	[strofí]
inversão (f) de marcha	**αναστροφή** (θηλ.)	[anastrofí]
rotunda (f)	**Κυκλική υποχρεωτική διαδρομή**	[kiklikí ipoxreotikí ðiaðromí]
sentido proibido	**απαγορεύεται η είσοδος**	[apaɣorévete i ísoðos]
trânsito proibido	**κλειστή οδός**	[klistí oðós]
proibição de ultrapassar	**απαγορεύεται το προσπέρασμα**	[apaɣorévete to prospérazma]
estacionamento proibido	**απαγορεύεται η στάθμευση**	[apaɣorévete i stáθmefsi]
paragem proibida	**απαγορεύεται η στάση**	[apaɣorévete i stási]
curva (f) perigosa	**επικίνδυνη στροφή** (θηλ.)	[epikínðini strofí]
descida (f) perigosa	**επικίνδυνη κατωφέρεια** (θηλ.)	[epikínðini katoféria]
trânsito de sentido único	**μονόδρομος**	[monóðromos]
passadeira (f)	**διάβαση πεζών** (θηλ.)	[ðiávasi pezón]
pavimento (m) escorregadio	**ολισθηρό οδόστρωμα** (ουδ.)	[olisθiró oðóstroma]
cedência de passagem	**Υποχρεωτική παραχώρηση προτεραιότητας**	[ipoxreotikí paraxórisi protereotitas]

PESSOAS. EVENTOS

Eventos

181. Férias. Evento

festa (f)	**γιορτή** (θηλ.)	[jortí]
festa (f) nacional	**εθνική γιορτή** (θηλ.)	[eθnikí jortí]
feriado (m)	**αργία** (θηλ.)	[arjía]
festejar (vt)	**γιορτάζω**	[jortázo]
evento (festa, etc.)	**γεγονός** (ουδ.)	[jeɣonós]
evento (banquete, etc.)	**εκδήλωση** (θηλ.)	[ekðíl^josi]
banquete (m)	**συμπόσιο** (ουδ.)	[simbósio]
receção (f)	**δεξίωση** (θηλ.)	[ðeksíosi]
festim (m)	**γλέντι** (ουδ.)	[ɣléndi]
aniversário (m)	**επέτειος** (θηλ.)	[epétios]
jubileu (m)	**ιωβηλαίο** (ουδ.)	[ioviléo]
celebrar (vt)	**γιορτάζω**	[jortázo]
Ano (m) Novo	**Πρωτοχρονιά** (θηλ.)	[protoxroniá]
Feliz Ano Novo!	**Καλή Χρονιά!**	kalí xroniá!
Pai (m) Natal	**Άγιος Βασίλης** (αρ.)	[ájos vasílis]
Natal (m)	**Χριστούγεννα** (ουδ.πλ.)	[xristújena]
Feliz Natal!	**Καλά Χριστούγεννα!**	[kal^já xristújena]
árvore (f) de Natal	**Χριστουγεννιάτικο δέντρο** (ουδ.)	[xristujeniátiko ðéndro]
fogo (m) de artifício	**πυροτεχνήματα** (ουδ.πλ.)	[pirotexnímata]
boda (f)	**γάμος** (αρ.)	[ɣámos]
noivo (m)	**γαμπρός** (αρ.)	[ɣambrós]
noiva (f)	**νύφη** (θηλ.)	[nífi]
convidar (vt)	**προσκαλώ**	[proskal^jó]
convite (m)	**πρόσκληση** (θηλ.)	[prósklisi]
convidado (m)	**επισκέπτης** (αρ.)	[episképtis]
visitar (vt)	**επισκέπτομαι**	[episképtome]
receber os hóspedes	**συναντώ τους καλεσμένους**	[sinandó tus kalezménus]
presente (m)	**δώρο** (ουδ.)	[ðóro]
oferecer (vt)	**δίνω**	[ðíno]
receber presentes	**παίρνω δώρα**	[pérno ðóra]
ramo (m) de flores	**ανθοδέσμη** (θηλ.)	[anθoðézmi]
felicitações (f pl)	**συγχαρητήρια** (ουδ.πλ.)	[sinxaritíria]
felicitar (dar os parabéns)	**συγχαίρω**	[sinxéro]

cartão (m) de parabéns	**ευχετήρια κάρτα** (θηλ.)	[efxetíria kárta]
enviar um postal	**στέλνω κάρτα**	[stélʲno kárta]
receber um postal	**λαμβάνω κάρτα**	[lʲamváno kárta]
brinde (m)	**πρόποση** (θηλ.)	[próposi]
oferecer (vt)	**κερνάω**	[kernáo]
champanhe (m)	**σαμπάνια** (θηλ.)	[sambánia]
divertir-se (vr)	**διασκεδάζω**	[ðiaskeðázo]
diversão (f)	**ευθυμία** (θηλ.)	[efθimía]
alegria (f)	**χαρά** (θηλ.)	[xará]
dança (f)	**χορός** (αρ.)	[xorós]
dançar (vi)	**χορεύω**	[xorévo]
valsa (f)	**βαλς** (ουδ.)	[valʲs]
tango (m)	**τανγκό** (ουδ.)	[tangó]

182. Funerais. Enterro

cemitério (m)	**νεκροταφείο** (ουδ.)	[nekrotafío]
sepultura (f), túmulo (m)	**τάφος** (αρ.)	[táfos]
cruz (f)	**σταυρός** (αρ.)	[stavrós]
lápide (f)	**ταφόπλακα** (θηλ.)	[tafóplʲaka]
cerca (f)	**φράχτης** (αρ.)	[fráxtis]
capela (f)	**παρεκκλήσι** (ουδ.)	[pareklísi]
morte (f)	**θάνατος** (αρ.)	[θánatos]
morrer (vi)	**πεθαίνω**	[peθéno]
defunto (m)	**νεκρός** (αρ.)	[nekrós]
luto (m)	**πένθος** (ουδ.)	[pénθos]
enterrar, sepultar (vt)	**θάβω**	[θávo]
agência (f) funerária	**γραφείο τελετών** (ουδ.)	[ɣrafío teletón]
funeral (m)	**κηδεία** (θηλ.)	[kiðía]
coroa (f) de flores	**στεφάνι** (ουδ.)	[stefáni]
caixão (m)	**φέρετρο** (ουδ.)	[féretro]
carro (m) funerário	**νεκροφόρα** (θηλ.)	[nekrofóra]
mortalha (f)	**σάβανο** (ουδ.)	[sávano]
urna (f) funerária	**τεφροδόχος** (θηλ.)	[tefroðóxos]
crematório (m)	**κρεματόριο** (ουδ.)	[krematório]
obituário (m), necrologia (f)	**νεκρολογία** (θηλ.)	[nekrolʲojía]
chorar (vi)	**κλαίω**	[kléo]
soluçar (vi)	**οδύρομαι**	[oðírome]

183. Guerra. Soldados

pelotão (m)	**διμοιρία** (θηλ.)	[ðimiría]
companhia (f)	**λόχος** (αρ.)	[lʲóxos]

regimento (m)	**σύνταγμα** (ουδ.)	[síndaɣma]
exército (m)	**στρατός** (αρ.)	[stratós]
divisão (f)	**μεραρχία** (θηλ.)	[merarxía]
destacamento (m)	**απόσπασμα** (ουδ.)	[apóspazma]
hoste (f)	**στρατιά** (θηλ.)	[stratiá]
soldado (m)	**στρατιώτης** (αρ.)	[stratiótis]
oficial (m)	**αξιωματικός** (αρ.)	[aksiomatikós]
soldado (m) raso	**απλός στρατιώτης** (αρ.)	[aplʲós stratiótis]
sargento (m)	**λοχίας** (αρ.)	[lʲoxías]
tenente (m)	**υπολοχαγός** (αρ.)	[ipolʲoxaɣós]
capitão (m)	**λοχαγός** (αρ.)	[lʲoxaɣós]
major (m)	**ταγματάρχης** (αρ.)	[taɣmatárxis]
coronel (m)	**συνταγματάρχης** (αρ.)	[sindaɣmatárxis]
general (m)	**στρατηγός** (αρ.)	[stratiɣós]
marujo (m)	**ναυτικός** (αρ.)	[naftikós]
capitão (m)	**καπετάνιος** (αρ.)	[kapetánios]
contramestre (m)	**λοστρόμος** (αρ.)	[lʲostrómos]
artilheiro (m)	**πυροβολητής** (αρ.)	[pirovolitís]
soldado (m) paraquedista	**αλεξιπτωτιστής** (αρ.)	[aleksiptotís]
piloto (m)	**αεροπόρος** (αρ.)	[aeropóros]
navegador (m)	**πλοηγός** (αρ.)	[plʲoiɣós]
mecânico (m)	**μηχανικός** (αρ.)	[mixanikós]
sapador (m)	**σκαπανέας** (αρ.)	[skapanéas]
paraquedista (m)	**αλεξιπτωτιστής** (αρ.)	[aleksiptotís]
explorador (m)	**στρατιωτικός αναγνώρισης** (αρ.)	[stratiotikós anaɣnórisis]
franco-atirador (m)	**δεινός σκοπευτής** (αρ.)	[ðinós skopeftís]
patrulha (f)	**περιπολία** (θηλ.)	[peripolía]
patrulhar (vt)	**περιπολώ**	[peripolʲó]
sentinela (f)	**σκοπός** (αρ.)	[skopós]
guerreiro (m)	**πολεμιστής** (αρ.)	[polemistís]
patriota (m)	**πατριώτης** (αρ.)	[patriótis]
herói (m)	**ήρωας** (αρ.)	[íroas]
heroína (f)	**ηρωίδα** (θηλ.)	[iroíða]
traidor (m)	**προδότης** (αρ.)	[proðótis]
desertor (m)	**λιποτάκτης** (αρ.)	[lipotáktis]
desertar (vt)	**λιποτακτώ**	[lipotaktó]
mercenário (m)	**μισθοφόρος** (αρ.)	[misθofóros]
recruta (m)	**νεοσύλλεκτος** (αρ.)	[neosílektos]
voluntário (m)	**εθελοντής** (αρ.)	[eθelʲondís]
morto (m)	**νεκρός** (αρ.)	[nekrós]
ferido (m)	**τραυματίας** (αρ.)	[travmatías]
prisioneiro (m) de guerra	**αιχμάλωτος** (αρ.)	[exmálʲotos]

184. Guerra. Ações militares. Parte 1

guerra (f)	**πόλεμος** (αρ.)	[pólemos]
guerrear (vt)	**πολεμώ**	[polemó]
guerra (f) civil	**εμφύλιος πόλεμος** (αρ.)	[emfílios pólemos]
perfidamente	**ύπουλα**	[ípulʲa]
declaração (f) de guerra	**κήρυξη πολέμου** (θηλ.)	[kíriksi polému]
declarar (vt) guerra	**κηρύσσω πόλεμο**	[kiríso pólemo]
agressão (f)	**επιθετικότητα** (θηλ.)	[epiθetikótita]
atacar (vt)	**επιτίθεμαι**	[epitíθeme]
invadir (vt)	**εισβάλλω**	[isválʲo]
invasor (m)	**επιδρομέας** (αρ.)	[epiðroméas]
conquistador (m)	**κατακτητής** (αρ.)	[kataktitís]
defesa (f)	**άμυνα** (θηλ.)	[ámina]
defender (vt)	**υπερασπίζω**	[iperaspízo]
defender-se (vr)	**αμύνομαι**	[amínome]
inimigo (m)	**εχθρός** (αρ.)	[exθrós]
adversário (m)	**αντίπαλος** (αρ.)	[andípalʲos]
inimigo	**εχθρικός**	[exθrikós]
estratégia (f)	**στρατηγική** (θηλ.)	[stratiʝikí]
tática (f)	**τακτική** (θηλ.)	[taktikí]
ordem (f)	**διαταγή** (θηλ.)	[ðiataʝí]
comando (m)	**διαταγή** (θηλ.)	[ðiataʝí]
ordenar (vt)	**διατάζω**	[ðiatázo]
missão (f)	**αποστολή** (θηλ.)	[apostolí]
secreto	**μυστικός**	[mistikós]
batalha (f), combate (m)	**μάχη** (θηλ.)	[máxi]
ataque (m)	**επίθεση** (θηλ.)	[epíθesi]
assalto (m)	**επίθεση** (θηλ.)	[epíθesi]
assaltar (vt)	**επιτίθεμαι**	[epitíθeme]
assédio, sítio (m)	**πολιορκία** (θηλ.)	[poliorkía]
ofensiva (f)	**επίθεση** (θηλ.)	[epíθesi]
passar à ofensiva	**επιτίθεμαι**	[epitíθeme]
retirada (f)	**υποχώρηση** (θηλ.)	[ipoxórisi]
retirar-se (vr)	**υποχωρώ**	[ipoxoró]
cerco (m)	**περικύκλωση** (θηλ.)	[perikíklʲosi]
cercar (vt)	**περικυκλώνω**	[perikiklʲóno]
bombardeio (m)	**βομβαρδισμός** (αρ.)	[vomvarðizmós]
lançar uma bomba	**ρίχνω βόμβα**	[ríxno vómva]
bombardear (vt)	**βομβαρδίζω**	[vomvarðízo]
explosão (f)	**έκρηξη** (θηλ.)	[ékriksi]
tiro (m)	**πυροβολισμός** (αρ.)	[pirovolizmós]
disparar um tiro	**πυροβολώ**	[pirovolʲó]

tiroteio (m)	**πυροβολισμός** (αρ.)	[pirovolizmós]
apontar para ...	**στοχεύω σε ...**	[stoxévo se]
apontar (vt)	**σημαδεύω**	[simaðévo]
acertar (vt)	**πετυχαίνω**	[petixéno]
afundar (um navio)	**βυθίζω**	[viθízo]
brecha (f)	**ρήγμα** (ουδ.)	[ríɣma]
afundar-se (vr)	**βουλιάζω**	[vuliázo]
frente (m)	**μέτωπο** (ουδ.)	[métopo]
evacuação (f)	**εκκένωση** (θηλ.)	[ekénosi]
evacuar (vt)	**εκκενώνω**	[ekenóno]
arame (m) farpado	**συρματόπλεγμα** (ουδ.)	[sirmatópleɣma]
obstáculo (m) anticarro	**εμπόδιο** (ουδ.)	[embóðio]
torre (f) de vigia	**παρατηρητήριο** (ουδ.)	[paratiritírio]
hospital (m)	**στρατιωτικό νοσοκομείο** (ουδ.)	[stratiotikó nosokomío]
ferir (vt)	**τραυματίζω**	[travmatízo]
ferida (f)	**πληγή** (θηλ.)	[plijí]
ferido (m)	**τραυματίας** (αρ.)	[travmatías]
ficar ferido	**τραυματίζομαι**	[travmatízome]
grave (ferida ~)	**σοβαρός**	[sovarós]

185. Guerra. Ações militares. Parte 2

cativeiro (m)	**αιχμαλωσία** (θηλ.)	[exmalʲosía]
capturar (vt)	**αιχμαλωτίζω**	[exmalʲotízo]
estar em cativeiro	**είμαι αιχμάλωτος**	[íme exmálʲotos]
ser aprisionado	**αιχμαλωτίζομαι**	[exmalʲotízome]
campo (m) de concentração	**στρατόπεδο συγκέντρωσης** (ουδ.)	[stratópeðo singendrósis]
prisioneiro (m) de guerra	**αιχμάλωτος** (αρ.)	[exmálʲotos]
escapar (vi)	**δραπετεύω**	[ðrapetévo]
trair (vt)	**προδίδω**	[proðíðo]
traidor (m)	**προδότης** (αρ.)	[proðótis]
traição (f)	**προδοσία** (θηλ.)	[proðosía]
fuzilar, executar (vt)	**εκτελώ**	[ektelʲó]
fuzilamento (m)	**τυφεκισμός** (αρ.)	[tifekizmós]
equipamento (m)	**εξοπλισμός** (αρ.)	[eksoplizmós]
platina (f)	**επωμίδα** (θηλ.)	[epomíða]
máscara (f) antigás	**μάσκα αερίων** (θηλ.)	[máska aeríon]
rádio (m)	**πομποδέκτης** (αρ.)	[pomboðéktis]
cifra (f), código (m)	**κωδικός** (αρ.)	[koðikós]
conspiração (f)	**μυστικότητα** (θηλ.)	[mistikótita]
senha (f)	**κωδικός** (αρ.)	[koðikós]
mina (f)	**νάρκη** (θηλ.)	[nárki]
minar (vt)	**ναρκοθετώ**	[narkoθetó]

campo (m) minado	**ναρκοπέδιο** (ουδ.)	[narkopéðio]
alarme (m) aéreo	**αεροπορικός συναγερμός** (αρ.)	[aeroporikós sinaʝermós]
alarme (m)	**συναγερμός** (αρ.)	[sinaʝermós]
sinal (m)	**σήμα** (ουδ.)	[síma]
sinalizador (m)	**συνθηματική ρουκέτα** (θηλ.)	[sinθimatikí rukéta]
estado-maior (m)	**αρχηγείο** (ουδ.)	[arxiʝío]
reconhecimento (m)	**αναγνώριση** (θηλ.)	[anaɣnórisi]
situação (f)	**κατάσταση** (θηλ.)	[katástasi]
relatório (m)	**αναφορά** (θηλ.)	[anaforá]
emboscada (f)	**ενέδρα** (θηλ.)	[enéðra]
reforço (m)	**ενισχύσεις** (θηλ.πλ.)	[enisxísis]
alvo (m)	**στόχος** (αρ.)	[stóxos]
campo (m) de tiro	**πεδίο βολής** (ουδ.)	[peðío volís]
manobras (f pl)	**στρατιωτική άσκηση** (θηλ.)	[stratiotikí áskisi]
pânico (m)	**πανικός** (αρ.)	[panikós]
devastação (f)	**ερείπια** (ουδ.πλ.)	[erípia]
ruínas (f pl)	**καταστροφές** (θηλ.πλ.)	[katastrofés]
destruir (vt)	**καταστρέφω**	[katastréfo]
sobreviver (vi)	**επιβιώνω**	[epivevióno]
desarmar (vt)	**αφοπλίζω**	[afoplízo]
manusear (vt)	**μεταχειρίζομαι**	[metaxirízome]
Firmes!	**Προσοχή!**	[prosoxí]
Descansar!	**Ανάπαυση!**	[anápafsi]
façanha (f)	**άθλος** (αρ.)	[áθlʲos]
juramento (m)	**όρκος** (αρ.)	[órkos]
jurar (vi)	**ορκίζομαι**	[orkízome]
condecoração (f)	**μετάλλιο, παράσημο** (ουδ.)	[metálio], [parásimo]
condecorar (vt)	**απονέμω**	[aponémo]
medalha (f)	**μετάλλιο** (ουδ.)	[metálio]
ordem (f)	**παράσημο** (ουδ.)	[parásimo]
vitória (f)	**νίκη** (θηλ.)	[níki]
derrota (f)	**ήττα** (θηλ.)	[íta]
armistício (m)	**ανακωχή** (θηλ.)	[anakoxí]
bandeira (f)	**σημαία** (θηλ.)	[siméa]
glória (f)	**δόξα** (θηλ.)	[ðóksa]
desfile (m) militar	**παρέλαση** (θηλ.)	[parélʲasi]
marchar (vi)	**παρελαύνω**	[parelʲávno]

186. Armas

arma (f)	**όπλα** (ουδ.πλ.)	[óplʲa]
arma (f) de fogo	**πυροβόλα όπλα** (ουδ.πλ.)	[pirovólʲa óplʲa]
arma (f) branca	**αγχέμαχα όπλα** (ουδ.πλ.)	[anxémaxa óplʲa]
arma (f) química	**χημικά όπλα** (ουδ.πλ.)	[ximiká óplʲa]

nuclear	**πυρηνικός**	[pirinikós]
arma (f) nuclear	**πυρηνικά όπλα** (ουδ.πλ.)	[piriniká óplʲa]
bomba (f)	**βόμβα** (θηλ.)	[vómva]
bomba (f) atómica	**ατομική βόμβα** (θηλ.)	[atomikí vómva]
pistola (f)	**πιστόλι** (ουδ.)	[pistóli]
caçadeira (f)	**τουφέκι** (ουδ.)	[tuféki]
pistola-metralhadora (f)	**αυτόματο** (ουδ.)	[aftómato]
metralhadora (f)	**πολυβόλο** (ουδ.)	[polivólʲo]
boca (f)	**στόμιο κάννης** (ουδ.)	[stómio kánis]
cano (m)	**κάννη** (θηλ.)	[káni]
calibre (m)	**διαμέτρημα** (ουδ.)	[ðiamétrima]
gatilho (m)	**σκανδάλη** (θηλ.)	[skanðáli]
mira (f)	**στόχαστρο** (ουδ.)	[stóxastro]
carregador (m)	**γεμιστήρας** (αρ.)	[ʝemistíras]
coronha (f)	**κοντάκι** (ουδ.)	[kondáki]
granada (f) de mão	**χειροβομβίδα** (θηλ.)	[xirovomvíða]
explosivo (m)	**εκρηκτικό** (ουδ.)	[ekriktikó]
bala (f)	**σφαίρα** (θηλ.)	[sféra]
cartucho (m)	**φυσίγγι** (ουδ.)	[fisíngi]
carga (f)	**γόμωση** (θηλ.)	[ɣómosi]
munições (f pl)	**πυρομαχικά** (ουδ.πλ.)	[piromaxiká]
bombardeiro (m)	**βομβαρδιστικό αεροπλάνο** (ουδ.)	[vomvarðistikó aeroplʲáno]
avião (m) de caça	**μαχητικό αεροσκάφος** (ουδ.)	[maxitikó aeroskáfos]
helicóptero (m)	**ελικόπτερο** (ουδ.)	[elikóptero]
canhão (m) antiaéreo	**αντιαεροπορικό πυροβόλο** (ουδ.)	[andiaeroporikó pirovólʲo]
tanque (m)	**τανκ** (ουδ.)	[tank]
canhão (de um tanque)	**πυροβόλο** (ουδ.)	[pirovólʲo]
artilharia (f)	**πυροβολικό** (ουδ.)	[pirovolikó]
fazer a pontaria	**σημαδεύω**	[simaðévo]
obus (m)	**βλήμα** (ουδ.)	[vlíma]
granada (f) de morteiro	**βλήμα όλμου** (ουδ.)	[vlíma ólʲmu]
morteiro (m)	**όλμος** (αρ.), **ολμοβόλο** (ουδ.)	[ólʲmos], [olʲmovólʲo]
estilhaço (m)	**θραύσμα** (ουδ.)	[θrávzma]
submarino (m)	**υποβρύχιο** (ουδ.)	[ipovríxo]
torpedo (m)	**τορπίλη** (θηλ.)	[torpíli]
míssil (m)	**ρουκέτα** (θηλ.)	[rukéta]
carregar (uma arma)	**γεμίζω**	[ʝemízo]
atirar, disparar (vi)	**πυροβολώ**	[pirovolʲó]
apontar para ...	**στοχεύω σε ...**	[stoxévo se]
baioneta (f)	**ξιφολόγχη** (θηλ.)	[ksifolʲónxi]
espada (f)	**ξίφος** (ουδ.)	[ksífos]

sabre (m)	**σπαθί** (ουδ.)	[spaθí]
lança (f)	**δόρυ** (ουδ.)	[ðóri]
arco (m)	**τόξο** (ουδ.)	[tókso]
flecha (f)	**βέλος** (ουδ.)	[vélos]
mosquete (m)	**μουσκέτο** (ουδ.)	[muskéto]
besta (f)	**τόξο** (ουδ.)	[tókso]

187. Povos da antiguidade

primitivo	**πρωτόγονος**	[protóɣonos]
pré-histórico	**προϊστορικός**	[projstorikós]
antigo	**αρχαίος**	[arxéos]
Idade (f) da Pedra	**Λίθινη Εποχή** (θηλ.)	[líθini epoxí]
Idade (f) do Bronze	**Εποχή του Χαλκού** (θηλ.)	[epoxí tu xalʲkú]
período (m) glacial	**Εποχή των Παγετώνων** (θηλ.)	[epoxí ton paɣetónon]
tribo (f)	**φυλή** (θηλ.)	[filí]
canibal (m)	**κανίβαλος** (αρ.)	[kanívalʲos]
caçador (m)	**κυνηγός** (αρ.)	[kiniɣós]
caçar (vi)	**κυνηγώ**	[kiniɣó]
mamute (m)	**μαμούθ** (ουδ.)	[mamúθ]
caverna (f)	**σπηλιά** (θηλ.)	[spiliá]
fogo (m)	**φωτιά** (θηλ.)	[fotiá]
fogueira (f)	**φωτιά** (θηλ.)	[fotiá]
pintura (f) rupestre	**τοιχογραφία σπηλαίων** (θηλ.)	[tixoɣrafía spiléon]
ferramenta (f)	**εργαλείο** (ουδ.)	[erɣalío]
lança (f)	**ακόντιο** (ουδ.)	[akóndio]
machado (m) de pedra	**πέτρινο τσεκούρι** (ουδ.)	[pétrino tsekúri]
guerrear (vt)	**πολεμώ**	[polemó]
domesticar (vt)	**εξημερώνω**	[eksimeróno]
ídolo (m)	**είδωλο** (ουδ.)	[íðolʲo]
adorar, venerar (vt)	**λατρεύω**	[lʲatrévo]
superstição (f)	**δεισιδαιμονία** (θηλ.)	[ðisiðemonía]
evolução (f)	**εξέλιξη** (θηλ.)	[ekséliksi]
desenvolvimento (m)	**ανάπτυξη** (θηλ.)	[anáptiksi]
desaparecimento (m)	**εξαφάνιση** (θηλ.)	[eksafánisi]
adaptar-se (vr)	**προσαρμόζομαι**	[prosarmózome]
arqueologia (f)	**αρχαιολογία** (θηλ.)	[arxeolʲoʝía]
arqueólogo (m)	**αρχαιολόγος** (αρ.)	[arxeolʲóɣos]
arqueológico	**αρχαιολογικός**	[arxeolʲoʝikós]
local (m) das escavações	**χώρος ανασκαφής** (αρ.)	[xóros anaskafís]
escavações (f pl)	**ανασκαφή** (θηλ.)	[anaskafí]
achado (m)	**εύρημα** (ουδ.)	[évrima]
fragmento (m)	**τεμάχιο** (ουδ.)	[temáxio]

188. Idade média

povo (m)	**λαός** (αρ.)	[lʲaós]
povos (m pl)	**λαοί** (αρ.πλ.)	[lʲaí]
tribo (f)	**φυλή** (θηλ.)	[filí]
tribos (f pl)	**φυλές** (θηλ.πλ.)	[filés]
bárbaros (m pl)	**Βάρβαροι** (αρ.πλ.)	[várvari]
gauleses (m pl)	**Γάλλοι** (αρ.πλ.)	[ɣáli]
godos (m pl)	**Γότθοι** (αρ.πλ.)	[ɣótθi]
eslavos (m pl)	**Σλάβοι** (αρ.πλ.)	[slʲávi]
víquingues (m pl)	**Βίκινγκς** (αρ.πλ.)	[víkings]
romanos (m pl)	**Ρωμαίοι** (αρ.πλ.)	[roméi]
romano	**ρωμαϊκός**	[romaikós]
bizantinos (m pl)	**Βυζαντινοί** (αρ.πλ.)	[vizandiní]
Bizâncio	**Βυζάντιο** (ουδ.)	[vizándio]
bizantino	**βυζαντινός**	[vizandinós]
imperador (m)	**αυτοκράτορας** (αρ.)	[aftokrátoras]
líder (m)	**αρχηγός** (αρ.)	[arxiɣós]
poderoso	**ισχυρός**	[isxirós]
rei (m)	**βασιλιάς** (αρ.)	[vasiliás]
governante (m)	**ηγεμόνας** (αρ.)	[ijemónas]
cavaleiro (m)	**ιππότης** (αρ.)	[ipótis]
senhor feudal (m)	**φεουδάρχης** (αρ.)	[feuðárxis]
feudal	**φεουδαρχικός**	[feuðarxikós]
vassalo (m)	**υποτελής, βασάλος** (αρ.)	[ipotelís], [vasálʲos]
duque (m)	**δούκας** (αρ.)	[ðúkas]
conde (m)	**κόμης** (αρ.)	[kómis]
barão (m)	**βαρόνος** (αρ.)	[varónos]
bispo (m)	**επίσκοπος** (αρ.)	[epískopos]
armadura (f)	**πανοπλία** (θηλ.)	[panoplía]
escudo (m)	**ασπίδα** (θηλ.)	[aspíða]
espada (f)	**σπαθί** (ουδ.)	[spaθí]
cota (f) de malha	**αλυσιδωτή πανοπλία** (θηλ.)	[alisiðotí panoplía]
cruzada (f)	**σταυροφορία** (θηλ.)	[stavroforía]
cruzado (m)	**σταυροφόρος** (αρ.)	[stavrofóros]
território (m)	**έδαφος** (ουδ.)	[éðafos]
atacar (vt)	**επιτίθεμαι**	[epitíθeme]
conquistar (vt)	**κατακτώ**	[katakt ó]
ocupar, invadir (vt)	**καταλαμβάνω**	[katalʲamváno]
assédio, sítio (m)	**πολιορκία** (θηλ.)	[poliorkía]
sitiado	**πολιορκημένος**	[poliorkiménos]
assediar, sitiar (vt)	**πολιορκώ**	[poliorkó]
inquisição (f)	**Ιερά Εξέταση** (θηλ.)	[ierá eksétasi]
inquisidor (m)	**ιεροεξεταστής** (αρ.)	[ieroeksetastís]

tortura (f)	**βασανιστήριο** (ουδ.)	[vasanistírio]
cruel	**βάναυσος**	[vánafsos]
herege (m)	**αιρετικός** (αρ.)	[eretikós]
heresia (f)	**αίρεση** (θηλ.)	[éresi]
navegação (f) marítima	**ναυτιλία** (θηλ.)	[naftilía]
pirata (m)	**πειρατής** (αρ.)	[piratís]
pirataria (f)	**πειρατεία** (θηλ.)	[piratía]
abordagem (f)	**ρεσάλτο** (ουδ.)	[resálʲto]
presa (f), butim (m)	**λάφυρο** (ουδ.)	[lʲáfiro]
tesouros (m pl)	**θησαυροί** (αρ.πλ.)	[θisavrí]
descobrimento (m)	**ανακάλυψη** (θηλ.)	[anakálipsi]
descobrir (novas terras)	**ανακαλύπτω**	[anakalípto]
expedição (f)	**αποστολή** (θηλ.)	[apostolí]
mosqueteiro (m)	**μουσκετοφόρος** (αρ.)	[musketofóros]
cardeal (m)	**καρδινάλιος** (αρ.)	[karðinálios]
heráldica (f)	**εραλδική** (θηλ.)	[eralʲðikí]
heráldico	**εραλδικός**	[eralʲðikós]

189. Líder. Chefe. Autoridades

rei (m)	**βασιλιάς** (αρ.)	[vasiliás]
rainha (f)	**βασίλισσα** (θηλ.)	[vasílisa]
real	**βασιλικός**	[vasilikós]
reino (m)	**βασίλειο** (ουδ.)	[vasílio]
príncipe (m)	**πρίγκιπας** (αρ.)	[príngipas]
princesa (f)	**πριγκίπισσα** (θηλ.)	[pringípisa]
presidente (m)	**πρόεδρος** (αρ.)	[próeðros]
vice-presidente (m)	**αντιπρόεδρος** (αρ.)	[andipróeðros]
senador (m)	**γερουσιαστής** (αρ.)	[ʝerusiastís]
monarca (m)	**μονάρχης** (αρ.)	[monárxis]
governante (m)	**ηγεμόνας** (αρ.)	[iʝemónas]
ditador (m)	**δικτάτορας** (αρ.)	[ðiktátoras]
tirano (m)	**τύραννος** (αρ.)	[tíranos]
magnata (m)	**μεγιστάνας** (αρ.)	[meʝistánas]
diretor (m)	**διευθυντής** (αρ.)	[ðiefθindís]
chefe (m)	**αφεντικό** (ουδ.)	[afendikó]
dirigente (m)	**διευθυντής** (αρ.)	[ðiefθindís]
patrão (m)	**αφεντικό** (ουδ.)	[afendikó]
dono (m)	**ιδιοκτήτης** (αρ.)	[iðioktítis]
líder, chefe (m)	**αρχηγός** (αρ.)	[arxiɣós]
chefe (~ de delegação)	**επικεφαλής** (αρ.)	[epikefalís]
autoridades (f pl)	**αρχές** (θηλ.πλ.)	[arxés]
superiores (m pl)	**προϊστάμενοι** (πλ.)	[projstámeni]
governador (m)	**κυβερνήτης** (αρ.)	[kivernítis]
cônsul (m)	**πρόξενος** (αρ.)	[próksenos]

diplomata (m)	**διπλωμάτης** (αρ.)	[ðipl'omátis]
Presidente (m) da Câmara	**δήμαρχος** (αρ.)	[ðímarxos]
xerife (m)	**σερίφης** (αρ.)	[serífis]
imperador (m)	**αυτοκράτορας** (αρ.)	[aftokrátoras]
czar (m)	**τσάρος** (αρ.)	[tsáros]
faraó (m)	**Φαραώ** (αρ.)	[faraó]
cã (m)	**χαν, χάνος** (αρ.)	[xan], [xános]

190. Estrada. Caminho. Direções

estrada (f)	**δρόμος** (αρ.)	[ðrómos]
caminho (m)	**κατεύθυνση** (θηλ.)	[katéfθinsi]
rodovia (f)	**αυτοκινητόδρομος** (αρ.)	[aftokinitóðromos]
autoestrada (f)	**αυτοκινητόδρομος** (αρ.)	[aftokinitóðromos]
estrada (f) nacional	**διαπολιτειακός αυτοκινητόδρομος** (αρ.)	[ðiapolitiakós aftokinitóðromos]
estrada (f) principal	**κύριος δρόμος** (αρ.)	[kírios ðrómos]
caminho (m) de terra batida	**χωματόδρομος** (αρ.)	[xomatóðromos]
trilha (f)	**μονοπάτι** (ουδ.)	[monopáti]
vereda (f)	**μονοπάτι** (ουδ.)	[monopáti]
Onde?	**Πού;**	[pú]
Para onde?	**Πού;**	[pú]
De onde?	**Από πού;**	[apó pú]
direção (f)	**κατεύθυνση** (θηλ.)	[katéfθinsi]
indicar (orientar)	**δείχνω**	[ðíxno]
para esquerda	**αριστερά**	[aristerá]
para direita	**δεξιά**	[ðeksiá]
em frente	**ευθεία**	[efθía]
para trás	**πίσω**	[píso]
curva (f)	**στροφή** (θηλ.)	[strofí]
virar (ex. ~ à direita)	**στρίβω**	[strívo]
dar retorno	**κάνω αναστροφή**	[káno anastrofí]
estar visível	**φαίνομαι**	[fénome]
aparecer (vi)	**εμφανίζομαι**	[emfanízome]
paragem (pausa)	**στάση** (θηλ.)	[stási]
descansar (vi)	**ξεκουράζομαι**	[ksekurázome]
descanso (m)	**ξεκούραση** (θηλ.)	[ksekúrasi]
perder-se (vr)	**χάνομαι**	[xánome]
conduzir (caminho)	**οδηγώ σε ...**	[oðiγó se]
chegar a ...	**βγαίνω σε ...**	[vjéno se]
trecho (m)	**μέρος του δρόμου** (αρ.)	[méros tu ðrómu]
asfalto (m)	**άσφαλτος** (θηλ.)	[ásfal'tos]
lancil (m)	**κράσπεδο** (ουδ.)	[kráspeðo]

valeta (f)	**χαντάκι** (ουδ.)	[xandáki]
tampa (f) de esgoto	**φρεάτιο** (ουδ.)	[freátio]
berma (f) da estrada	**έρεισμα** (ουδ.)	[érizma]
buraco (m)	**λακκούβα** (θηλ.)	[lʲakúva]
ir (a pé)	**πηγαίνω**	[pijéno]
ultrapassar (vt)	**προσπερνώ**	[prospernó]
passo (m)	**βήμα** (ουδ.)	[víma]
a pé	**με τα πόδια**	[me ta póðia]
bloquear (vt)	**κλείνω**	[klíno]
cancela (f)	**μπάρα** (θηλ.)	[bára]
beco (m) sem saída	**αδιέξοδο** (ουδ.)	[aðiéksoðo]

191. Viloação da lei. Criminosos. Parte 1

bandido (m)	**συμμορίτης** (αρ.)	[simorítis]
crime (m)	**έγκλημα** (ουδ.)	[énglima]
criminoso (m)	**εγκληματίας** (αρ.)	[englimatías]
ladrão (m)	**κλέφτης** (αρ.)	[kléftis]
roubar (vt)	**κλέβω**	[klévo]
furto (m)	**κλοπή** (θηλ.)	[klʲopí]
furto (m)	**κλοπή** (θηλ.)	[klʲopí]
raptar (ex. ~ uma criança)	**απάγω**	[apáɣo]
rapto (m)	**απαγωγή** (θηλ.)	[apaɣojí]
raptor (m)	**απαγωγέας** (αρ.)	[apaɣojéas]
resgate (m)	**λύτρα** (ουδ.πλ.)	[lítra]
pedir resgate	**ζητώ λύτρα**	[zitó lítra]
roubar (vt)	**ληστεύω**	[listévo]
assalto, roubo (m)	**ληστεία** (θηλ.)	[listía]
assaltante (m)	**ληστής** (αρ.)	[listís]
extorquir (vt)	**αποσπώ εκβιαστικά**	[apospó ekviastiká]
extorsionário (m)	**εκβιαστής** (αρ.)	[ekviastís]
extorsão (f)	**εκβιασμός** (αρ.)	[ekviazmós]
matar, assassinar (vt)	**σκοτώνω**	[skotóno]
homicídio (m)	**φόνος** (αρ.)	[fónos]
homicida, assassino (m)	**δολοφόνος** (αρ.)	[ðolʲofónos]
tiro (m)	**πυροβολισμός** (αρ.)	[pirovolizmós]
dar um tiro	**πυροβολώ**	[pirovolʲó]
matar a tiro	**σκοτώνω με πυροβόλο όπλο**	[skotóno mepirovólʲo oplʲo]
atirar, disparar (vi)	**πυροβολώ**	[pirovolʲó]
tiroteio (m)	**πυροβολισμός** (αρ.)	[pirovolizmós]
incidente (m)	**επεισόδιο** (ουδ.)	[episóðio]
briga (~ de rua)	**καυγάς** (αρ.)	[kavɣás]

vítima (f)	**θύμα** (ουδ.)	[θíma]
danificar (vt)	**καταστρέφω**	[katastréfo]
dano (m)	**ζημιά** (θηλ.)	[zimiá]
cadáver (m)	**πτώμα** (ουδ.)	[ptóma]
grave	**σοβαρός**	[sovarós]
atacar (vt)	**επιτίθεμαι**	[epitíθeme]
bater (espancar)	**χτυπάω**	[xtipáo]
espancar (vt)	**δέρνω**	[ðérno]
tirar, roubar (dinheiro)	**κλέβω**	[klévo]
esfaquear (vt)	**μαχαιρώνω**	[maxeróno]
mutilar (vt)	**παραμορφώνω**	[paramorfóno]
ferir (vt)	**τραυματίζω**	[travmatízo]
chantagem (f)	**εκβιασμός** (αρ.)	[ekviazmós]
chantagear (vt)	**εκβιάζω**	[ekviázo]
chantagista (m)	**εκβιαστής** (αρ.)	[ekviastís]
extorsão (em troca de proteção)	**προστασία έναντι χρημάτων** (θηλ.)	[prostasía énandi xrimáton]
extorsionário (m)	**απατεώνας** (αρ.)	[apateónas]
gângster (m)	**γκάνγκστερ** (αρ.)	[gángster]
máfia (f)	**μαφία** (θηλ.)	[mafía]
carteirista (m)	**πορτοφολάς** (αρ.)	[portofolʲás]
assaltante, ladrão (m)	**διαρρήκτης** (αρ.)	[ðiaríktis]
contrabando (m)	**λαθρεμπόριο** (ουδ.)	[lʲaθrembório]
contrabandista (m)	**λαθρέμπορος** (αρ.)	[lʲaθrémboros]
falsificação (f)	**πλαστογραφία** (θηλ.)	[plʲastoɣrafía]
falsificar (vt)	**πλαστογραφώ**	[plʲastoɣrafó]
falsificado	**πλαστός**	[plʲastós]

192. Viloação da lei. Criminosos. Parte 2

violação (f)	**βιασμός** (αρ.)	[viazmós]
violar (vt)	**βιάζω**	[viázo]
violador (m)	**βιαστής** (αρ.)	[viastís]
maníaco (m)	**μανιακός** (αρ.)	[maniakós]
prostituta (f)	**πόρνη** (θηλ.)	[pórni]
prostituição (f)	**πορνεία** (θηλ.)	[pornía]
chulo (m)	**νταβατζής** (αρ.)	[davadzís]
toxicodependente (m)	**ναρκομανής** (αρ.)	[narkomanís]
traficante (m)	**έμπορος ναρκωτικών** (αρ.)	[émboros narkotikón]
explodir (vt)	**ανατινάζω**	[anatinázo]
explosão (f)	**έκρηξη** (θηλ.)	[ékriksi]
incendiar (vt)	**πυρπολώ**	[pirpolʲó]
incendiário (m)	**εμπρηστής** (αρ.)	[embristís]
terrorismo (m)	**τρομοκρατία** (θηλ.)	[tromokratía]
terrorista (m)	**τρομοκράτης** (αρ.)	[tromokrátis]

refém (m)	**όμηρος** (αρ.)	[ómiros]
enganar (vt)	**εξαπατώ**	[eksapató]
engano (m)	**εξαπάτηση** (θηλ.)	[eksapátisi]
vigarista (m)	**απατεώνας** (αρ.)	[apateónas]
subornar (vt)	**δωροδοκώ**	[ðoroðokó]
suborno (atividade)	**δωροδοκία** (θηλ.)	[ðoroðokía]
suborno (dinheiro)	**δωροδοκία** (θηλ.)	[ðoroðokía]
veneno (m)	**δηλητήριο** (ουδ.)	[ðilitírio]
envenenar (vt)	**δηλητηριάζω**	[ðilitiriázo]
envenenar-se (vr)	**δηλητηριάζομαι**	[ðilitiriázome]
suicídio (m)	**αυτοκτονία** (θηλ.)	[aftoktonía]
suicida (m)	**αυτόχειρας** (αρ.)	[aftóxiras]
ameaçar (vt)	**απειλώ**	[apilʲó]
ameaça (f)	**απειλή** (θηλ.)	[apilí]
atentar contra a vida de ...	**αποπειρώμαι**	[apopiróme]
atentado (m)	**απόπειρα δολοφονίας** (θηλ.)	[apópira ðolʲofonías]
roubar (o carro)	**κλέβω**	[klévo]
desviar (o avião)	**κάνω αεροπειρατεία**	[káno aeropiratía]
vingança (f)	**εκδίκηση** (θηλ.)	[ekðíkisi]
vingar (vt)	**εκδικούμαι**	[ekðikúme]
torturar (vt)	**βασανίζω**	[vasanízo]
tortura (f)	**βασανιστήριο** (ουδ.)	[vasanistírio]
atormentar (vt)	**βασανίζω**	[vasanízo]
pirata (m)	**πειρατής** (αρ.)	[piratís]
desordeiro (m)	**χούλιγκαν** (αρ.)	[xúligan]
armado	**οπλισμένος**	[oplizménos]
violência (f)	**βία, βιαιότητα** (θηλ.)	[vía], [vieótita]
espionagem (f)	**κατασκοπεία** (θηλ.)	[kataskopía]
espionar (vi)	**κατασκοπεύω**	[kataskopévo]

193. Polícia. Lei. Parte 1

justiça (f)	**δικαιοσύνη** (θηλ.)	[ðikeosíni]
tribunal (m)	**δικαστήριο** (ουδ.)	[ðikastírio]
juiz (m)	**δικαστής** (αρ.)	[ðikastís]
jurados (m pl)	**ένορκοι** (αρ.πλ.)	[énorki]
tribunal (m) do júri	**ορκωτό δικαστήριο** (ουδ.)	[orkotó ðikastírio]
julgar (vt)	**δικάζω**	[ðikázo]
advogado (m)	**δικηγόρος** (αρ.)	[ðikiɣóros]
réu (m)	**κατηγορούμενος** (αρ.)	[katiɣorúmenos]
banco (m) dos réus	**εδώλιο** (ουδ.)	[eðólio]
acusação (f)	**κατηγορία** (θηλ.)	[katiɣoría]
acusado (m)	**κατηγορούμενος** (αρ.)	[katiɣorúmenos]

sentença (f)	**απόφαση** (θηλ.)	[apófasi]
sentenciar (vt)	**καταδικάζω**	[kataðikázo]
culpado (m)	**ένοχος** (αρ.)	[énoxos]
punir (vt)	**τιμωρώ**	[timoró]
punição (f)	**τιμωρία** (θηλ.)	[timoría]
multa (f)	**πρόστιμο** (ουδ.)	[próstimo]
prisão (f) perpétua	**ισόβια** (ουδ.πλ.)	[isóvia]
pena (f) de morte	**θανατική ποινή** (θηλ.)	[θanatikí piní]
cadeira (f) elétrica	**ηλεκτρική καρέκλα** (θηλ.)	[ilektrikí karékl^ja]
forca (f)	**αγχόνη** (θηλ.)	[anxóni]
executar (vt)	**εκτελώ**	[ektel^jó]
execução (f)	**εκτέλεση** (θηλ.)	[ektélesi]
prisão (f)	**φυλακή** (θηλ.)	[fil^jakí]
cela (f) de prisão	**κελί** (ουδ.)	[kelí]
escolta (f)	**συνοδεία** (θηλ.)	[sinoðía]
guarda (m) prisional	**δεσμοφύλακας** (αρ.)	[ðezmofíl^jakas]
preso (m)	**φυλακισμένος** (αρ.)	[fil^jakizménos]
algemas (f pl)	**χειροπέδες** (θηλ.πλ.)	[xiropéðes]
algemar (vt)	**περνάω χειροπέδες**	[pernáo xiropéðes]
fuga, evasão (f)	**απόδραση** (θηλ.)	[apóðrasi]
fugir (vi)	**δραπετεύω**	[ðrapetévo]
desaparecer (vi)	**εξαφανίζομαι**	[eksafanízome]
soltar, libertar (vt)	**απελευθερώνω**	[apelefθeróno]
amnistia (f)	**αμνηστία** (θηλ.)	[amnistía]
polícia (instituição)	**αστυνομία** (θηλ.)	[astinomía]
polícia (m)	**αστυνομικός** (αρ.)	[astinomikós]
esquadra (f) de polícia	**αστυνομικό τμήμα** (ουδ.)	[astinomikó tmíma]
cassetete (m)	**ρόπαλο** (ουδ.)	[rópal^jo]
megafone (m)	**μεγάφωνο** (ουδ.)	[meɣáfono]
carro (m) de patrulha	**περιπολικό** (ουδ.)	[peripolikó]
sirene (f)	**σειρήνα** (θηλ.)	[sirína]
ligar a sirene	**ανοίγω τη σειρήνα**	[aníɣo ti sirína]
toque (m) da sirene	**βοή της σειρήνας** (θηλ.)	[voí tis sirínas]
cena (f) do crime	**τόπος εγκλήματος** (αρ.)	[tópos englímatos]
testemunha (f)	**μάρτυρας** (αρ.)	[mártiras]
liberdade (f)	**ελευθερία** (θηλ.)	[elefθería]
cúmplice (m)	**συνεργός** (αρ.)	[sinerɣós]
escapar (vi)	**δραπετεύω**	[ðrapetévo]
traço (não deixar ~s)	**ίχνος** (ουδ.)	[íxnos]

194. Polícia. Lei. Parte 2

procura (f)	**έρευνα** (θηλ.)	[érevna]
procurar (vt)	**αναζητώ**	[anazitó]

suspeita (f)	**υποψία** (θηλ.)	[ipopsía]
suspeito	**ύποπτος**	[ípoptos]
parar (vt)	**σταματώ**	[stamató]
deter (vt)	**προφυλακίζω**	[profilʲakízo]
caso (criminal)	**υπόθεση** (θηλ.)	[ipóθesi]
investigação (f)	**έρευνα** (θηλ.)	[érevna]
detetive (m)	**ντετέκτιβ** (αρ.)	[detéktiv]
investigador (m)	**αστυνομικός ερευνητής** (αρ.)	[astinomikós erevnitís]
versão (f)	**εκδοχή** (θηλ.)	[ekðoxí]
motivo (m)	**κίνητρο** (ουδ.)	[kínitro]
interrogatório (m)	**ανάκριση** (θηλ.)	[anákrisi]
interrogar (vt)	**ανακρίνω**	[anakríno]
questionar (vt)	**ανακρίνω**	[anakríno]
verificação (f)	**έλεγχος** (αρ.)	[élenxos]
batida (f) policial	**έφοδος** (θηλ.)	[éfoðos]
busca (f)	**έρευνα** (θηλ.)	[érevna]
perseguição (f)	**καταδίωξη** (θηλ.)	[kataðíoksi]
perseguir (vt)	**καταδιώκω**	[kataðióko]
seguir (vt)	**κυνηγώ**	[kiniɣó]
prisão (f)	**σύλληψη** (θηλ.)	[sílipsi]
prender (vt)	**συλλαμβάνω**	[silʲamváno]
pegar, capturar (vt)	**πιάνω**	[piáno]
captura (f)	**σύλληψη** (θηλ.)	[sílipsi]
documento (m)	**έγγραφο** (ουδ.)	[éngrafo]
prova (f)	**απόδειξη** (θηλ.)	[apóðiksi]
provar (vt)	**αποδεικνύω**	[apoðiknío]
pegada (f)	**αποτύπωμα** (ουδ.)	[apotípoma]
impressões (f pl) digitais	**δακτυλικά αποτυπώματα** (ουδ.πλ.)	[ðaktiliká apotipómata]
prova (f)	**απόδειξη** (θηλ.)	[apóðiksi]
álibi (m)	**άλλοθι** (ουδ.)	[álʲoθi]
inocente	**αθώος**	[aθóos]
injustiça (f)	**αδικία** (θηλ.)	[aðikía]
injusto	**άδικος**	[áðikos]
criminal	**εγκληματικός**	[englimatikós]
confiscar (vt)	**κατάσχω**	[katásxo]
droga (f)	**ναρκωτικά** (ουδ.πλ.)	[narkotiká]
arma (f)	**όπλο** (ουδ.)	[óplʲo]
desarmar (vt)	**αφοπλίζω**	[afoplízo]
ordenar (vt)	**διατάζω**	[ðiatázo]
desaparecer (vi)	**εξαφανίζομαι**	[eksafanízome]
lei (f)	**νόμος** (αρ.)	[nómos]
legal	**νόμιμος**	[nómimos]
ilegal	**παράνομος**	[paránomos]
responsabilidade (f)	**ευθύνη** (θηλ.)	[efθíni]
responsável	**υπεύθυνος**	[ipéfθinos]

NATUREZA

A Terra. Parte 1

195. Espaço sideral

cosmos (m)	**διάστημα** (ουδ.)	[ðiástima]
cósmico	**διαστημικός**	[ðiastimikós]
espaço (m) cósmico	**απώτερο διάστημα** (ουδ.)	[apótero ðiástima]
mundo, universo (m)	**σύμπαν** (ουδ.)	[símban]
galáxia (f)	**γαλαξίας** (αρ.)	[ɣalʲaksías]
estrela (f)	**αστέρας** (αρ.)	[astéras]
constelação (f)	**αστερισμός** (αρ.)	[asterizmós]
planeta (m)	**πλανήτης** (αρ.)	[plʲanítis]
satélite (m)	**δορυφόρος** (αρ.)	[ðorifóros]
meteorito (m)	**μετεωρίτης** (αρ.)	[meteorítis]
cometa (m)	**κομήτης** (αρ.)	[komítis]
asteroide (m)	**αστεροειδής** (αρ.)	[asteroiðís]
órbita (f)	**τροχιά** (θηλ.)	[troxiá]
girar (vi)	**περιστρέφομαι**	[peristréfome]
atmosfera (f)	**ατμόσφαιρα** (θηλ.)	[atmósfera]
Sol (m)	**Ήλιος** (αρ.)	[ílios]
Sistema (m) Solar	**ηλιακό σύστημα** (ουδ.)	[iliakó sístima]
eclipse (m) solar	**έκλειψη ηλίου** (θηλ.)	[éklipsi ilíu]
Terra (f)	**Γη** (θηλ.)	[ji]
Lua (f)	**Σελήνη** (θηλ.)	[selíni]
Marte (m)	**Άρης** (αρ.)	[áris]
Vénus (f)	**Αφροδίτη** (θηλ.)	[afroðíti]
Júpiter (m)	**Δίας** (αρ.)	[ðías]
Saturno (m)	**Κρόνος** (αρ.)	[krónos]
Mercúrio (m)	**Ερμής** (αρ.)	[ermís]
Urano (m)	**Ουρανός** (αρ.)	[uranós]
Neptuno (m)	**Ποσειδώνας** (αρ.)	[posiðónas]
Plutão (m)	**Πλούτωνας** (αρ.)	[plʲútonas]
Via Láctea (f)	**Γαλαξίας** (αρ.)	[ɣalʲaksías]
Ursa Maior (f)	**Μεγάλη Άρκτος** (θηλ.)	[meɣáli árktos]
Estrela Polar (f)	**Πολικός Αστέρας** (αρ.)	[polikós astéras]
marciano (m)	**Αρειανός** (αρ.)	[arianós]
extraterrestre (m)	**εξωγήινος** (αρ.)	[eksojíinos]

alienígena (m)	**εξωγήινος** (αρ.)	[eksojíinos]
disco (m) voador	**ιπτάμενος δίσκος** (αρ.)	[iptámenos ðískos]
nave (f) espacial	**διαστημόπλοιο** (ουδ.)	[ðiastimóplio]
estação (f) orbital	**διαστημικός σταθμός** (αρ.)	[ðiastimikós staθmós]
lançamento (m)	**εκτόξευση** (θηλ.)	[ektóksefsi]
motor (m)	**κινητήρας** (αρ.)	[kinitíras]
bocal (m)	**ακροφύσιο** (ουδ.)	[akrofísio]
combustível (m)	**καύσιμο** (ουδ.)	[káfsimo]
cabine (f)	**πιλοτήριο** (ουδ.)	[pilʲotírio]
antena (f)	**κεραία** (θηλ.)	[keréa]
vigia (f)	**φινιστρίνι** (ουδ.)	[finistríni]
bateria (f) solar	**ηλιακός συλλέκτης** (αρ.)	[iliakós siléktis]
traje (m) espacial	**στολή αστροναύτη** (θηλ.)	[stolí astronáfti]
imponderabilidade (f)	**έλλειψη βαρύτητας** (θηλ.)	[élipsi varítitas]
oxigénio (m)	**οξυγόνο** (ουδ.)	[oksiɣóno]
acoplagem (f)	**πρόσδεση** (θηλ.)	[prózðesi]
fazer uma acoplagem	**προσδένω**	[prozðéno]
observatório (m)	**αστεροσκοπείο** (ουδ.)	[asteroskopío]
telescópio (m)	**τηλεσκόπιο** (ουδ.)	[tileskópio]
observar (vt)	**παρατηρώ**	[paratiró]
explorar (vt)	**ερευνώ**	[erevnó]

196. A Terra

Terra (f)	**Γη** (θηλ.)	[ji]
globo terrestre (Terra)	**υδρόγειος** (θηλ.)	[iðrójios]
planeta (m)	**πλανήτης** (αρ.)	[plʲanítis]
atmosfera (f)	**ατμόσφαιρα** (θηλ.)	[atmósfera]
geografia (f)	**γεωγραφία** (θηλ.)	[jeoɣrafía]
natureza (f)	**φύση** (θηλ.)	[físi]
globo (mapa esférico)	**υδρόγειος** (θηλ.)	[iðrójios]
mapa (m)	**χάρτης** (αρ.)	[xártis]
atlas (m)	**άτλας** (αρ.)	[átlʲas]
Europa (f)	**Ευρώπη** (θηλ.)	[evrópi]
Ásia (f)	**Ασία** (θηλ.)	[asía]
África (f)	**Αφρική** (θηλ.)	[afrikí]
Austrália (f)	**Αυστραλία** (θηλ.)	[afstralía]
América (f)	**Αμερική** (θηλ.)	[amerikí]
América (f) do Norte	**Βόρεια Αμερική** (θηλ.)	[vória amerikí]
América (f) do Sul	**Νότια Αμερική** (θηλ.)	[nótia amerikí]
Antártida (f)	**Ανταρκτική** (θηλ.)	[andarktikí]
Ártico (m)	**Αρκτική** (θηλ.)	[arktikí]

197. Pontos cardeais

norte (m)	**βορράς** (αρ.)	[vorás]
para norte	**προς το βορρά**	[pros to vorá]
no norte	**στο βορρά**	[sto vorá]
do norte	**βόρειος**	[vórios]
sul (m)	**νότος** (αρ.)	[nótos]
para sul	**προς το νότο**	[pros to nóto]
no sul	**στο νότο**	[sto nóto]
do sul	**νότιος**	[nótios]
oeste, ocidente (m)	**δύση** (θηλ.)	[ðísi]
para oeste	**προς τη δύση**	[pros ti ðísi]
no oeste	**στη δύση**	[sti ðísi]
ocidental	**δυτικός**	[ðitikós]
leste, oriente (m)	**ανατολή** (θηλ.)	[anatolí]
para leste	**προς την ανατολή**	[pros tin anatolí]
no leste	**στην ανατολή**	[stin anatolí]
oriental	**ανατολικός**	[anatolikós]

198. Mar. Oceano

mar (m)	**θάλασσα** (θηλ.)	[θálʲasa]
oceano (m)	**ωκεανός** (αρ.)	[okeanós]
golfo (m)	**κόλπος** (αρ.)	[kólʲpos]
estreito (m)	**πορθμός** (αρ.)	[porθmós]
continente (m)	**ήπειρος** (θηλ.)	[íperos]
ilha (f)	**νησί** (ουδ.)	[nisí]
península (f)	**χερσόνησος** (θηλ.)	[xersónisos]
arquipélago (m)	**αρχιπέλαγος** (ουδ.)	[arxipélʲaɣos]
baía (f)	**κόλπος** (αρ.)	[kólʲpos]
porto (m)	**λιμάνι** (ουδ.)	[limáni]
lagoa (f)	**λιμνοθάλασσα** (θηλ.)	[limnoθálʲasa]
cabo (m)	**ακρωτήρι** (ουδ.)	[akrotíri]
atol (m)	**ατόλη** (θηλ.)	[atóli]
recife (m)	**ύφαλος** (αρ.)	[ífalʲos]
coral (m)	**κοράλλι** (ουδ.)	[koráli]
recife (m) de coral	**κοραλλιογενής ύφαλος** (αρ.)	[koralioʝenís ifalʲos]
profundo	**βαθύς**	[vaθís]
profundidade (f)	**βάθος** (ουδ.)	[váθos]
abismo (m)	**άβυσσος** (θηλ.)	[ávisos]
fossa (f) oceânica	**τάφρος** (θηλ.)	[táfros]
corrente (f)	**ρεύμα** (ουδ.)	[révma]
banhar (vt)	**περιβρέχω**	[perivréxo]
litoral (m)	**παραλία** (θηλ.)	[paralía]
costa (f)	**ακτή** (θηλ.)	[aktí]

maré (f) alta	**πλημμυρίδα** (θηλ.)	[plimiríða]
refluxo (m), maré (f) baixa	**παλίρροια** (θηλ.)	[palíria]
restinga (f)	**ρηχά** (ουδ.πλ.)	[rixá]
fundo (m)	**πάτος** (αρ.)	[pátos]
onda (f)	**κύμα** (ουδ.)	[kíma]
crista (f) da onda	**κορυφή** (θηλ.)	[korifí]
espuma (f)	**αφρός** (αρ.)	[afrós]
tempestade (f)	**καταιγίδα** (θηλ.)	[katejíða]
furacão (m)	**τυφώνας** (αρ.)	[tifónas]
tsunami (m)	**τσουνάμι** (ουδ.)	[tsunámi]
calmaria (f)	**νηνεμία** (θηλ.)	[ninemía]
calmo	**ήσυχος**	[ísixos]
polo (m)	**πόλος** (αρ.)	[pólʲos]
polar	**πολικός**	[polikós]
latitude (f)	**γεωγραφικό πλάτος** (ουδ.)	[jeoɣrafikó plʲátos]
longitude (f)	**μήκος** (ουδ.)	[míkos]
paralela (f)	**παράλληλος** (αρ.)	[parálilʲos]
equador (m)	**ισημερινός** (αρ.)	[isimerinós]
céu (m)	**ουρανός** (αρ.)	[uranós]
horizonte (m)	**ορίζοντας** (αρ.)	[orízondas]
ar (m)	**αέρας** (αρ.)	[aéras]
farol (m)	**φάρος** (αρ.)	[fáros]
mergulhar (vi)	**βουτάω**	[vutáo]
afundar-se (vr)	**βυθίζομαι**	[viθízome]
tesouros (m pl)	**θησαυροί** (αρ.πλ.)	[θisavrí]

199. Nomes de Mares e Oceanos

Oceano (m) Atlântico	**Ατλαντικός Ωκεανός** (αρ.)	[atlʲandikós okeanós]
Oceano (m) Índico	**Ινδικός Ωκεανός** (αρ.)	[inðikós okeanós]
Oceano (m) Pacífico	**Ειρηνικός Ωκεανός** (αρ.)	[irinikós okeanós]
Oceano (m) Ártico	**Αρκτικός Ωκεανός** (αρ.)	[arktikós okeanós]
Mar (m) Negro	**Μαύρη Θάλασσα** (θηλ.)	[mávri θálʲasa]
Mar (m) Vermelho	**Ερυθρά Θάλασσα** (θηλ.)	[eriθrá θálʲasa]
Mar (m) Amarelo	**Κίτρινη Θάλασσα** (θηλ.)	[kítrini θálʲasa]
Mar (m) Branco	**Λευκή Θάλασσα** (θηλ.)	[lefkí θálʲasa]
Mar (m) Cáspio	**Κασπία Θάλασσα** (θηλ.)	[kaspía θálʲasa]
Mar (m) Morto	**Νεκρά Θάλασσα** (θηλ.)	[nekrá θalʲasa]
Mar (m) Mediterrâneo	**Μεσόγειος Θάλασσα** (θηλ.)	[mesójios θálʲasa]
Mar (m) Egeu	**Αιγαίο** (ουδ.)	[ejéo]
Mar (m) Adriático	**Αδριατική** (θηλ.)	[aðriatikí]
Mar (m) Arábico	**Αραβική Θάλασσα** (θηλ.)	[aravikí θálʲasa]
Mar (m) do Japão	**Ιαπωνική Θάλασσα** (θηλ.)	[japonikí θálʲasa]
Mar (m) de Bering	**Βερίγγειος Θάλασσα** (θηλ.)	[veríngios θálʲasa]

Mar (m) da China Meridional	**Νότια Κινέζικη Θάλασσα** (θηλ.)	[nótia kinéziki θálʲasa]
Mar (m) de Coral	**Θάλασσα των Κοραλλίων** (θηλ.)	[θálʲasa tonkoralíon]
Mar (m) de Tasman	**Θάλασσα της Τασμανίας** (θηλ.)	[θálʲasa tis tazmanías]
Mar (m) do Caribe	**Καραϊβική θάλασσα** (θηλ.)	[karaivikí θálʲasa]
Mar (m) de Barents	**Θάλασσα Μπάρεντς** (θηλ.)	[θalʲasa bárents]
Mar (m) de Kara	**Θάλασσα του Κάρα** (θηλ.)	[θalʲasa tu kára]
Mar (m) do Norte	**Βόρεια Θάλασσα** (θηλ.)	[vória θálʲasa]
Mar (m) Báltico	**Βαλτική Θάλασσα** (θηλ.)	[valʲtikí θálʲasa]
Mar (m) da Noruega	**Νορβηγική Θάλασσα** (θηλ.)	[norvijikí θálʲasa]

200. Montanhas

montanha (f)	**βουνό** (ουδ.)	[vunó]
cordilheira (f)	**οροσειρά** (θηλ.)	[orosirá]
serra (f)	**κορυφογραμμή** (θηλ.)	[korifoɣramí]
cume (m)	**κορυφή** (θηλ.)	[korifí]
pico (m)	**κορυφή** (θηλ.)	[korifí]
sopé (m)	**πρόποδες** (αρ.πλ.)	[própoðes]
declive (m)	**πλαγιά** (θηλ.)	[plʲajá]
vulcão (m)	**ηφαίστειο** (ουδ.)	[iféstio]
vulcão (m) ativo	**ενεργό ηφαίστειο** (ουδ.)	[eneɣó iféstio]
vulcão (m) extinto	**σβησμένο ηφαίστειο** (ουδ.)	[svizméno iféstio]
erupção (f)	**έκρηξη** (θηλ.)	[ékriksi]
cratera (f)	**κρατήρας** (αρ.)	[kratíras]
magma (m)	**μάγμα** (ουδ.)	[máɣma]
lava (f)	**λάβα** (θηλ.)	[lʲáva]
fundido (lava ~a)	**πυρακτωμένος**	[piraktoménos]
desfiladeiro (m)	**φαράγγι** (ουδ.)	[farángi]
garganta (f)	**φαράγγι** (ουδ.)	[farángi]
fenda (f)	**ρωγμή** (θηλ.)	[roɣmí]
passo, colo (m)	**διάσελο** (ουδ.)	[ðiáselʲo]
planalto (m)	**οροπέδιο** (ουδ.)	[oropéðio]
falésia (f)	**γκρεμός** (αρ.)	[gremós]
colina (f)	**λόφος** (αρ.)	[lʲófos]
glaciar (m)	**παγετώνας** (αρ.)	[pajetónas]
queda (f) d'água	**καταρράκτης** (αρ.)	[kataráktis]
géiser (m)	**θερμοπίδακας** (αρ.)	[θermopíðakas]
lago (m)	**λίμνη** (θηλ.)	[límni]
planície (f)	**πεδιάδα** (θηλ.)	[peðiáða]
paisagem (f)	**τοπίο** (ουδ.)	[topío]
eco (m)	**ηχώ** (θηλ.)	[ixó]

alpinista (m)	**ορειβάτης** (αρ.)	[orivátis]
escalador (m)	**ορειβάτης** (αρ.)	[orivátis]
conquistar (vt)	**κατακτώ**	[kataktó]
subida, escalada (f)	**ανάβαση** (θηλ.)	[anávasi]

201. Nomes de montanhas

Alpes (m pl)	**Άλπεις** (θηλ.πλ.)	[ál^jpis]
monte Branco (m)	**Λευκό Όρος** (ουδ.)	[lefkó oros]
Pirineus (m pl)	**Πυρηναία** (ουδ.πλ.)	[pirinéa]
Cárpatos (m pl)	**Καρπάθια Όρη** (ουδ.πλ.)	[karpáθxa óri]
montes (m pl) Urais	**Ουράλια** (ουδ.πλ.)	[urália]
Cáucaso (m)	**Καύκασος** (αρ.)	[káfkasos]
Elbrus (m)	**Ελμπρούς** (ουδ.)	[el^jbrús]
Altai (m)	**όρη Αλτάι** (ουδ.πλ.)	[óri al^jtáj]
Pamir (m)	**Παμίρ** (ουδ.)	[pamír]
Himalaias (m pl)	**Ιμαλάια** (ουδ.πλ.)	[imal^jája]
monte (m) Everest	**Έβερεστ** (ουδ.)	[éverest]
Cordilheira (f) dos Andes	**Άνδεις** (θηλ.πλ.)	[ánðis]
Kilimanjaro (m)	**Κιλιμαντζάρο** (ουδ.)	[kilimandzáro]

202. Rios

rio (m)	**ποταμός** (αρ.)	[potamós]
fonte, nascente (f)	**πηγή** (θηλ.)	[piʝí]
leito (m) do rio	**κοίτη** (θηλ.)	[kíti]
bacia (f)	**λεκάνη** (θηλ.)	[lekáni]
desaguar no ...	**εκβάλλω στο ...**	[ekvál^jo sto]
afluente (m)	**παραπόταμος** (αρ.)	[parapótamos]
margem (do rio)	**ακτή** (θηλ.)	[aktí]
corrente (f)	**ρεύμα** (ουδ.)	[révma]
rio abaixo	**στη φορά του ρεύματος**	[sti forá tu révmatos]
rio acima	**κόντρα στο ρεύμα**	[kóndra sto révma]
inundação (f)	**πλημμύρα** (θηλ.)	[plimíra]
cheia (f)	**ξεχείλισμα** (ουδ.)	[ksexílizma]
transbordar (vi)	**πλημμυρίζω**	[plimirízo]
inundar (vt)	**πλημμυρίζω**	[plimirízo]
banco (m) de areia	**ρηχά** (ουδ.πλ.)	[rixá]
rápidos (m pl)	**ορμητικό ρεύμα** (ουδ.)	[ormitikó révma]
barragem (f)	**φράγμα** (ουδ.)	[fráɣma]
canal (m)	**κανάλι** (ουδ.)	[kanáli]
reservatório (m) de água	**ταμιευτήρας** (αρ.)	[tamieftíras]
eclusa (f)	**θυρόφραγμα** (ουδ.)	[θirófraɣma]
corpo (m) de água	**νερόλακκος** (αρ.)	[neról^jakos]

pântano (m)	**έλος** (ουδ.)	[él^jos]
tremedal (m)	**βάλτος** (αρ.)	[vál^jtos]
remoinho (m)	**δίνη** (θηλ.)	[ðíni]
arroio, regato (m)	**ρυάκι** (ουδ.)	[riáki]
potável	**πόσιμο**	[pósimo]
doce (água)	**γλυκό**	[ɣlikó]
gelo (m)	**πάγος** (αρ.)	[páɣos]
congelar-se (vr)	**παγώνω**	[paɣóno]

203. Nomes de rios

rio Sena (m)	**Σηκουάνας** (αρ.)	[sikuánas]
rio Loire (m)	**Λίγηρας** (αρ.)	[líʝiras]
rio Tamisa (m)	**Τάμεσης** (αρ.)	[támesis]
rio Reno (m)	**Ρήνος** (αρ.)	[rínos]
rio Danúbio (m)	**Δούναβης** (αρ.)	[ðúnavis]
rio Volga (m)	**Βόλγας** (αρ.)	[vól^jɣas]
rio Don (m)	**Ντον** (αρ.)	[don]
rio Lena (m)	**Λένας** (αρ.)	[lénas]
rio Amarelo (m)	**Κίτρινος Ποταμός** (αρ.)	[kítrinos potamós]
rio Yangtzé (m)	**Γιανγκτσέ** (αρ.)	[jangtsé]
rio Mekong (m)	**Μεκόνγκ** (αρ.)	[mekóng]
rio Ganges (m)	**Γάγγης** (αρ.)	[ɣángis]
rio Nilo (m)	**Νείλος** (αρ.)	[níl^jos]
rio Congo (m)	**Κονγκό** (αρ.)	[kongó]
rio Cubango (m)	**Οκαβάνγκο** (αρ.)	[okavángo]
rio Zambeze (m)	**Ζαμβέζης** (αρ.)	[zamvézis]
rio Limpopo (m)	**Λιμπόπο** (αρ.)	[limbópo]
rio Mississípi (m)	**Μισισιπής** (αρ.)	[misisipís]

204. Floresta

floresta (f), bosque (m)	**δάσος** (ουδ.)	[ðásos]
florestal	**του δάσους**	[tu ðásus]
mata (f) cerrada	**πυκνό δάσος** (ουδ.)	[piknó ðásos]
arvoredo (m)	**άλσος** (ουδ.)	[ál^jsos]
clareira (f)	**ξέφωτο** (ουδ.)	[kséfoto]
matagal (m)	**λόχμη** (θηλ.)	[l^jóxmi]
mato (m)	**θαμνότοπος** (αρ.)	[θamnótopos]
vereda (f)	**μονοπάτι** (ουδ.)	[monopáti]
ravina (f)	**χαράδρα** (θηλ.)	[xaráðra]
árvore (f)	**δέντρο** (ουδ.)	[ðéndro]
folha (f)	**φύλλο** (ουδ.)	[fíl^jo]

folhagem (f)	**φύλλωμα** (ουδ.)	[fíl'oma]
queda (f) das folhas	**φυλλοβολία** (θηλ.)	[fil'ovolía]
cair (vi)	**πέφτω**	[péfto]
topo (m)	**κορυφή** (θηλ.)	[korifí]
ramo (m)	**κλαδί** (ουδ.)	[klaðí]
galho (m)	**μεγάλο κλαδί** (ουδ.)	[meɣál'o kl'aðí]
botão, rebento (m)	**μπουμπούκι** (ουδ.)	[bubúki]
agulha (f)	**βελόνα** (θηλ.)	[vel'óna]
pinha (f)	**κουκουνάρι** (ουδ.)	[kukunári]
buraco (m) de árvore	**φωλιά στο δέντρο** (θηλ.)	[foliá sto ðéndro]
ninho (m)	**φωλιά** (θηλ.)	[foliá]
toca (f)	**φωλιά** (θηλ.), **λαγούμι** (ουδ.)	[foliá], [l'aɣúmi]
tronco (m)	**κορμός** (αρ.)	[kormós]
raiz (f)	**ρίζα** (θηλ.)	[ríza]
casca (f) de árvore	**φλοιός** (αρ.)	[fliós]
musgo (m)	**βρύο** (ουδ.)	[vrío]
arrancar pela raiz	**ξεριζώνω**	[kserizóno]
cortar (vt)	**κόβω**	[kóvo]
desflorestar (vt)	**αποψιλώνω**	[apopsil'óno]
toco, cepo (m)	**κομμένος κορμός** (αρ.)	[koménos kormós]
fogueira (f)	**φωτιά** (θηλ.)	[fotiá]
incêndio (m) florestal	**πυρκαγιά** (θηλ.)	[pirkajá]
apagar (vt)	**σβήνω**	[zvíno]
guarda-florestal (m)	**δασοφύλακας** (αρ.)	[ðasofíl'akas]
proteção (f)	**προστασία** (θηλ.)	[prostasía]
proteger (a natureza)	**προστατεύω**	[prostatévo]
caçador (m) furtivo	**λαθροθήρας** (αρ.)	[l'aθroθíras]
armadilha (f)	**δόκανο** (ουδ.)	[ðókano]
colher (cogumelos, bagas)	**μαζεύω**	[mazévo]
perder-se (vr)	**χάνομαι**	[xánome]

205. Recursos naturais

recursos (m pl) naturais	**φυσικοί πόροι** (αρ.πλ.)	[fisikí póri]
minerais (m pl)	**ορυκτά** (ουδ.πλ.)	[oriktá]
depósitos (m pl)	**κοιτάσματα** (ουδ.πλ.)	[kitázmata]
jazida (f)	**κοίτασμα** (ουδ.)	[kítazma]
extrair (vt)	**εξορύσσω**	[eksoríso]
extração (f)	**εξόρυξη** (θηλ.)	[eksóriksi]
minério (m)	**μετάλλευμα** (ουδ.)	[metálevma]
mina (f)	**μεταλλείο, ορυχείο** (ουδ.)	[metalío], [orixío]
poço (m) de mina	**φρεάτιο ορυχείου** (ουδ.)	[freátio orixíu]
mineiro (m)	**ανθρακωρύχος** (αρ.)	[anθrakoríxos]
gás (m)	**αέριο** (ουδ.)	[aério]
gasoduto (m)	**αγωγός αερίου** (αρ.)	[aɣoɣós aeríu]

petróleo (m)	**πετρέλαιο** (ουδ.)	[petréleo]
oleoduto (m)	**πετρελαιαγωγός** (αρ.)	[petreleaɣoɣós]
poço (m) de petróleo	**πετρελαιοπηγή** (θηλ.)	[petreleopiʝí]
torre (f) petrolífera	**πύργος διατρήσεων** (αρ.)	[pírɣos ðiatríseon]
petroleiro (m)	**τάνκερ** (ουδ.)	[tánker]
areia (f)	**άμμος** (θηλ.)	[ámos]
calcário (m)	**ασβεστόλιθος** (αρ.)	[asvestóliθos]
cascalho (m)	**χαλίκι** (ουδ.)	[xalíki]
turfa (f)	**τύρφη** (θηλ.)	[tírfi]
argila (f)	**πηλός** (αρ.)	[pilʲós]
carvão (m)	**γαιάνθρακας** (αρ.)	[ɣeánθrakas]
ferro (m)	**σιδηρομετάλλευμα** (ουδ.)	[siðirometálevma]
ouro (m)	**χρυσάφι** (ουδ.)	[xrisáfi]
prata (f)	**ασήμι** (ουδ.)	[asími]
níquel (m)	**νικέλιο** (ουδ.)	[nikélio]
cobre (m)	**χαλκός** (αρ.)	[xalʲkós]
zinco (m)	**ψευδάργυρος** (αρ.)	[psevðárʝiros]
manganês (m)	**μαγγάνιο** (ουδ.)	[mangánio]
mercúrio (m)	**υδράργυρος** (αρ.)	[iðrárʝiros]
chumbo (m)	**μόλυβδος** (αρ.)	[mólivðos]
mineral (m)	**ορυκτό** (ουδ.)	[oriktó]
cristal (m)	**κρύσταλλος** (αρ.)	[krístalʲos]
mármore (m)	**μάρμαρο** (ουδ.)	[mármaro]
urânio (m)	**ουράνιο** (ουδ.)	[uránio]

A Terra. Parte 2

206. Tempo

tempo (m)	**καιρός** (αρ.)	[kerós]
previsão (f) do tempo	**πρόγνωση καιρού** (θηλ.)	[próɣnosi kerú]
temperatura (f)	**θερμοκρασία** (θηλ.)	[θermokrasía]
termómetro (m)	**θερμόμετρο** (ουδ.)	[θermómetro]
barómetro (m)	**βαρόμετρο** (ουδ.)	[varómetro]
humidade (f)	**υγρασία** (θηλ.)	[iɣrasía]
calor (m)	**ζέστη** (θηλ.)	[zésti]
cálido	**ζεστός, καυτός**	[zestós], [kaftós]
está muito calor	**κάνει ζέστη**	[káni zésti]
está calor	**κάνει ζέστη**	[káni zésti]
quente	**ζεστός**	[zestós]
está frio	**κάνει κρύο**	[káni krío]
frio	**κρύος**	[kríos]
sol (m)	**ήλιος** (αρ.)	[ílios]
brilhar (vi)	**λάμπω**	[lʲámbo]
de sol, ensolarado	**ηλιόλουστος**	[iliólʲustos]
nascer (vi)	**ανατέλλω**	[anatélʲo]
pôr-se (vr)	**δύω**	[ðío]
nuvem (f)	**σύννεφο** (ουδ.)	[sínefo]
nublado	**συννεφιασμένος**	[sinefiazménos]
nuvem (f) preta	**μαύρο σύννεφο** (ουδ.)	[mávro sínefo]
escuro, cinzento	**συννεφιασμένος**	[sinefiazménos]
chuva (f)	**βροχή** (θηλ.)	[vroxí]
está a chover	**βρέχει**	[vréxi]
chuvoso	**βροχερός**	[vroxerós]
chuviscar (vi)	**ψιχαλίζει**	[psixalízi]
chuva (f) torrencial	**δυνατή βροχή** (θηλ.)	[ðinatí vroxí]
chuvada (f)	**νεροποντή** (θηλ.)	[neropondí]
forte (chuva)	**δυνατός**	[ðinatós]
poça (f)	**λακκούβα** (θηλ.)	[lʲakúva]
molhar-se (vr)	**βρέχομαι**	[vréxome]
nevoeiro (m)	**ομίχλη** (θηλ.)	[omíxli]
de nevoeiro	**ομιχλώδης**	[omixlʲóðis]
neve (f)	**χιόνι** (ουδ.)	[xóni]
está a nevar	**χιονίζει**	[xonízi]

207. Tempo extremo. Catástrofes naturais

trovoada (f)	**καταιγίδα** (θηλ.)	[katejíða]
relâmpago (m)	**αστραπή** (θηλ.)	[astrapí]
relampejar (vi)	**αστράπτω**	[astrápto]
trovão (m)	**βροντή** (θηλ.)	[vrondí]
trovejar (vi)	**βροντάω**	[vrondáo]
está a trovejar	**βροντάει**	[vrondái]
granizo (m)	**χαλάζι** (ουδ.)	[xalʲázi]
está a cair granizo	**ρίχνει χαλάζι**	[ríxni xalʲázi]
inundar (vt)	**πλημμυρίζω**	[plimirízo]
inundação (f)	**πλημμύρα** (θηλ.)	[plimíra]
terremoto (m)	**σεισμός** (αρ.)	[sizmós]
abalo, tremor (m)	**δόνηση** (θηλ.)	[ðónisi]
epicentro (m)	**επίκεντρο** (ουδ.)	[epíkendro]
erupção (f)	**έκρηξη** (θηλ.)	[ékriksi]
lava (f)	**λάβα** (θηλ.)	[lʲáva]
turbilhão (m)	**ανεμοστρόβιλος** (αρ.)	[anemostróvilʲos]
tornado (m)	**σίφουνας** (αρ.)	[sífunas]
tufão (m)	**τυφώνας** (αρ.)	[tifónas]
furacão (m)	**τυφώνας** (αρ.)	[tifónas]
tempestade (f)	**καταιγίδα** (θηλ.)	[katejíða]
tsunami (m)	**τσουνάμι** (ουδ.)	[tsunámi]
ciclone (m)	**κυκλώνας** (αρ.)	[kiklʲónas]
mau tempo (m)	**κακοκαιρία** (θηλ.)	[kakokería]
incêndio (m)	**φωτιά, πυρκαγιά** (θηλ.)	[fotiá], [pirkajá]
catástrofe (f)	**καταστροφή** (θηλ.)	[katastrofí]
meteorito (m)	**μετεωρίτης** (αρ.)	[meteorítis]
avalanche (f)	**χιονοστιβάδα** (θηλ.)	[xonostiváða]
deslizamento (m) de neve	**χιονοστιβάδα** (θηλ.)	[xonostiváða]
nevasca (f)	**χιονοθύελλα** (θηλ.)	[xonoθíelʲa]
tempestade (f) de neve	**χιονοθύελλα** (θηλ.)	[xonoθíelʲa]

208. Ruídos. Sons

silêncio (m)	**ησυχία** (θηλ.)	[isixía]
som (m)	**ήχος** (αρ.)	[íxos]
ruído, barulho (m)	**θόρυβος** (αρ.)	[θórivos]
fazer barulho	**κάνει θόρυβο**	[káni θórivo]
ruidoso, barulhento	**θορυβώδης**	[θorivóðis]
alto (adv)	**δυνατά**	[ðinatá]
alto (adj)	**δυνατός**	[ðinatós]
constante (ruído, etc.)	**αδιάκοπος**	[aðiákopos]

grito (m)	**κραυγή** (θηλ.)	[kravjí]
gritar (vi)	**φωνάζω**	[fonázo]
sussurro (m)	**ψιθύρισμα** (ουδ.)	[psiθírizma]
sussurrar (vt)	**ψιθυρίζω**	[psiθirízo]
latido (m)	**γάβγισμα** (ουδ.)	[ɣávjizma]
latir (vi)	**γαυγίζω**	[ɣavjízo]
gemido (m)	**βογκητό** (ουδ.)	[vongitó]
gemer (vi)	**βογκώ**	[vongó]
tosse (f)	**βήχας** (αρ.)	[víxas]
tossir (vi)	**βήχω**	[víxo]
assobio (m)	**σφύριγμα** (ουδ.)	[sfíriɣma]
assobiar (vi)	**σφυρίζω**	[sfirízo]
batida (f)	**χτύπημα** (ουδ.)	[xtípima]
bater (vi)	**χτυπάω**	[xtipáo]
estalar (vi)	**τρίζω**	[trízo]
estalido (m)	**κρότος** (αρ.)	[krótos]
sirene (f)	**σειρήνα** (θηλ.)	[sirína]
apito (m)	**σφυρίχτρα** (θηλ.)	[sfiríxtra]
apitar (vi)	**σφυρίζω**	[sfirízo]
buzina (f)	**κόρνα** (θηλ.)	[kórna]
buzinar (vi)	**κορνάρω**	[kornáro]

209. Inverno

inverno (m)	**χειμώνας** (αρ.)	[ximónas]
de inverno	**χειμωνιάτικος**	[ximoniátikos]
no inverno	**το χειμώνα**	[to ximóna]
neve (f)	**χιόνι** (ουδ.)	[xóni]
está a nevar	**χιονίζει**	[xonízi]
queda (f) de neve	**χιονόπτωση** (θηλ.)	[xonóptosi]
amontoado (m) de neve	**σωρός χιονιού** (αρ.)	[sorós xoniú]
floco (m) de neve	**χιονονιφάδα** (θηλ.)	[xononifáða]
bola (f) de neve	**χιονόμπαλα** (θηλ.)	[xonóbalʲa]
boneco (m) de neve	**χιονάνθρωπος** (αρ.)	[xonánθropos]
sincelo (m)	**παγοκρύσταλλος** (αρ.)	[paɣokrístalʲos]
dezembro (m)	**Δεκέμβριος** (αρ.)	[ðekémvrios]
janeiro (m)	**Ιανουάριος** (αρ.)	[januários]
fevereiro (m)	**Φεβρουάριος** (αρ.)	[fevruários]
gelo (m)	**παγωνιά** (θηλ.)	[paɣoniá]
gelado, glacial	**παγωμένος**	[paɣoménos]
abaixo de zero	**υπό το μηδέν**	[ipó to miðén]
geada (f)	**παγετός** (αρ.)	[pajetós]
geada (f) branca	**πάχνη** (θηλ.)	[páxni]
frio (m)	**κρύο** (ουδ.)	[krío]

está frio	**κάνει κρύο**	[káni krío]
casaco (m) de peles	**γούνα** (θηλ.)	[ɣúna]
mitenes (f pl)	**γάντια χωρίς δάχτυλα** (ουδ.πλ.)	[ɣándia xoris ðáxtilʲa]
adoecer (vi)	**αρρωσταίνω**	[arosténo]
constipação (f)	**κρυολόγημα** (ουδ.)	[kriolʲój̯ima]
constipar-se (vr)	**κρυολογώ**	[kriolʲoɣó]
gelo (m)	**πάγος** (αρ.)	[páɣos]
gelo (m) na estrada	**λεπτό στρώμα πάγου** (ουδ.)	[leptó stróma páɣu]
congelar-se (vr)	**παγώνω**	[paɣóno]
bloco (m) de gelo	**παγονησίδα** (θηλ.)	[paɣonisíða]
esqui (m)	**σκι** (ουδ.)	[ski]
esquiador (m)	**σκιέρ** (αρ.)	[skiér]
esquiar (vi)	**κάνω σκι**	[káno ski]
patinar (vi)	**πατινάρω**	[patináro]

Fauna

210. Mamíferos. Predadores

predador (m)	**θηρευτής** (ουδ.)	[θireftís]
tigre (m)	**τίγρη** (θηλ.), **τίγρης** (αρ.)	[tíɣri], [tíɣris]
leão (m)	**λιοντάρι** (ουδ.)	[liondári]
lobo (m)	**λύκος** (αρ.)	[líkos]
raposa (f)	**αλεπού** (θηλ.)	[alepú]
jaguar (m)	**ιαγουάρος** (αρ.)	[jaɣuáros]
leopardo (m)	**λεοπάρδαλη** (θηλ.)	[leopárðali]
chita (f)	**γατόπαρδος** (αρ.)	[ɣatóparðos]
pantera (f)	**πάνθηρας** (αρ.)	[pánθiras]
puma (m)	**πούμα** (ουδ.)	[púma]
leopardo-das-neves (m)	**λεοπάρδαλη των χιόνων** (θηλ.)	[leopárðali ton xiónon]
lince (m)	**λύγκας** (αρ.)	[língas]
coiote (m)	**κογιότ** (ουδ.)	[kojiót]
chacal (m)	**τσακάλι** (ουδ.)	[tsakáli]
hiena (f)	**ύαινα** (θηλ.)	[íena]

211. Animais selvagens

animal (m)	**ζώο** (ουδ.)	[zóo]
besta (f)	**θηρίο** (ουδ.)	[θirío]
esquilo (m)	**σκίουρος** (αρ.)	[skíuros]
ouriço (m)	**σκαντζόχοιρος** (αρ.)	[skandzóxiros]
lebre (f)	**λαγός** (αρ.)	[lʲaɣós]
coelho (m)	**κουνέλι** (ουδ.)	[kunéli]
texugo (m)	**ασβός** (αρ.)	[azvós]
guaxinim (m)	**ρακούν** (ουδ.)	[rakún]
hamster (m)	**χάμστερ** (ουδ.)	[xámster]
marmota (f)	**μυωξός** (αρ.)	[mioksós]
toupeira (f)	**τυφλοπόντικας** (αρ.)	[tiflʲopóndikas]
rato (m)	**ποντίκι** (ουδ.)	[pondíki]
ratazana (f)	**αρουραίος** (αρ.)	[aruréos]
morcego (m)	**νυχτερίδα** (θηλ.)	[nixteríða]
arminho (m)	**ερμίνα** (θηλ.)	[ermína]
zibelina (f)	**σαμούρι** (ουδ.)	[samúri]
marta (f)	**κουνάβι** (ουδ.)	[kunávi]
doninha (f)	**νυφίτσα** (θηλ.)	[nifítsa]

vison (m)	**βιζόν** (ουδ.)	[vizón]
castor (m)	**κάστορας** (αρ.)	[kástoras]
lontra (f)	**ενυδρίδα** (θηλ.)	[eniðríða]
cavalo (m)	**άλογο** (ουδ.)	[álʲoɣo]
alce (m)	**άλκη** (θηλ.)	[álʲki]
veado (m)	**ελάφι** (ουδ.)	[elʲáfi]
camelo (m)	**καμήλα** (θηλ.)	[kamílʲa]
bisão (m)	**βίσονας** (αρ.)	[vísonas]
auroque (m)	**βόνασος** (αρ.)	[vónasos]
búfalo (m)	**βούβαλος** (αρ.)	[vúvalʲos]
zebra (f)	**ζέβρα** (θηλ.)	[zévra]
antílope (m)	**αντιλόπη** (θηλ.)	[andilʲópi]
corça (f)	**ζαρκάδι** (ουδ.)	[zarkáði]
gamo (m)	**ντάμα ντάμα** (ουδ.)	[dáma dáma]
camurça (f)	**αγριόγιδο** (ουδ.)	[aɣrióɣiðo]
javali (m)	**αγριογούρουνο** (αρ.)	[aɣrioɣúruno]
baleia (f)	**φάλαινα** (θηλ.)	[fálena]
foca (f)	**φώκια** (θηλ.)	[fókia]
morsa (f)	**θαλάσσιος ίππος** (αρ.)	[θalʲásios ípos]
urso-marinho (m)	**γουνοφόρα φώκια** (θηλ.)	[ɣunofóra fóka]
golfinho (m)	**δελφίνι** (ουδ.)	[ðelʲfíni]
urso (m)	**αρκούδα** (θηλ.)	[arkúða]
urso (m) branco	**πολική αρκούδα** (θηλ.)	[polikí arkúða]
panda (m)	**πάντα** (ουδ.)	[pánda]
macaco (em geral)	**μαϊμού** (θηλ.)	[majmú]
chimpanzé (m)	**χιμπαντζής** (ουδ.)	[xibadzís]
orangotango (m)	**ουραγκοτάγκος** (αρ.)	[urangotángos]
gorila (m)	**γορίλας** (αρ.)	[ɣorílʲas]
macaco (m)	**μακάκας** (αρ.)	[makákas]
gibão (m)	**γίββωνας** (αρ.)	[ʝívonas]
elefante (m)	**ελέφαντας** (αρ.)	[eléfandas]
rinoceronte (m)	**ρινόκερος** (αρ.)	[rinókeros]
girafa (f)	**καμηλοπάρδαλη** (θηλ.)	[kamilʲopárðali]
hipopótamo (m)	**ιπποπόταμος** (αρ.)	[ipopótamos]
canguru (m)	**καγκουρό** (ουδ.)	[kanguró]
coala (m)	**κοάλα** (ουδ.)	[koálʲa]
mangusto (m)	**μαγκούστα** (θηλ.)	[mangústa]
chinchila (m)	**τσιντσιλά** (ουδ.)	[tsintsilʲá]
doninha-fedorenta (f)	**μεφίτιδα** (θηλ.)	[mefítiða]
porco-espinho (m)	**ακανθόχοιρος** (αρ.)	[akanθóxiros]

212. Animais domésticos

gata (f)	**γάτα** (θηλ.)	[ɣáta]
gato (m) macho	**γάτος** (αρ.)	[ɣátos]

cão (m)	**σκύλος** (αρ.)	[skíl^jos]
cavalo (m)	**άλογο** (ουδ.)	[ál^joɣo]
garanhão (m)	**επιβήτορας** (αρ.)	[epivítoras]
égua (f)	**φοράδα** (θηλ.)	[foráða]
vaca (f)	**αγελάδα** (θηλ.)	[ajel^jáða]
touro (m)	**ταύρος** (αρ.)	[távros]
boi (m)	**βόδι** (ουδ.)	[vóði]
ovelha (f)	**πρόβατο** (ουδ.)	[próvato]
carneiro (m)	**κριάρι** (ουδ.)	[kriári]
cabra (f)	**κατσίκα, γίδα** (θηλ.)	[katsíka], [jíða]
bode (m)	**τράγος** (αρ.)	[tráɣos]
burro (m)	**γάιδαρος** (αρ.)	[ɣáiðaros]
mula (f)	**μουλάρι** (ουδ.)	[mul^jári]
porco (m)	**γουρούνι** (ουδ.)	[ɣurúni]
leitão (m)	**γουρουνάκι** (ουδ.)	[ɣurunáki]
coelho (m)	**κουνέλι** (ουδ.)	[kunéli]
galinha (f)	**κότα** (θηλ.)	[kóta]
galo (m)	**πετεινός, κόκορας** (αρ.)	[petinós], [kókoras]
pata (f)	**πάπια** (θηλ.)	[pápia]
pato (macho)	**αρσενική πάπια** (θηλ.)	[arsenikí pápia]
ganso (m)	**χήνα** (θηλ.)	[xína]
peru (m)	**γάλος** (αρ.)	[ɣál^jos]
perua (f)	**γαλοπούλα** (θηλ.)	[ɣal^jopúl^ja]
animais (m pl) domésticos	**κατοικίδια** (ουδ.πλ.)	[katikíðia]
domesticado	**κατοικίδιος**	[katikíðios]
domesticar (vt)	**δαμάζω**	[ðamázo]
criar (vt)	**εκτρέφω**	[ektréfo]
quinta (f)	**αγρόκτημα** (ουδ.)	[aɣróktima]
aves (f pl) domésticas	**πουλερικό** (ουδ.)	[pulerikó]
gado (m)	**βοοειδή** (ουδ.πλ.)	[vooiðí]
rebanho (m), manada (f)	**κοπάδι** (ουδ.)	[kopáði]
estábulo (m)	**στάβλος** (αρ.)	[stávl^jos]
pocilga (f)	**χοιροστάσιο** (ουδ.)	[xirostásio]
estábulo (m)	**βουστάσιο** (ουδ.)	[vustásio]
coelheira (f)	**κλουβί κουνελιού** (ουδ.)	[kl^juví kuneliú]
galinheiro (m)	**κοτέτσι** (ουδ.)	[kotétsi]

213. Cães. Raças de cães

cão (m)	**σκύλος** (αρ.)	[skíl^jos]
cão pastor (m)	**ποιμενικός** (αρ.)	[pimenikós]
caniche (m)	**κανίς** (ουδ.)	[kanís]
teckel (m)	**ντάκσχουντ** (ουδ.)	[dáksxund]
buldogue (m)	**μπουλντόγκ** (ουδ.)	[bul^jdóg]

boxer (m)	**μπόξερ** (ουδ.)	[bókser]
mastim (m)	**μαστίφ** (ουδ.)	[mastíf]
rottweiler (m)	**ροτβάιλερ** (ουδ.)	[rotvájler]
dobermann (m)	**ντόμπερμαν** (ουδ.)	[dóberman]
basset (m)	**μπάσσετ** (ουδ.)	[báset]
pastor inglês (m)	**μπομπτέιλ** (ουδ.)	[bobtéjlʲ]
dálmata (m)	**δαλματίας** (αρ.)	[ðalʲmatías]
cocker spaniel (m)	**Κόκερ Σπάνιελ** (ουδ.)	[kóker spánielʲ]
terra-nova (m)	**νέας γης** (αρ.)	[néas ʝis]
são-bernardo (m)	**Αγίου Βερνάρδου** (ουδ.)	[aʝíu vernárðu]
husky (m)	**χάσκι** (ουδ.)	[xáski]
Chow-chow (m)	**Τσόου Τσόου** (ουδ.)	[tsóu tsóu]
spitz alemão (m)	**σπιτς** (ουδ.)	[spits]
carlindogue (m)	**μοπς** (ουδ.)	[mops]

214. Sons produzidos pelos animais

latido (m)	**γάβγισμα** (ουδ.)	[ɣávʝizma]
latir (vi)	**γαυγίζω**	[ɣavʝízo]
miar (vi)	**νιαουρίζω**	[niaurízo]
ronronar (vi)	**γουργουρίζω**	[ɣurɣurízo]
mugir (vaca)	**μουγκρίζω**	[mungrízo]
bramir (touro)	**μουγκρίζω**	[mungrízo]
rosnar (vi)	**βρυχώμαι**	[vrixóme]
uivo (m)	**ουρλιαχτό** (ουδ.)	[urliaxtó]
uivar (vi)	**ουρλιάζω**	[urliázo]
ganir (vi)	**κλαίω**	[kléo]
balir (vi)	**βελάζω**	[velʲázo]
grunhir (porco)	**γρυλίζω**	[ɣrilízo]
guinchar (vi)	**τσιρίζω**	[tsirízo]
coaxar (sapo)	**κοάζω**	[koázo]
zumbir (inseto)	**βουίζω**	[vuízo]
estridular, ziziar (vi)	**τιτιβίζω**	[titivízo]

215. Animais jovens

cria (f), filhote (m)	**κουτάβι** (ουδ.)	[kutávi]
gatinho (m)	**γατάκι** (ουδ.)	[ɣatáki]
ratinho (m)	**ποντικάκι** (ουδ.)	[pondikáki]
cãozinho (m)	**κουτάβι** (ουδ.)	[kutávi]
filhote (m) de lebre	**λαγουδάκι** (ουδ.)	[lʲaɣuðáki]
coelhinho (m)	**κουνελάκι** (ουδ.)	[kunelʲáki]
lobinho (m)	**λυκόπουλο** (ουδ.)	[likópulʲo]
raposinho (m)	**αλεπουδάκι** (ουδ.)	[alepuðáki]

ursinho (m)	**αρκουδάκι** (ουδ.)	[arkuðáki]
leãozinho (m)	**λεονταράκι** (ουδ.)	[leondaráki]
filhote (m) de tigre	**τιγράκι** (ουδ.)	[tiɣráki]
filhote (m) de elefante	**ελεφαντάκι** (ουδ.)	[elefandáki]
leitão (m)	**γουρουνάκι** (ουδ.)	[ɣurunáki]
bezerro (m)	**μοσχάρι** (ουδ.)	[mosxári]
cabrito (m)	**κατσικάκι** (ουδ.)	[katsikáki]
cordeiro (m)	**αρνί** (ουδ.)	[arní]
cria (f) de veado	**ελαφάκι** (ουδ.)	[elʲafáki]
cria (f) de camelo	**καμηλάκι** (ουδ.)	[kamilʲáki]
filhote (m) de serpente	**φιδάκι** (ουδ.)	[fiðáki]
cria (f) de rã	**βατραχάκι** (ουδ.)	[vatraxáki]
cria (f) de ave	**νεοσσός** (αρ.)	[neosós]
pinto (m)	**κλωσσόπουλο** (ουδ.)	[klʲosópulʲo]
patinho (m)	**παπί, παπάκι** (ουδ.)	[papí], [papáki]

216. Pássaros

pássaro (m), ave (f)	**πουλί** (ουδ.)	[pulí]
pombo (m)	**περιστέρι** (ουδ.)	[peristéri]
pardal (m)	**σπουργίτι** (ουδ.)	[spurʝíti]
chapim-real (m)	**καλόγερος** (αρ.)	[kalʲóʝeros]
pega-rabuda (f)	**καρακάξα** (θηλ.)	[karakáksa]
corvo (m)	**κόρακας** (αρ.)	[kórakas]
gralha (f) cinzenta	**κουρούνα** (θηλ.)	[kurúna]
gralha-de-nuca-cinzenta (f)	**κάργα** (θηλ.)	[kárɣa]
gralha-calva (f)	**χαβαρόνι** (ουδ.)	[xavaróni]
pato (m)	**πάπια** (θηλ.)	[pápia]
ganso (m)	**χήνα** (θηλ.)	[xína]
faisão (m)	**φασιανός** (αρ.)	[fasianós]
águia (f)	**αετός** (αρ.)	[aetós]
açor (m)	**γεράκι** (ουδ.)	[ʝeráki]
falcão (m)	**γεράκι** (ουδ.)	[ʝeráki]
abutre (m)	**γύπας** (αρ.)	[ʝípas]
condor (m)	**κόνδορας** (αρ.)	[kónðoras]
cisne (m)	**κύκνος** (αρ.)	[kíknos]
grou (m)	**γερανός** (αρ.)	[ʝeranós]
cegonha (f)	**πελαργός** (αρ.)	[pelʲarɣós]
papagaio (m)	**παπαγάλος** (αρ.)	[papaɣálʲos]
beija-flor (m)	**κολιμπρί** (ουδ.)	[kolibrí]
pavão (m)	**παγόνι** (ουδ.)	[paɣóni]
avestruz (m)	**στρουθοκάμηλος** (αρ.)	[struθokámilʲos]
garça (f)	**τσικνιάς** (αρ.)	[tsikniás]
flamingo (m)	**φλαμίγκο** (ουδ.)	[flʲamíngo]
pelicano (m)	**πελεκάνος** (αρ.)	[pelekános]

rouxinol (m)	**αηδόνι** (ουδ.)	[aiðóni]
andorinha (f)	**χελιδόνι** (ουδ.)	[xeliðóni]
tordo-zornal (m)	**τσίχλα** (θηλ.)	[tsíxlʲa]
tordo-músico (m)	**κελαηδότσιχλα** (θηλ.)	[kelaiðótsixlʲa]
melro-preto (m)	**κοτσύφι** (ουδ.)	[kotsífi]
andorinhão (m)	**σταχτάρα** (θηλ.)	[staxtára]
cotovia (f)	**κορυδαλλός** (αρ.)	[koriðalʲós]
codorna (f)	**ορτύκι** (ουδ.)	[ortíki]
pica-pau (m)	**δρυοκολάπτης** (αρ.)	[ðriokolʲáptis]
cuco (m)	**κούκος** (αρ.)	[kúkos]
coruja (f)	**κουκουβάγια** (θηλ.)	[kukuvája]
corujão, bufo (m)	**μπούφος** (αρ.)	[búfos]
tetraz-grande (m)	**αγριόκουρκος** (αρ.)	[aɣriókurkos]
tetraz-lira (m)	**λυροπετεινός** (αρ.)	[liropetinós]
perdiz-cinzenta (f)	**πέρδικα** (θηλ.)	[pérðika]
estorninho (m)	**ψαρόνι** (ουδ.)	[psaróni]
canário (m)	**καναρίνι** (ουδ.)	[kanaríni]
galinha-do-mato (f)	**αγριόκοτα** (θηλ.)	[aɣriókota]
tentilhão (m)	**σπίνος** (αρ.)	[spínos]
dom-fafe (m)	**πύρρουλα** (αρ.)	[pírulʲa]
gaivota (f)	**γλάρος** (αρ.)	[ɣlʲáros]
albatroz (m)	**άλμπατρος** (ουδ.)	[álʲbatros]
pinguim (m)	**πιγκουίνος** (αρ.)	[pinguínos]

217. Pássaros. Canto e sons

cantar (vi)	**τραγουδώ**	[traɣuðó]
gritar (vi)	**καλώ**	[kalʲó]
cantar (o galo)	**λαλώ**	[lʲaló]
cocorocó (m)	**κουκουρίκου**	[kukuríku]
cacarejar (vi)	**κακαρίζω**	[kakarízo]
crocitar (vi)	**κρώζω**	[krózo]
grasnar (vi)	**κρώζω**	[krózo]
piar (vi)	**πιπίζω**	[pipízo]
chilrear, gorjear (vi)	**τιτιβίζω**	[titivízo]

218. Peixes. Animais marinhos

brema (f)	**αβραμίδα** (θηλ.)	[avramíða]
carpa (f)	**κυπρίνος** (αρ.)	[kiprínos]
perca (f)	**πέρκα** (θηλ.)	[pérka]
siluro (m)	**γουλιανός** (αρ.)	[ɣulianós]
lúcio (m)	**λούτσος** (αρ.)	[lʲútsos]
salmão (m)	**σολομός** (αρ.)	[solʲomós]
esturjão (m)	**οξύρυγχος** (αρ.)	[oksírinxos]

arenque (m)	**ρέγγα** (θηλ.)	[rénga]
salmão (m)	**σολομός του Ατλαντικού** (αρ.)	[solʲomós tu atlʲandikú]
cavala, sarda (f)	**σκουμπρί** (ουδ.)	[skumbrí]
solha (f)	**πλατύψαρο** (ουδ.)	[plʲatípsaro]
lúcio perca (m)	**ποταμολάβρακο** (ουδ.)	[potamolʲávrako]
bacalhau (m)	**μπακαλιάρος** (αρ.)	[bakaliáros]
atum (m)	**τόνος** (αρ.)	[tónos]
truta (f)	**πέστροφα** (θηλ.)	[péstrofa]
enguia (f)	**χέλι** (ουδ.)	[xéli]
raia elétrica (f)	**μουδιάστρα** (θηλ.)	[muðiástra]
moreia (f)	**σμέρνα** (θηλ.)	[zmérna]
piranha (f)	**πιράνχας** (ουδ.)	[piránxas]
tubarão (m)	**καρχαρίας** (αρ.)	[karxarías]
golfinho (m)	**δελφίνι** (ουδ.)	[ðelʲfíni]
baleia (f)	**φάλαινα** (θηλ.)	[fálena]
caranguejo (m)	**καβούρι** (ουδ.)	[kavúri]
medusa, alforreca (f)	**μέδουσα** (θηλ.)	[méðusa]
polvo (m)	**χταπόδι** (ουδ.)	[xtapóði]
estrela-do-mar (f)	**αστερίας** (αρ.)	[asterías]
ouriço-do-mar (m)	**αχινός** (αρ.)	[axinós]
cavalo-marinho (m)	**ιππόκαμπος** (αρ.)	[ipókambos]
ostra (f)	**στρείδι** (ουδ.)	[stríði]
camarão (m)	**γαρίδα** (θηλ.)	[ɣaríða]
lavagante (m)	**αστακός** (αρ.)	[astakós]
lagosta (f)	**ακανθωτός αστακός** (αρ.)	[akanθotós astakós]

219. Amfíbios. Répteis

serpente, cobra (f)	**φίδι** (ουδ.)	[fíði]
venenoso	**δηλητηριώδης**	[ðilitirióðis]
víbora (f)	**οχιά** (θηλ.)	[oxiá]
cobra-capelo, naja (f)	**κόμπρα** (θηλ.)	[kóbra]
pitão (m)	**πύθωνας** (αρ.)	[píθonas]
jiboia (f)	**βόας** (αρ.)	[vóas]
cobra-de-água (f)	**νερόφιδο** (ουδ.)	[nerófiðo]
cascavel (f)	**κροταλίας** (αρ.)	[krotalías]
anaconda (f)	**ανακόντα** (θηλ.)	[anakónda]
lagarto (m)	**σαύρα** (θηλ.)	[sávra]
iguana (f)	**ιγκουάνα** (θηλ.)	[iguána]
varano (m)	**βαράνος** (αρ.)	[varános]
salamandra (f)	**σαλαμάντρα** (θηλ.)	[salʲamándra]
camaleão (m)	**χαμαιλέοντας** (αρ.)	[xameléondas]
escorpião (m)	**σκορπιός** (αρ.)	[skorpiós]
tartaruga (f)	**χελώνα** (θηλ.)	[xelʲóna]

rã (f)	**βάτραχος** (αρ.)	[vátraxos]
sapo (m)	**φρύνος** (αρ.)	[frínos]
crocodilo (m)	**κροκόδειλος** (αρ.)	[krokóðilʲos]

220. Insetos

inseto (m)	**έντομο** (ουδ.)	[éndomo]
borboleta (f)	**πεταλούδα** (θηλ.)	[petalʲúða]
formiga (f)	**μυρμήγκι** (ουδ.)	[mirmíngi]
mosca (f)	**μύγα** (θηλ.)	[míɣa]
mosquito (m)	**κουνούπι** (ουδ.)	[kunúpi]
escaravelho (m)	**σκαθάρι** (ουδ.)	[skaθári]
vespa (f)	**σφήκα** (θηλ.)	[sfíka]
abelha (f)	**μέλισσα** (θηλ.)	[mélisa]
mamangava (f)	**βομβίνος** (αρ.)	[vomvínos]
moscardo (m)	**οίστρος** (αρ.)	[ístros]
aranha (f)	**αράχνη** (θηλ.)	[aráxni]
teia (f) de aranha	**ιστός αράχνης** (αρ.)	[istós aráxnis]
libélula (f)	**λιβελούλα** (θηλ.)	[livelʲúlʲa]
gafanhoto-do-campo (m)	**ακρίδα** (θηλ.)	[akríða]
traça (f)	**νυχτοπεταλούδα** (θηλ.)	[nixtopetalʲúða]
barata (f)	**κατσαρίδα** (θηλ.)	[katsaríða]
carraça (f)	**ακάρι** (ουδ.)	[akári]
pulga (f)	**ψύλλος** (αρ.)	[psílʲos]
borrachudo (m)	**μυγάκι** (ουδ.)	[miɣáki]
gafanhoto (m)	**ακρίδα** (θηλ.)	[akríða]
caracol (m)	**σαλιγκάρι** (ουδ.)	[salingári]
grilo (m)	**γρύλος** (αρ.)	[ɣrílʲos]
pirilampo (m)	**πυγολαμπίδα** (θηλ.)	[piɣolʲambíða]
joaninha (f)	**πασχαλίτσα** (θηλ.)	[pasxalítsa]
besouro (m)	**μηλολόνθη** (θηλ.)	[milʲolʲónθi]
sanguessuga (f)	**βδέλλα** (θηλ.)	[vðélʲa]
lagarta (f)	**κάμπια** (θηλ.)	[kámbia]
minhoca (f)	**σκουλήκι** (ουδ.)	[skulíki]
larva (f)	**σκώληκας** (αρ.)	[skólikas]

221. Animais. Partes do corpo

bico (m)	**ράμφος** (ουδ.)	[rámfos]
asas (f pl)	**φτερά** (ουδ.πλ.)	[fterá]
pata (f)	**πόδι** (ουδ.)	[póði]
plumagem (f)	**φτέρωμα** (ουδ.)	[ftéroma]
pena, pluma (f)	**φτερό** (ουδ.)	[fteró]
crista (f)	**λοφίο** (ουδ.)	[lʲofío]
brânquias, guelras (f pl)	**βράγχια** (ουδ.πλ.)	[vránxia]
ovas (f pl)	**αβγά** (ουδ.πλ.)	[avɣá]

larva (f)	**σκώληκας** (αρ.)	[skólikas]
barbatana (f)	**πτερύγιο** (ουδ.)	[pteríjo]
escama (f)	**λέπια** (ουδ.πλ.)	[lépia]
canino (m)	**σκυλόδοντο** (ουδ.)	[skilʲóðondo]
pata (f)	**πόδι** (ουδ.)	[póði]
focinho (m)	**μουσούδα** (θηλ.)	[musúða]
boca (f)	**στόμα** (ουδ.)	[stóma]
cauda (f), rabo (m)	**ουρά** (θηλ.)	[urá]
bigodes (m pl)	**μουστάκι** (ουδ.)	[mustáki]
casco (m)	**οπλή** (θηλ.)	[oplí]
corno (m)	**κέρατο** (ουδ.)	[kérato]
carapaça (f)	**όστρακο** (ουδ.)	[óstrako]
concha (f)	**κοχύλι** (ουδ.)	[koxíli]
casca (f) de ovo	**τσόφλι** (ουδ.)	[tsófli]
pelo (m)	**τρίχωμα** (ουδ.)	[tríxoma]
pele (f), couro (m)	**τομάρι** (ουδ.)	[tomári]

222. Ações dos animais

voar (vi)	**πετάω**	[petáo]
dar voltas	**στροβιλίζομαι**	[strovilízome]
voar (para longe)	**πετάω μακριά**	[petáo makriá]
bater as asas	**κουνάω**	[kunáo]
bicar (vi)	**ραμφίζω**	[ramfízo]
incubar (vt)	**εκκολάπτω**	[ekolʲápto]
sair do ovo	**εκκολάπτομαι**	[ekolʲáptome]
fazer o ninho	**χτίζω φωλιά**	[xtízo foliá]
rastejar (vi)	**έρπω**	[érpo]
picar (vt)	**τσιμπάω**	[tsimbáo]
morder (vt)	**δαγκώνω**	[ðangóno]
cheirar (vt)	**μυρίζω**	[mirízo]
latir (vi)	**γαυγίζω**	[ɣavjízo]
silvar (vi)	**σφυρίζω**	[sirízo]
assustar (vt)	**τρομάζω**	[tromázo]
atacar (vt)	**επιτίθεμαι**	[epitíθeme]
roer (vt)	**ροκανίζω**	[rokanízo]
arranhar (vt)	**γρατζουνίζω**	[ɣradzunízo]
esconder-se (vr)	**κρύβομαι**	[krívome]
brincar (vi)	**παίζω**	[pézo]
caçar (vi)	**κυνηγώ**	[kiniɣó]
hibernar (vi)	**βρίσκομαι σε χειμέρια νάρκη**	[vrískome se ximéria nárki]
extinguir-se (vr)	**εξαφανίζομαι**	[eksafanízome]

223. Animais. Habitats

hábitat	**περιβάλλον** (ουδ.)	[periválʲon]
migração (f)	**αποδημία** (θηλ.)	[apoðimía]
montanha (f)	**βουνό** (ουδ.)	[vunó]
recife (m)	**ύφαλος** (αρ.)	[ífalʲos]
falésia (f)	**γκρεμός** (αρ.)	[gremós]
floresta (f)	**δάσος** (ουδ.)	[ðásos]
selva (f)	**ζούγκλα** (θηλ.)	[zúnglʲa]
savana (f)	**σαβάνα** (θηλ.)	[savána]
tundra (f)	**τούνδρα** (θηλ.)	[túnðra]
estepe (f)	**στέπα** (θηλ.)	[stépa]
deserto (m)	**έρημος** (θηλ.)	[érimos]
oásis (m)	**όαση** (θηλ.)	[óasi]
mar (m)	**θάλασσα** (θηλ.)	[θálʲasa]
lago (m)	**λίμνη** (θηλ.)	[límni]
oceano (m)	**ωκεανός** (αρ.)	[okeanós]
pântano (m)	**βάλτος** (αρ.)	[válʲtos]
de água doce	**γλυκός**	[ɣlikós]
lagoa (f)	**λιμνούλα** (θηλ.)	[limnúlʲa]
rio (m)	**ποταμός** (αρ.)	[potamós]
toca (f) do urso	**φωλιά** (θηλ.)	[foliá]
ninho (m)	**φωλιά** (θηλ.)	[foliá]
buraco (m) de árvore	**φωλιά στο δέντρο** (θηλ.)	[foliá sto ðéndro]
toca (f)	**φωλιά** (θηλ.), **λαγούμι** (ουδ.)	[foliá], [lʲaɣúmi]
formigueiro (m)	**μυρμηγκοφωλιά** (θηλ.)	[mirmingofoliá]

224. Cuidados com os animais

jardim (m) zoológico	**ζωολογικός κήπος** (αρ.)	[zoolʲojikós kípos]
reserva (f) natural	**εθνικός δρυμός** (αρ.)	[eθnikós ðrimós]
viveiro (m)	**εκτροφείο** (ουδ.)	[ektrofío]
jaula (f) de ar livre	**υπαίθριο κλουβί** (ουδ.)	[ipéθrio klʲuví]
jaula, gaiola (f)	**κλουβί** (ουδ.)	[klʲuví]
casinha (f) de cão	**σκυλόσπιτο** (ουδ.)	[skilóspito]
pombal (m)	**περιστεριώνας** (αρ.)	[peristeriónas]
aquário (m)	**ενυδρείο** (ουδ.)	[eniðrío]
delfinário (m)	**δελφινάριο** (ουδ.)	[ðelʲfinário]
criar (vt)	**εκτρέφω**	[ektréfo]
ninhada (f)	**γέννα** (θηλ.)	[jéna]
domesticar (vt)	**δαμάζω**	[ðamázo]
adestrar (vt)	**εκπαιδεύω**	[ekpeðévo]
ração (f)	**τροφή** (θηλ.)	[trofí]
alimentar (vt)	**ταΐζω**	[tézo]

loja (f) de animais	**καταστήματα κατοικίδιων** (ουδ.)	[katastimáta katıkíðion]
açaime (m)	**φίμωτρο** (ουδ.)	[fímotro]
coleira (f)	**περιλαίμιο** (ουδ.)	[perilémio]
nome (m)	**όνομα** (ουδ.)	[ónoma]
pedigree (m)	**γενεαλογία** (θηλ.)	[jenealʲojía]

225. Animais. Diversos

alcateia (f)	**αγέλη** (θηλ.)	[ajéli]
bando (pássaros)	**σμήνος** (ουδ.)	[zmínos]
cardume (peixes)	**κοπάδι** (ουδ.)	[kopáði]
manada (cavalos)	**αγέλη** (θηλ.)	[ajéli]
macho (m)	**αρσενικό** (ουδ.)	[arsenikó]
fêmea (f)	**θηλυκό** (ουδ.)	[θilikó]
faminto	**νηστικός**	[nistikós]
selvagem	**άγριος**	[áɣrios]
perigoso	**επικίνδυνος**	[epikínðinos]

226. Cavalos

raça (f)	**ράτσα** (θηλ.)	[rátsa]
potro (m)	**πουλάρι** (ουδ.)	[pulʲári]
égua (f)	**φοράδα** (θηλ.)	[foráða]
mustangue (m)	**μάστανγκ** (ουδ.)	[mástang]
pónei (m)	**πόνυ** (ουδ.)	[póni]
cavalo (m) de tiro	**άλογο έλξεως** (ουδ.)	[álʲoɣo élʲkseos]
crina (f)	**χαίτη** (θηλ.)	[xéti]
cauda (f)	**ουρά** (θηλ.)	[urá]
casco (m)	**οπλή** (θηλ.)	[oplí]
ferradura (f)	**πέταλο** (ουδ.)	[pétalʲo]
ferrar (vt)	**πεταλώνω**	[petalʲóno]
ferreiro (m)	**πεταλωτής** (αρ.)	[petalʲotís]
sela (f)	**σέλα** (θηλ.)	[sélʲa]
estribo (m)	**αναβολέας** (αρ.)	[anavoléas]
brida (f)	**χαλινάρι** (ουδ.)	[xalinári]
rédeas (f pl)	**ηνία** (ουδ.πλ.)	[inía]
chicote (m)	**καμουτσίκι** (ουδ.)	[kamutsíki]
cavaleiro (m)	**ιππέας** (αρ.)	[ipéas]
colocar sela	**σελώνω**	[selʲóno]
montar no cavalo	**καβαλάω άλογο**	[kavalʲáo álʲoɣo]
galope (m)	**καλπασμός** (αρ.)	[kalʲpazmós]
galopar (vi)	**καλπάζω**	[kalʲpázo]
trote (m)	**τροχασμός** (αρ.)	[troxazmós]

a trote	**με τροχασμό**	[me troxazmó]
cavalo (m) de corrida	**άλογο κούρσας** (ουδ.)	[álʲoɣo kúrsas]
corridas (f pl)	**ιπποδρομίες** (θηλ.πλ.)	[ipoðroméas]
estábulo (m)	**στάβλος** (αρ.)	[stávlʲos]
alimentar (vt)	**ταΐζω**	[tézo]
feno (m)	**σανός** (αρ.)	[sanós]
dar água	**ποτίζω**	[potízo]
limpar (vt)	**καθαρίζω**	[kaθarízo]
carroça (f)	**κάρο** (ουδ.)	[káro]
pastar (vi)	**βόσκω**	[vósko]
relinchar (vi)	**χλιμιντρίζω**	[xlimindrízo]
dar um coice	**κλωτσάω**	[klʲotsáo]

Flora

227. Árvores

árvore (f)	**δέντρο** (ουδ.)	[ðéndro]
decídua	**φυλλοβόλος**	[filʲovólʲos]
conífera	**κωνοφόρος**	[konofóros]
perene	**αειθαλής**	[aiθalís]

macieira (f)	**μηλιά** (θηλ.)	[miliá]
pereira (f)	**αχλαδιά** (θηλ.)	[axlʲaðiá]
cerejeira (f)	**κερασιά** (θηλ.)	[kerasiá]
ginjeira (f)	**βυσσινιά** (θηλ.)	[visiniá]
ameixeira (f)	**δαμασκηνιά** (θηλ.)	[ðamaskiniá]

bétula (f)	**σημύδα** (θηλ.)	[simíða]
carvalho (m)	**βελανιδιά** (θηλ.)	[velʲaniðiá]
tília (f)	**φλαμουριά** (θηλ.)	[flʲamuriá]
choupo-tremedor (m)	**λεύκα** (θηλ.)	[léfka]
bordo (m)	**σφεντάμι** (ουδ.)	[sfendámi]
espruce-europeu (m)	**έλατο** (ουδ.)	[élʲato]
pinheiro (m)	**πεύκο** (ουδ.)	[péfko]
alerce, lariço (m)	**λάριξ** (θηλ.)	[lʲáriks]
abeto (m)	**ελάτη** (θηλ.)	[elʲáti]
cedro (m)	**κέδρος** (αρ.)	[kéðros]

choupo, álamo (m)	**λεύκα** (θηλ.)	[léfka]
tramazeira (f)	**σουρβιά** (θηλ.)	[surviá]
salgueiro (m)	**ιτιά** (θηλ.)	[itiá]
amieiro (m)	**σκλήθρα** (θηλ.)	[sklíθra]
faia (f)	**οξιά** (θηλ.)	[oksiá]
ulmeiro (m)	**φτελιά** (θηλ.)	[fteliá]
freixo (m)	**μέλεγος** (αρ.)	[méleɣos]
castanheiro (m)	**καστανιά** (θηλ.)	[kastaniá]

magnólia (f)	**μανόλια** (θηλ.)	[manólia]
palmeira (f)	**φοίνικας** (αρ.)	[fínikas]
cipreste (m)	**κυπαρίσσι** (ουδ.)	[kiparísi]

mangue (m)	**μανγκρόβιο** (ουδ.)	[mangróvio]
embondeiro, baobá (m)	**μπάομπαμπ** (ουδ.)	[báobab]
eucalipto (m)	**ευκάλυπτος** (αρ.)	[efkáliptos]
sequoia (f)	**σεκόγια** (θηλ.)	[sekója]

228. Arbustos

arbusto (m)	**θάμνος** (αρ.)	[θámnos]
arbusto (m), moita (f)	**θάμνος** (αρ.)	[θámnos]

videira (f)	**αμπέλι** (ουδ.)	[ambéli]
vinhedo (m)	**αμπέλι** (ουδ.)	[ambéli]
framboeseira (f)	**σμεουριά** (θηλ.)	[zmeuriá]
groselheira-vermelha (f)	**κόκκινο φραγκοστάφυλο** (ουδ.)	[kókino frangostáfilʲo]
groselheira (f) espinhosa	**λαγοκέρασο** (ουδ.)	[lʲaɣokéraso]
acácia (f)	**ακακία** (θηλ.)	[akakía]
bérberis (f)	**βερβερίδα** (θηλ.)	[ververíða]
jasmim (m)	**γιασεμί** (ουδ.)	[jasemí]
junípero (m)	**άρκευθος** (θηλ.)	[árkefθos]
roseira (f)	**τριανταφυλλιά** (θηλ.)	[triandafiliá]
roseira (f) brava	**αγριοτριανταφυλλιά** (θηλ.)	[aɣriotriandafiliá]

229. Cogumelos

cogumelo (m)	**μανιτάρι** (ουδ.)	[manitári]
cogumelo (m) comestível	**βρώσιμο μανιτάρι** (ουδ.)	[vrósimo manitári]
cogumelo (m) venenoso	**δηλητηριώδες μανιτάρι** (ουδ.)	[ðilitirióðes manitári]
chapéu (m)	**καπέλο** (ουδ.)	[kapélʲo]
pé, caule (m)	**πόδι** (ουδ.)	[póði]
boleto (m)	**βασιλομανίταρο** (ουδ.)	[vasilʲomanítaro]
boleto (m) alaranjado	**μπολέτους πορτοκαλί** (ουδ.)	[bolétus portokalí]
míscaro (m) das bétulas	**μπολέτους γκρίζο** (ουδ.)	[bolétus grízo]
cantarela (f)	**κανθαρέλλα** (θηλ.)	[kanθarélʲa]
rússula (f)	**ρούσουλα** (θηλ.)	[rúsulʲa]
morchella (f)	**μορχέλλη** (θηλ.)	[morxéli]
agário-das-moscas (m)	**ζουρλομανίταρο** (ουδ.)	[zurlʲomanítaro]
cicuta (f) verde	**θανατίτης** (αρ.)	[θanatítis]

230. Frutos. Bagas

maçã (f)	**μήλο** (ουδ.)	[mílʲo]
pera (f)	**αχλάδι** (ουδ.)	[axlʲáði]
ameixa (f)	**δαμάσκηνο** (ουδ.)	[ðamáskino]
morango (m)	**φράουλα** (θηλ.)	[fráulʲa]
ginja (f)	**βύσσινο** (ουδ.)	[vísino]
cereja (f)	**κεράσι** (ουδ.)	[kerási]
uva (f)	**σταφύλι** (ουδ.)	[stafíli]
framboesa (f)	**σμέουρο** (ουδ.)	[zméuro]
groselha (f) preta	**μαύρο φραγκοστάφυλο** (ουδ.)	[mávro frangostáfilʲo]
groselha (f) vermelha	**κόκκινο φραγκοστάφυλο** (ουδ.)	[kókino frangostáfilʲo]
groselha (f) espinhosa	**λαγοκέρασο** (ουδ.)	[lʲaɣokéraso]
oxicoco (m)	**κράνμπερι** (ουδ.)	[kránberi]

laranja (f)	**πορτοκάλι** (ουδ.)	[portokáli]
tangerina (f)	**μανταρίνι** (ουδ.)	[mandaríni]
ananás (m)	**ανανάς** (αρ.)	[ananás]
banana (f)	**μπανάνα** (θηλ.)	[banána]
tâmara (f)	**χουρμάς** (αρ.)	[xurmás]
limão (m)	**λεμόνι** (ουδ.)	[lemóni]
damasco (m)	**βερίκοκο** (ουδ.)	[veríkoko]
pêssego (m)	**ροδάκινο** (ουδ.)	[roðákino]
kiwi (m)	**ακτινίδιο** (ουδ.)	[aktiníðio]
toranja (f)	**γκρέιπφρουτ** (ουδ.)	[gréjpfrut]
baga (f)	**μούρο** (ουδ.)	[múro]
bagas (f pl)	**μούρα** (ουδ.πλ.)	[múra]
morango-silvestre (m)	**χαμοκέρασο** (ουδ.)	[kxamokéraso]
mirtilo (m)	**μύρτιλλο** (ουδ.)	[mírtilʲo]

231. Flores. Plantas

flor (f)	**λουλούδι** (ουδ.)	[lʲulʲúði]
ramo (m) de flores	**ανθοδέσμη** (θηλ.)	[anθoðézmi]
rosa (f)	**τριαντάφυλλο** (ουδ.)	[triandáfilʲo]
tulipa (f)	**τουλίπα** (θηλ.)	[tulípa]
cravo (m)	**γαρίφαλο** (ουδ.)	[ɣarífalʲo]
gladíolo (m)	**γλαδιόλα** (θηλ.)	[ɣlʲaðiólʲa]
centáurea (f)	**κενταύρια** (θηλ.)	[kentávria]
campânula (f)	**καμπανούλα** (θηλ.)	[kampanúlʲa]
dente-de-leão (m)	**ταραξάκο** (ουδ.)	[taraksáko]
camomila (f)	**χαμομήλι** (ουδ.)	[xamomíli]
aloé (m)	**αλόη** (θηλ.)	[alʲói]
cato (m)	**κάκτος** (αρ.)	[káktos]
fícus (m)	**φίκος** (αρ.)	[fíkos]
lírio (m)	**κρίνος** (αρ.)	[krínos]
gerânio (m)	**γεράνι** (ουδ.)	[jeráni]
jacinto (m)	**υάκινθος** (αρ.)	[iákinθos]
mimosa (f)	**μιμόζα** (θηλ.)	[mimóza]
narciso (m)	**νάρκισσος** (αρ.)	[nárkisos]
capuchinha (f)	**καπουτσίνος** (αρ.)	[kaputsínos]
orquídea (f)	**ορχιδέα** (θηλ.)	[orxiðéa]
peónia (f)	**παιώνια** (θηλ.)	[peónia]
violeta (f)	**μενεξές** (αρ.), **βιολέτα** (θηλ.)	[meneksés], [violéta]
amor-perfeito (m)	**βιόλα η τρίχρωμη** (θηλ.)	[viólʲa i tríxromi]
não-me-esqueças (m)	**μη-με-λησμόνει** (ουδ.)	[mi-me-lizmóni]
margarida (f)	**μαργαρίτα** (θηλ.)	[marɣaríta]
papoula (f)	**παπαρούνα** (θηλ.)	[paparúna]
cânhamo (m)	**κάνναβη** (θηλ.)	[kánavi]

hortelã (f)	**μέντα** (θηλ.)	[ménda]
lírio-do-vale (m)	**μιγκέ** (ουδ.)	[mingé]
campânula-branca (f)	**γάλανθος ο χιονώδης** (αρ.)	[ɣálʲanθos oxonóðis]
urtiga (f)	**τσουκνίδα** (θηλ.)	[tsukníða]
azeda (f)	**λάπαθο** (ουδ.)	[lʲápaθo]
nenúfar (m)	**νούφαρο** (ουδ.)	[núfaro]
feto (m), samambaia (f)	**φτέρη** (θηλ.)	[ftéri]
líquen (m)	**λειχήνα** (θηλ.)	[lixína]
estufa (f)	**θερμοκήπιο** (ουδ.)	[θermokípio]
relvado (m)	**γκαζόν** (ουδ.)	[gazón]
canteiro (m) de flores	**παρτέρι** (ουδ.)	[partéri]
planta (f)	**φυτό** (ουδ.)	[fitó]
erva (f)	**χορτάρι** (ουδ.)	[xortári]
folha (f) de erva	**χορταράκι** (ουδ.)	[xortaráki]
folha (f)	**φύλλο** (ουδ.)	[fílʲo]
pétala (f)	**πέταλο** (ουδ.)	[pétalʲo]
talo (m)	**βλαστός** (αρ.)	[vlʲastós]
tubérculo (m)	**βολβός** (αρ.)	[volʲvós]
broto, rebento (m)	**βλαστάρι** (ουδ.)	[vlʲastári]
espinho (m)	**αγκάθι** (ουδ.)	[angáθi]
florescer (vi)	**ανθίζω**	[anθízo]
murchar (vi)	**ξεραίνομαι**	[kserénome]
cheiro (m)	**μυρωδιά** (θηλ.)	[miroðiá]
cortar (flores)	**κόβω**	[kóvo]
colher (uma flor)	**μαζεύω**	[mazévo]

232. Cereais, grãos

grão (m)	**σιτηρά** (ουδ.πλ.)	[sitirá]
cereais (plantas)	**δημητριακών** (ουδ.πλ.)	[ðimitriakón]
espiga (f)	**στάχυ** (ουδ.)	[stáxi]
trigo (m)	**σιτάρι** (ουδ.)	[sitári]
centeio (m)	**σίκαλη** (θηλ.)	[síkali]
aveia (f)	**βρώμη** (θηλ.)	[vrómi]
milho-miúdo (m)	**κεχρί** (ουδ.)	[kexrí]
cevada (f)	**κριθάρι** (ουδ.)	[kriθári]
milho (m)	**καλαμπόκι** (ουδ.)	[kalʲambóki]
arroz (m)	**ρύζι** (ουδ.)	[rízi]
trigo-sarraceno (m)	**μαυροσίταρο** (ουδ.)	[mavrosítaro]
ervilha (f)	**αρακάς** (αρ.), **μπιζελιά** (θηλ.)	[arakás], [bizeliá]
feijão (m)	**κόκκινο φασόλι** (ουδ.)	[kókino fasóli]
soja (f)	**σόγια** (θηλ.)	[sója]
lentilha (f)	**φακή** (θηλ.)	[fakí]
fava (f)	**κουκί** (ουδ.)	[kukí]

233. Vegetais. Verduras

legumes (m pl)	**λαχανικά** (ουδ.πλ.)	[lʲaxaniká]
verduras (f pl)	**χόρτα** (ουδ.)	[xórta]
tomate (m)	**ντομάτα** (θηλ.)	[domáta]
pepino (m)	**αγγούρι** (ουδ.)	[angúri]
cenoura (f)	**καρότο** (ουδ.)	[karóto]
batata (f)	**πατάτα** (θηλ.)	[patáta]
cebola (f)	**κρεμμύδι** (ουδ.)	[kremíði]
alho (m)	**σκόρδο** (ουδ.)	[skórðo]
couve (f)	**λάχανο** (ουδ.)	[lʲáxano]
couve-flor (f)	**κουνουπίδι** (ουδ.)	[kunupíði]
couve-de-bruxelas (f)	**λαχανάκι Βρυξελλών** (ουδ.)	[lʲaxanáki vrikselʲón]
beterraba (f)	**παντζάρι** (ουδ.)	[pandzári]
beringela (f)	**μελιτζάνα** (θηλ.)	[melidzána]
curgete (f)	**κολοκύθι** (ουδ.)	[kolʲokíθi]
abóbora (f)	**κολοκύθα** (θηλ.)	[kolʲokíθa]
nabo (m)	**γογγύλι** (ουδ.), **ρέβα** (θηλ.)	[ɣongíli], [réva]
salsa (f)	**μαϊντανός** (αρ.)	[majdanós]
funcho, endro (m)	**άνηθος** (αρ.)	[ániθos]
alface (f)	**μαρούλι** (ουδ.)	[marúli]
aipo (m)	**σέλινο** (ουδ.)	[sélino]
espargo (m)	**σπαράγγι** (ουδ.)	[sparángi]
espinafre (m)	**σπανάκι** (ουδ.)	[spanáki]
ervilha (f)	**αρακάς** (αρ.)	[arakás]
fava (f)	**κουκί** (ουδ.)	[kukí]
milho (m)	**καλαμπόκι** (ουδ.)	[kalʲambóki]
feijão (m)	**κόκκινο φασόλι** (ουδ.)	[kókino fasóli]
pimentão (m)	**πιπεριά** (θηλ.)	[piperiá]
rabanete (m)	**ρεπανάκι** (ουδ.)	[repanáki]
alcachofra (f)	**αγκινάρα** (θηλ.)	[anginára]

GEOGRAFIA REGIONAL

Países. Nacionalidades

234. Europa Ocidental

Europa (f)	**Ευρώπη** (θηλ.)	[evrópi]
União (f) Europeia	**Ευρωπαϊκή Ένωση** (θηλ.)	[evropaikí énosi]
europeu (m)	**Ευρωπαίος** (αρ.)	[evropéos]
europeu	**ευρωπαϊκός**	[evropaikós]
Áustria (f)	**Αυστρία** (θηλ.)	[afstría]
austríaco (m)	**Αυστριακός** (αρ.)	[afstriakós]
austríaca (f)	**Αυστριακή** (θηλ.)	[afstriakí]
austríaco	**αυστριακός**	[afstriakós]
Grã-Bretanha (f)	**Μεγάλη Βρετανία** (θηλ.)	[meɣáli vretanía]
Inglaterra (f)	**Αγγλία** (θηλ.)	[anglía]
inglês (m)	**Άγγλος** (αρ.)	[ánglʲos]
inglesa (f)	**Αγγλίδα** (θηλ.)	[anglíða]
inglês	**αγγλικός**	[anglikós]
Bélgica (f)	**Βέλγιο** (ουδ.)	[vélʲʝo]
belga (m)	**Βέλγος** (αρ.)	[vélʲɣos]
belga (f)	**Βελγίδα** (θηλ.)	[velʲʝíða]
belga	**βέλγικος**	[vélʲʝikos]
Alemanha (f)	**Γερμανία** (θηλ.)	[ʝermanía]
alemão (m)	**Γερμανός** (αρ.)	[ʝermanós]
alemã (f)	**Γερμανίδα** (θηλ.)	[ʝermaníða]
alemão	**γερμανικός**	[ʝermanikós]
Países (m pl) Baixos	**Κάτω Χώρες** (θηλ.πλ.)	[káto xóres]
Holanda (f)	**Ολλανδία** (θηλ.)	[olʲanðía]
holandês (m)	**Ολλανδός** (αρ.)	[olʲanðós]
holandesa (f)	**Ολλανδή** (θηλ.)	[olʲanðí]
holandês	**ολλανδικός**	[olʲanðikós]
Grécia (f)	**Ελλάδα** (θηλ.)	[elʲáða]
grego (m)	**Έλληνας** (αρ.)	[élinas]
grega (f)	**Ελληνίδα** (θηλ.)	[eliníða]
grego	**ελληνικός**	[elinikós]
Dinamarca (f)	**Δανία** (θηλ.)	[ðanía]
dinamarquês (m)	**Δανός** (αρ.)	[ðanós]
dinamarquesa (f)	**Δανή** (θηλ.)	[ðaní]
dinamarquês	**δανικός**	[ðanikós]
Irlanda (f)	**Ιρλανδία** (θηλ.)	[irlʲanðía]
irlandês (m)	**Ιρλανδός** (αρ.)	[irlʲanðós]

irlandesa (f)	**Ιρλανδή** (θηλ.)	[irlʲanðí]
irlandês	**ιρλανδικός**	[irlʲanðikós]
Islândia (f)	**Ισλανδία** (θηλ.)	[islʲanðía]
islandês (m)	**Ισλανδός** (αρ.)	[islʲanðós]
islandesa (f)	**Ισλανδή** (θηλ.)	[islʲanðí]
islandês	**ισλανδικός**	[islʲanðikós]
Espanha (f)	**Ισπανία** (θηλ.)	[ispanía]
espanhol (m)	**Ισπανός** (αρ.)	[ispanós]
espanhola (f)	**Ισπανή, Ισπανίδα** (θηλ.)	[ispaní], [ispaníða]
espanhol	**ισπανικός**	[ispanikós]
Itália (f)	**Ιταλία** (θηλ.)	[italía]
italiano (m)	**Ιταλός** (αρ.)	[italʲós]
italiana (f)	**Ιταλίδα** (θηλ.)	[italíða]
italiano	**ιταλικός**	[italikós]
Chipre (m)	**Κύπρος** (θηλ.)	[kípros]
cipriota (m)	**Κύπριος** (αρ.)	[kíprios]
cipriota (f)	**Κύπρια** (θηλ.)	[kípria]
cipriota	**κυπριακός**	[kipriakós]
Malta (f)	**Μάλτα** (θηλ.)	[málʲta]
maltês (m)	**Μαλτέζος** (αρ.)	[malʲtézos]
maltesa (f)	**Μαλτέζα** (θηλ.)	[malʲtéza]
maltês	**μαλτέζικος**	[malʲtézikos]
Noruega (f)	**Νορβηγία** (θηλ.)	[norvʝía]
norueguês (m)	**Νορβηγός** (αρ.)	[norviɣós]
norueguesa (f)	**Νορβηγίδα** (θηλ.)	[norvʝíða]
norueguês	**νορβηγικός**	[norvʝikós]
Portugal (m)	**Πορτογαλία** (θηλ.)	[portoɣalía]
português (m)	**Πορτογάλος** (αρ.)	[portoɣálʲos]
portuguesa (f)	**Πορτογαλίδα** (θηλ.)	[portoɣalíða]
português	**πορτογαλικός**	[portoɣalikós]
Finlândia (f)	**Φινλανδία** (θηλ.)	[finlʲanðía]
finlandês (m)	**Φινλανδός** (αρ.)	[finlʲanðós]
finlandesa (f)	**Φινλανδή** (θηλ.)	[finlʲanðí]
finlandês	**φινλανδικός**	[finlʲanðikós]
França (f)	**Γαλλία** (θηλ.)	[ɣalía]
francês (m)	**Γάλλος** (αρ.)	[ɣálʲos]
francesa (f)	**Γαλλίδα** (θηλ.)	[ɣalíða]
francês	**γαλλικός**	[ɣalikós]
Suécia (f)	**Σουηδία** (θηλ.)	[suiðía]
sueco (m)	**Σουηδός** (αρ.)	[suiðós]
sueca (f)	**Σουηδέζα** (θηλ.)	[suiðéza]
sueco	**σουηδικός**	[suiðikós]
Suíça (f)	**Ελβετία** (θηλ.)	[elʲvetía]
suíço (m)	**Ελβετός** (αρ.)	[elʲvetós]
suíça (f)	**Ελβετίδα** (θηλ.)	[elʲvetíða]

suíço	**ελβετικός**	[elʲvetikós]
Escócia (f)	**Σκοτία** (θηλ.)	[skotía]
escocês (m)	**Σκοτσέζος** (αρ.)	[skotsézos]
escocesa (f)	**Σκωτσέζα** (θηλ.)	[skotséza]
escocês	**σκοτσέζικος**	[skotsézikos]
Vaticano (m)	**Βατικανό** (ουδ.)	[vatikanó]
Liechtenstein (m)	**Λίχτενσταϊν** (ουδ.)	[líxtenstajn]
Luxemburgo (m)	**Λουξεμβούργο** (ουδ.)	[lʲuksemvúrɣo]
Mónaco (m)	**Μονακό** (ουδ.)	[monakó]

235. Europa Central e de Leste

Albânia (f)	**Αλβανία** (θηλ.)	[alʲvanía]
albanês (m)	**Αλβανός** (αρ.)	[alʲvanós]
albanesa (f)	**Αλβανή** (θηλ.)	[alʲvaní]
albanês	**αλβανικός**	[alʲvanikós]
Bulgária (f)	**Βουλγαρία** (θηλ.)	[vulʲɣaría]
búlgaro (m)	**Βούλγαρος** (αρ.)	[vúlʲɣaros]
búlgara (f)	**Βουλγάρα** (θηλ.)	[vulʲɣára]
búlgaro	**βουλγαρικός**	[vulʲɣarikós]
Hungria (f)	**Ουγγαρία** (θηλ.)	[ungaría]
húngaro (m)	**Ούγγρος** (αρ.)	[úngros]
húngara (f)	**Ουγγαρέζα** (θηλ.)	[ungaréza]
húngaro	**ουγγαρέζικος**	[ungarézikos]
Letónia (f)	**Λετονία** (θηλ.)	[letonía]
letão (m)	**Λετονός** (αρ.)	[letonós]
letã (f)	**Λετονή** (θηλ.)	[letoní]
letão	**λετονικός**	[letonikós]
Lituânia (f)	**Λιθουανία** (θηλ.)	[liθuanía]
lituano (m)	**Λιθουανός** (αρ.)	[liθuanós]
lituana (f)	**Λιθουανή** (θηλ.)	[liθuaní]
lituano	**λιθουανικός**	[liθuanikós]
Polónia (f)	**Πολωνία** (θηλ.)	[polʲonía]
polaco (m)	**Πολωνός** (αρ.)	[polʲonós]
polaca (f)	**Πολωνή** (θηλ.)	[polʲoní]
polaco	**πολωνικός**	[polʲonikós]
Roménia (f)	**Ρουμανία** (θηλ.)	[rumanía]
romeno (m)	**Ρουμάνος** (αρ.)	[rumános]
romena (f)	**Ρουμάνα** (θηλ.)	[rumána]
romeno	**ρουμανικός**	[rumanikós]
Sérvia (f)	**Σερβία** (θηλ.)	[servía]
sérvio (m)	**Σέρβος** (αρ.)	[sérvos]
sérvia (f)	**Σέρβα** (θηλ.)	[sérva]
sérvio	**σερβικός**	[servikós]
Eslováquia (f)	**Σλοβακία** (θηλ.)	[slʲovakía]
eslovaco (m)	**Σλοβάκος** (αρ.)	[slʲovákos]

eslovaca (f)	**Σλοβάκα** (θηλ.)	[slʲováka]
eslovaco	**σλοβακικός**	[slʲovakikós]
Croácia (f)	**Κροατία** (θηλ.)	[kroatía]
croata (m)	**Κροάτης** (αρ.)	[kroátis]
croata (f)	**Κροάτισσα** (θηλ.)	[kroátisa]
croata	**κροατικός**	[kroatikós]
República (f) Checa	**Τσεχία** (θηλ.)	[tsexía]
checo (m)	**Τσέχος** (αρ.)	[tséxos]
checa (f)	**Τσέχα** (θηλ.)	[tséxa]
checo	**τσεχικός**	[tsexikós]
Estónia (f)	**Εσθονία** (θηλ.)	[esθonía]
estónio (m)	**Εσθονός** (αρ.)	[esθonós]
estónia (f)	**Εσθονή** (θηλ.)	[esθoní]
estónio	**εσθονικός**	[esθonikós]
Bósnia e Herzegovina (f)	**Βοσνία-Ερζεγοβίνη** (θηλ.)	[voznía erzeɣovini]
Macedónia (f)	**Μακεδονία** (θηλ.)	[makeðonía]
Eslovénia (f)	**Σλοβενία** (θηλ.)	[slʲovenía]
Montenegro (m)	**Μαυροβούνιο** (ουδ.)	[mavrovúnio]

236. Países da ex-URSS

Azerbaijão (m)	**Αζερμπαϊτζάν** (ουδ.)	[azerbajdzán]
azeri (m)	**Αζερμπαϊτζάνος** (αρ.)	[azerbajdzános]
azeri (f)	**Αζερμπαϊτζανή** (θηλ.)	[azerbajdzaní]
azeri, azerbaijano	**αζερμπαϊτζάνικος**	[azerbajdzánikos]
Arménia (f)	**Αρμενία** (θηλ.)	[armenía]
arménio (m)	**Αρμένης** (αρ.)	[arménis]
arménia (f)	**Αρμένισσα** (θηλ.)	[arménisa]
arménio	**αρμένικος**	[arménikos]
Bielorrússia (f)	**Λευκορωσία** (θηλ.)	[lefkorosía]
bielorrusso (m)	**Λευκορώσος** (αρ.)	[lefkorósos]
bielorrussa (f)	**Λευκορωσίδα** (θηλ.)	[lefkorosíða]
bielorrusso	**λευκορωσικός**	[lefkorosikós]
Geórgia (f)	**Γεωργία** (θηλ.)	[ʝeorʝía]
georgiano (m)	**Γεωργιανός** (αρ.)	[ʝeorʝianós]
georgiana (f)	**Γεωργιανή** (θηλ.)	[ʝeorʝianí]
georgiano	**γεωργιανός**	[ʝeorʝianós]
Cazaquistão (m)	**Καζακστάν** (ουδ.)	[kazakstán]
cazaque (m)	**Καζάχος** (αρ.)	[kazáxos]
cazaque (f)	**Καζάχα** (θηλ.)	[kazáxa]
cazaque	**καζάχικος**	[kazáxikos]
Quirguistão (m)	**Κιργιζία** (ουδ.)	[kirʝizía]
quirguiz (m)	**Κιργίζιος** (αρ.)	[kirʝízios]
quirguiz (f)	**Κιργίζια** (θηλ.)	[kirʝízia]
quirguiz	**Κιργίζιος**	[kirʝízios]

Moldávia (f)	**Μολδαβία** (θηλ.)	[molʲðavía]
moldavo (m)	**Μολδαβός** (αρ.)	[molʲðavós]
moldava (f)	**Μολδαβή** (θηλ.)	[molʲðaví]
moldavo	**μολδαβικός**	[molʲðavikós]
Rússia (f)	**Ρωσία** (θηλ.)	[rosía]
russo (m)	**Ρώσος** (αρ.)	[rósos]
russa (f)	**Ρωσίδα** (θηλ.)	[rosíða]
russo	**ρωσικός**	[rosikós]
Tajiquistão (m)	**Τατζικιστάν** (ουδ.)	[tadzikistán]
tajique (m)	**Τατζίκος** (αρ.)	[tadzíkos]
tajique (f)	**Τατζίκα** (ουδ.)	[tadzíka]
tajique	**Τατζίκος**	[tadzíkos]
Turquemenistão (m)	**Τουρκμενιστάν** (ουδ.)	[turkmenistán]
turcomeno (m)	**Τουρκμένιος** (αρ.)	[turkménios]
turcomena (f)	**Τουρκμένα** (ουδ.)	[turkména]
turcomeno	**τουρκμενικός**	[turkmenikós]
Uzbequistão (f)	**Ουζμπεκιστάν** (ουδ.)	[uzbekistán]
uzbeque (m)	**Ουζμπέκος** (αρ.)	[uzbékos]
uzbeque (f)	**Ουζμπέκη** (θηλ.)	[uzbéki]
uzbeque	**ουζμπέκικος**	[uzbékikos]
Ucrânia (f)	**Ουκρανία** (θηλ.)	[ukranía]
ucraniano (m)	**Ουκρανός** (αρ.)	[ukranós]
ucraniana (f)	**Ουκρανή** (θηλ.)	[ukraní]
ucraniano	**ουκρανικός**	[ukranikós]

237. Asia

Ásia (f)	**Ασία** (θηλ.)	[asía]
asiático	**ασιάτικος**	[asiátikos]
Vietname (m)	**Βιετνάμ** (ουδ.)	[vietnám]
vietnamita (m)	**Βιετναμέζος** (αρ.)	[vietnamézos]
vietnamita (f)	**Βιετναμέζα** (θηλ.)	[vietnaméza]
vietnamita	**βιετναμέζικος**	[vietnamézikos]
Índia (f)	**Ινδία** (θηλ.)	[inðía]
indiano (m)	**Ινδός** (αρ.)	[inðós]
indiana (f)	**Ινδή** (θηλ.)	[inðí]
indiano	**ινδικός**	[inðikós]
Israel (m)	**Ισραήλ** (ουδ.)	[izraílʲ]
israelita (m)	**Ισραηλινός** (αρ.)	[izrailinós]
israelita (f)	**Ισραηλινή** (θηλ.)	[izrailiní]
israelita	**ισραηλινός**	[izrailinós]
judeu (m)	**Εβραίος** (αρ.)	[evréos]
judia (f)	**Εβραία** (θηλ.)	[evréa]
judeu	**εβραϊκός**	[evraikós]
China (f)	**Κίνα** (θηλ.)	[kína]

chinês (m)	**Κινέζος** (αρ.)	[kinézos]
chinesa (f)	**Κινέζα** (θηλ.)	[kinéza]
chinês	**κινέζικος**	[kinézikos]
coreano (m)	**Κορεάτης** (αρ.)	[koreátis]
coreana (f)	**Κορεάτισσα** (θηλ.)	[koreátisa]
coreano	**κορεατικός**	[koreátikos]
Líbano (m)	**Λίβανος** (αρ.)	[lívanos]
libanês (m)	**Λιβανέζος** (αρ.)	[livanézos]
libanesa (f)	**Λιβανέζα** (θηλ.)	[livanéza]
libanês	**λιβανέζικος**	[livanézikos]
Mongólia (f)	**Μογγολία** (θηλ.)	[mongolía]
mongol (m)	**Μογγόλος** (αρ.)	[mongólʲos]
mongol (f)	**Μογγολή** (ουδ.)	[mongolí]
mongol	**μογγολικός**	[mongolikós]
Malásia (f)	**Μαλαισία** (θηλ.)	[malesía]
malaio (m)	**Μαλαισιανός** (αρ.)	[malesianós]
malaia (f)	**Μαλαισιανή** (θηλ.)	[malesianí]
malaio	**μαλαισιανός**	[malesianós]
Paquistão (m)	**Πακιστάν** (ουδ.)	[pakistán]
paquistanês (m)	**Πακιστανός** (αρ.)	[pakistanós]
paquistanesa (f)	**Πακιστανή** (θηλ.)	[pakistaní]
paquistanês	**πακιστανικός**	[pakistanikós]
Arábia (f) Saudita	**Σαουδική Αραβία** (θηλ.)	[sauðikí aravia]
árabe (m)	**Άραβας** (αρ.)	[áravas]
árabe (f)	**Αράβισσα** (θηλ.)	[arávisa]
árabe	**αραβικός**	[aravikós]
Tailândia (f)	**Ταϊλάνδη** (θηλ.)	[tajlʲánði]
tailandês (m)	**Ταϊλανδός** (αρ.)	[tajlʲanðós]
tailandesa (f)	**Ταϊλανδή** (θηλ.)	[tajlʲanðí]
tailandês	**ταϊλανδικός**	[tajlʲanðikós]
Taiwan (m)	**Ταϊβάν** (θηλ.)	[tajván]
taiwanês (m)	**Ταϊβανέζος** (αρ.)	[tajvanézos]
taiwanesa (f)	**Ταϊβανέζα** (θηλ.)	[tajvanéza]
taiwanês	**ταϊβανέζικος**	[tajvanézikos]
Turquia (f)	**Τουρκία** (θηλ.)	[turkía]
turco (m)	**Τούρκος** (αρ.)	[túrkos]
turca (f)	**Τουρκάλα** (θηλ.)	[turkálʲa]
turco	**τουρκικός**	[turkikós]
Japão (m)	**Ιαπωνία** (θηλ.)	[japonía]
japonês (m)	**Ιάπωνας** (αρ.)	[jáponas]
japonesa (f)	**Ιαπωνίδα** (θηλ.)	[japoníða]
japonês	**ιαπωνικός**	[japonikós]
Afeganistão (m)	**Αφγανιστάν** (ουδ.)	[afɣanistán]
Bangladesh (m)	**Μπαγκλαντές** (ουδ.)	[banglʲadés]
Indonésia (f)	**Ινδονησία** (θηλ.)	[inðonisía]

Jordânia (f)	**Ιορδανία** (θηλ.)	[iorðanía]
Iraque (m)	**Ιράκ** (ουδ.)	[irák]
Irão (m)	**Ιράν** (ουδ.)	[irán]
Camboja (f)	**Καμπότζη** (θηλ.)	[kabódzi]
Kuwait (m)	**Κουβέιτ** (ουδ.)	[kuvéjt]
Laos (m)	**Λάος** (ουδ.)	[lʲáos]
Myanmar (m), Birmânia (f)	**Μιανμάρ** (ουδ.)	[mianmár]
Nepal (m)	**Νεπάλ** (ουδ.)	[nepálʲ]
Emirados Árabes Unidos	**Ηνωμένα Αραβικά Εμιράτα** (θηλ.πλ.)	[inoména araviká emiráta]
Síria (f)	**Συρία** (θηλ.)	[siría]
Palestina (f)	**Παλαιστίνη** (θηλ.)	[palestíni]
Coreia do Sul (f)	**Νότια Κορέα** (θηλ.)	[nótia koréa]
Coreia do Norte (f)	**Βόρεια Κορέα** (θηλ.)	[vória koréa]

238. América do Norte

Estados Unidos da América	**Ηνωμένες Πολιτείες Αμερικής** (θηλ.πλ.)	[inoménes politíes amerikís]
americano (m)	**Αμερικάνος** (αρ.)	[amerikános]
americana (f)	**Αμερικάνα** (θηλ.)	[amerikána]
americano	**αμερικάνικος**	[amerikánikos]
Canadá (m)	**Καναδάς** (αρ.)	[kanaðás]
canadiano (m)	**Καναδός** (αρ.)	[kanaðós]
canadiana (f)	**Καναδή** (θηλ.)	[kanaðí]
canadiano	**καναδικός**	[kanaðikós]
México (m)	**Μεξικό** (ουδ.)	[meksikó]
mexicano (m)	**Μεξικανός** (αρ.)	[meksikános]
mexicana (f)	**Μεξικανή** (θηλ.)	[meksikaní]
mexicano	**μεξικάνικος**	[meksikánikos]

239. América Central do Sul

Argentina (f)	**Αργεντινή** (θηλ.)	[arʝendiní]
argentino (m)	**Αργεντινός** (αρ.)	[arʝendinós]
argentina (f)	**Αργεντινή** (θηλ.)	[arʝendiní]
argentino	**αργεντινός**	[arʝendinós]
Brasil (m)	**Βραζιλία** (θηλ.)	[vrazilía]
brasileiro (m)	**Βραζιλιάνος** (αρ.)	[vraziliános]
brasileira (f)	**Βραζιλιάνα** (θηλ.)	[vraziliána]
brasileiro	**βραζιλιάνικος**	[vraziliánikos]
Colômbia (f)	**Κολομβία** (θηλ.)	[kolʲomvía]
colombiano (m)	**Κολομβιανός** (αρ.)	[kolʲomvianós]
colombiana (f)	**Κολομβιανή** (θηλ.)	[kolʲomvianí]
colombiano	**κολομβιανός**	[kolʲomvianós]
Cuba (f)	**Κούβα** (θηλ.)	[kúva]

cubano (m)	**Κουβανός** (αρ.)	[kuvanós]
cubana (f)	**Κουβανή** (θηλ.)	[kuvaní]
cubano	**κουβανέζικος**	[kuvanézikos]
Chile (m)	**Χιλή** (θηλ.)	[xilí]
chileno (m)	**Χιλιανός** (αρ.)	[xilianós]
chilena (f)	**Χιλιανή** (θηλ.)	[xilianí]
chileno	**χιλιανός**	[xilianós]
Bolívia (f)	**Βολιβία** (θηλ.)	[volivía]
Venezuela (f)	**Βενεζουέλα** (θηλ.)	[venezuéla]
Paraguai (m)	**Παραγουάη** (θηλ.)	[paraɣuái]
Peru (m)	**Περού** (ουδ.)	[perú]
Suriname (m)	**Σούριναμ** (ουδ.)	[súrinam]
Uruguai (m)	**Ουρουγουάη** (θηλ.)	[uruɣuái]
Equador (m)	**Εκουαδόρ** (ουδ.)	[ekuaðór]
Bahamas (f pl)	**Μπαχάμες** (θηλ.πλ.)	[baxámes]
Haiti (m)	**Αϊτή** (θηλ.)	[aití]
República (f) Dominicana	**Δομινικανή Δημοκρατία** (θηλ.)	[ðominikaní ðimokratía]
Panamá (m)	**Παναμάς** (αρ.)	[panamás]
Jamaica (f)	**Τζαμάικα** (θηλ.)	[dzamájka]

240. Africa

Egito (m)	**Αίγυπτος** (θηλ.)	[éjiptos]
egípcio (m)	**Αιγύπτιος** (αρ.)	[ejíptios]
egípcia (f)	**Αιγύπτια** (θηλ.)	[ejíptia]
egípcio	**αιγυπτιακός**	[ejiptiakós]
Marrocos	**Μαρόκο** (ουδ.)	[maróko]
marroquino (m)	**Μαροκινός** (αρ.)	[marokinós]
marroquina (f)	**Μαροκινή** (θηλ.)	[marokiní]
marroquino	**μαροκινός**	[marokinós]
Tunísia (f)	**Τυνησία** (θηλ.)	[tinisía]
tunisino (m)	**Τυνήσιος** (αρ.)	[tinísios]
tunisina (f)	**Τυνήσια** (θηλ.)	[tinísia]
tunisino	**τυνησιακός**	[tinisiakós]
Gana (f)	**Γκάνα** (θηλ.)	[gána]
Zanzibar (m)	**Ζανζιβάρη** (θηλ.)	[zanzivári]
Quénia (f)	**Κένυα** (θηλ.)	[kénia]
Líbia (f)	**Λιβύη** (θηλ.)	[livíi]
Madagáscar (m)	**Μαδαγασκάρη** (θηλ.)	[maðaɣaskári]
Namíbia (f)	**Ναμίμπια** (θηλ.)	[namíbia]
Senegal (m)	**Σενεγάλη** (θηλ.)	[seneɣáli]
Tanzânia (f)	**Τανζανία** (θηλ.)	[tanzanía]
África do Sul (f)	**Δημοκρατία της Νότιας Αφρικής** (θηλ.)	[ðimokratía tis nótias afrikís]
africano (m)	**Αφρικανός** (αρ.)	[afrikanós]

africana (f)	**Αφρικανή** (θηλ.)	[afrikaní]
africano	**αφρικάνικος**	[afrikánikos]

241. Austrália. Oceania

Austrália (f)	**Αυστραλία** (θηλ.)	[afstralía]
australiano (m)	**Αυστραλός** (αρ.)	[afstralʲós]
australiana (f)	**Αυστραλή** (θηλ.)	[afstralí]
australiano	**αυστραλέζικος**	[afstralézikos]
Nova Zelândia (f)	**Νέα Ζηλανδία** (θηλ.)	[néa zilʲanðía]
neozelandês (m)	**Νεοζηλανδός** (αρ.)	[neozilʲanðós]
neozelandesa (f)	**Νεοζηλανδή** (θηλ.)	[neozilʲanðí]
neozelandês	**νεοζηλανδικός**	[neozilʲanðikós]
Tasmânia (f)	**Τασμανία** (θηλ.)	[tazmanía]
Polinésia Francesa (f)	**Γαλλική Πολυνησία** (θηλ.)	[ɣalikí polinisía]

242. Cidades

Amesterdão	**Άμστερνταμ** (ουδ.)	[ámsterdam]
Ancara	**Άγκυρα** (θηλ.)	[ángira]
Atenas	**Αθήνα** (θηλ.)	[aθína]
Bagdade	**Βαγδάτη** (θηλ.)	[vaɣðáti]
Banguecoque	**Μπανγκόκ** (ουδ.)	[bangkók]
Barcelona	**Βαρκελώνη** (θηλ.)	[varkelʲóni]
Beirute	**Βηρυτός** (θηλ.)	[viritós]
Berlim	**Βερολίνο** (ουδ.)	[verolíno]
Bombaim	**Βομβάη** (θηλ.)	[vomvái]
Bona	**Βόννη** (θηλ.)	[vóni]
Bordéus	**Μπορντό** (ουδ.)	[bordó]
Bratislava	**Μπρατισλάβα** (θηλ.)	[bratislʲáva]
Bruxelas	**Βρυξέλλες** (πλ.)	[vrikséles]
Bucareste	**Βουκουρέστι** (ουδ.)	[vukurésti]
Budapeste	**Βουδαπέστη** (θηλ.)	[vuðapésti]
Cairo	**Κάιρο** (ουδ.)	[káiro]
Calcutá	**Καλκούτα** (θηλ.)	[kalʲkúta]
Chicago	**Σικάγο** (ουδ.)	[sikáɣo]
Cidade do México	**Πόλη του Μεξικό** (θηλ.)	[póli tu meksikó]
Copenhaga	**Κοπεγχάγη** (θηλ.)	[kopenxáʝi]
Dar es Salaam	**Νταρ Ες Σαλάμ** (ουδ.)	[dar es salʲám]
Deli	**Δελχί** (ουδ.)	[ðelʲxí]
Dubai	**Ντουμπάι** (ουδ.)	[dubáj]
Dublin, Dublim	**Δουβλίνο** (ουδ.)	[ðuvlíno]
Düsseldorf	**Ντίσελντορφ** (ουδ.)	[díselʲdorf]
Estocolmo	**Στοκχόλμη** (θηλ.)	[stokxólʲmi]
Florença	**Φλωρεντία** (θηλ.)	[flʲorendía]
Frankfurt	**Φρανκφούρτη** (θηλ.)	[frankfúrti]

Genebra	**Γενεύη** (θηλ.)	[jenévi]
Haia	**Χάγη** (θηλ.)	[xáji]
Hamburgo	**Αμβούργο** (ουδ.)	[amvúrɣo]
Hanói	**Ανόι** (ουδ.)	[anój]
Havana	**Αβάνα** (θηλ.)	[avána]
Helsínquia	**Ελσίνκι** (ουδ.)	[elʲsínki]
Hiroshima	**Χιροσίμα** (θηλ.)	[xirosíma]
Hong Kong	**Χονγκ Κονγκ** (ουδ.)	[xong kong]
Istambul	**Κωνσταντινούπολη** (θηλ.)	[konstandinúpoli]
Jerusalém	**Ιεροσόλυμα** (θηλ.)	[ierosólima]
Kiev	**Κίεβο** (ουδ.)	[kíevo]
Kuala Lumpur	**Κουάλα Λουμπούρ** (θηλ.)	[kuálʲa lʲubúr]
Lisboa	**Λισαβόνα** (θηλ.)	[lisavóna]
Londres	**Λονδίνο** (ουδ.)	[lʲonðíno]
Los Angeles	**Λος Άντζελες** (ουδ.)	[lʲos ándzeles]
Lion	**Λιόν** (θηλ.)	[lión]
Madrid	**Μαδρίτη** (θηλ.)	[maðríti]
Marselha	**Μασσαλία** (θηλ.)	[masalía]
Miami	**Μαϊάμι** (ουδ.)	[majámi]
Montreal	**Μόντρεαλ** (ουδ.)	[móntrealʲ]
Moscovo	**Μόσχα** (θηλ.)	[mósxa]
Munique	**Μόναχο** (ουδ.)	[mónaxo]
Nairóbi	**Ναϊρόμπι** (ουδ.)	[najróbi]
Nápoles	**Νεάπολη** (θηλ.)	[neápoli]
Nice	**Νίκαια** (θηλ.)	[níkea]
Nova York	**Νέα Υόρκη** (θηλ.)	[néa jórki]
Oslo	**Όσλο** (ουδ.)	[óslʲo]
Ottawa	**Οτάβα** (θηλ.)	[otáva]
Paris	**Παρίσι** (ουδ.)	[parísi]
Pequim	**Πεκίνο** (ουδ.)	[pekíno]
Praga	**Πράγα** (θηλ.)	[práɣa]
Rio de Janeiro	**Ρίο ντε Ζανέιρο** (ουδ.)	[río de zanéjro]
Roma	**Ρώμη** (θηλ.)	[rómi]
São Petersburgo	**Αγία Πετρούπολη** (θηλ.)	[ajía petrúpoli]
Seul	**Σεούλ** (ουδ.)	[seúlʲ]
Singapura	**Σιγκαπούρη** (θηλ.)	[singapúri]
Sydney	**Σίδνεϊ** (θηλ.)	[síðnej]
Taipé	**Ταϊπέι** (θηλ.)	[tajpéj]
Tóquio	**Τόκιο** (ουδ.)	[tókio]
Toronto	**Τορόντο** (ουδ.)	[toróndo]
Varsóvia	**Βαρσοβία** (θηλ.)	[varsovía]
Veneza	**Βενετία** (θηλ.)	[venetía]
Viena	**Βιέννη** (θηλ.)	[viéni]
Washington	**Ουάσινγκτον** (θηλ.)	[wáʃington]
Xangai	**Σαγκάη** (θηλ.)	[sangái]

243. Política. Governo. Parte 1

política (f)	**πολιτική** (θηλ.)	[politikí]
político	**πολιτικός**	[politikós]
político (m)	**πολιτικός** (αρ.)	[politikós]
estado (m)	**κράτος** (ουδ.)	[krátos]
cidadão (m)	**υπήκοος** (αρ.)	[ipíkoos]
cidadania (f)	**υπηκοότητα** (θηλ.)	[ipikoótita]
brasão (m) de armas	**εθνικό έμβλημα** (ουδ.)	[eθnikó émvlima]
hino (m) nacional	**εθνικός ύμνος** (αρ.)	[eθnikós ímnos]
governo (m)	**κυβέρνηση** (θηλ.)	[kivérnisi]
Chefe (m) de Estado	**αρχηγός κράτους** (αρ.)	[arxiɣós krátus]
parlamento (m)	**βουλή** (θηλ.)	[vulí]
partido (m)	**κόμμα** (ουδ.)	[kóma]
capitalismo (m)	**καπιταλισμός** (αρ.)	[kapitalizmós]
capitalista	**καπιταλιστικός**	[kapitalistikós]
socialismo (m)	**σοσιαλισμός** (αρ.)	[sosializmós]
socialista	**σοσιαλιστικός**	[sosialistikós]
comunismo (m)	**κομμουνισμός** (αρ.)	[komunizmós]
comunista	**κομμουνιστικός**	[komunistikós]
comunista (m)	**κομμουνιστής** (αρ.)	[komunistís]
democracia (f)	**δημοκρατία** (θηλ.)	[ðimokratía]
democrata (m)	**δημοκράτης** (αρ.)	[ðimokrátis]
democrático	**δημοκρατικός**	[ðimokratikós]
Partido (m) Democrático	**δημοκρατικό κόμμα** (ουδ.)	[ðimokratikó kóma]
liberal (m)	**φιλελεύθερος** (αρ.)	[fileléfθeros]
liberal	**φιλελεύθερος**	[fileléfθeros]
conservador (m)	**συντηρητικός** (αρ.)	[sindiritikós]
conservador	**συντηρητικός**	[sindiritikós]
república (f)	**δημοκρατία** (θηλ.)	[ðimokratía]
republicano (m)	**ρεπουμπλικάνος** (αρ.)	[republikános]
Partido (m) Republicano	**ρεπουμπλικανικό κόμμα** (ουδ.)	[republikanikó kóma]
eleições (f pl)	**εκλογές** (θηλ.πλ.)	[ekl^jojés]
eleger (vt)	**εκλέγω**	[ekléɣo]
eleitor (m)	**ψηφοφόρος** (αρ.)	[psifofóros]
campanha (f) eleitoral	**προεκλογική καμπάνια** (θηλ.)	[proekl^jojikí kambánia]
votação (f)	**ψηφοφορία** (θηλ.)	[psifoforía]
votar (vi)	**ψηφίζω**	[psifízo]
direito (m) de voto	**δικαίωμα ψήφου** (ουδ.)	[ðikéoma psífu]
candidato (m)	**υποψήφιος** (αρ.)	[ipopsífios]
candidatar-se (vi)	**βάζω υποψηφιότητα**	[vázo ipopsifiótita]

campanha (f)	**καμπάνια** (θηλ.)	[kambánia]
da oposição	**αντιπολιτευόμενος**	[andipolitevómenos]
oposição (f)	**αντιπολίτευση** (θηλ.)	[andipolítefsi]
visita (f)	**επίσκεψη** (θηλ.)	[epískepsi]
visita (f) oficial	**επίσημη επίσκεψη** (θηλ.)	[epísimi epískepsi]
internacional	**διεθνής**	[ðieθnís]
negociações (f pl)	**διαπραγματεύσεις** (θηλ.πλ.)	[ðiapraɣmatéfsis]
negociar (vi)	**διαπραγματεύομαι**	[ðiapraɣmatévome]

244. Política. Governo. Parte 2

sociedade (f)	**κοινωνία** (θηλ.)	[kinonía]
constituição (f)	**σύνταγμα** (ουδ.)	[síndaɣma]
poder (ir para o ~)	**εξουσία** (θηλ.)	[eksusía]
corrupção (f)	**διαφθορά** (θηλ.)	[ðiafθorá]
lei (f)	**νόμος** (αρ.)	[nómos]
legal	**νόμιμος**	[nómimos]
justiça (f)	**δικαιοσύνη** (θηλ.)	[ðikeosíni]
justo	**δίκαιος**	[ðíkeos]
comité (m)	**επιτροπή** (θηλ.)	[epitropí]
projeto-lei (m)	**νομοσχέδιο** (ουδ.)	[nomosxéðio]
orçamento (m)	**προϋπολογισμός** (αρ.)	[proipolʲoʝizmós]
política (f)	**πολιτική** (θηλ.)	[politikí]
reforma (f)	**μεταρρύθμιση** (θηλ.)	[metaríθmisi]
radical	**ριζοσπαστικός**	[rizospastikós]
força (f)	**δύναμη** (θηλ.)	[ðínami]
poderoso	**ισχυρός**	[isxirós]
partidário (m)	**υποστηρικτής** (αρ.)	[ipostiriktís]
influência (f)	**επίδραση** (θηλ.)	[epíðrasi]
regime (m)	**πολίτευμα** (ουδ.)	[polítevma]
conflito (m)	**σύγκρουση** (θηλ.)	[síngrusi]
conspiração (f)	**συνωμοσία** (θηλ.)	[sinomosía]
provocação (f)	**πρόκληση** (θηλ.)	[próklisi]
derrubar (vt)	**ανατρέπω**	[anatrépo]
derrube (m), queda (f)	**ανατροπή** (θηλ.)	[anatropí]
revolução (f)	**επανάσταση** (θηλ.)	[epanástasi]
golpe (m) de Estado	**πραξικόπημα** (ουδ.)	[praksikópima]
golpe (m) militar	**στρατιωτικό πραξικόπημα** (ουδ.)	[stratiotikó praksikópima]
crise (f)	**κρίση** (θηλ.)	[krísi]
recessão (f) económica	**οικονομική ύφεση** (θηλ.)	[ikonomikí ifesi]
manifestante (m)	**διαδηλωτής** (αρ.)	[ðiaðilʲotís]
manifestação (f)	**διαδήλωση** (θηλ.)	[ðiaðílʲosi]
lei (f) marcial	**στρατιωτικός νόμος** (αρ.)	[stratiotikós nómos]

base (f) militar	**στρατιωτική βάση** (θηλ.)	[stratiotikí vási]
estabilidade (f)	**σταθερότητα** (θηλ.)	[staθerótita]
estável	**σταθερός**	[staθerós]
exploração (f)	**εκμετάλλευση** (θηλ.)	[ekmetálefsi]
explorar (vt)	**εκμεταλλεύομαι**	[ekmetalévome]
racismo (m)	**ρατσισμός** (αρ.)	[ratsizmós]
racista (m)	**ρατσιστής** (αρ.)	[ratsistís]
fascismo (m)	**φασισμός** (αρ.)	[fasizmós]
fascista (m)	**φασιστής** (αρ.)	[fasistís]

245. Países. Diversos

estrangeiro (m)	**ξένος** (αρ.)	[ksénos]
estrangeiro	**ξένος**	[ksénos]
no estrangeiro	**στο εξωτερικό**	[sto eksoterikó]
emigrante (m)	**μετανάστης** (αρ.)	[metanástis]
emigração (f)	**μετανάστευση** (θηλ.)	[metanástefsi]
emigrar (vi)	**αποδημώ**	[apoðimó]
Ocidente (m)	**Δύση** (θηλ.)	[ðísi]
Oriente (m)	**Ανατολή** (θηλ.)	[anatolí]
Extremo Oriente (m)	**Άπω Ανατολή** (θηλ.)	[ápo anatolí]
civilização (f)	**πολιτισμός** (αρ.)	[politizmós]
humanidade (f)	**ανθρωπότητα** (θηλ.)	[anθropótita]
mundo (m)	**πλανήτης** (αρ.)	[plʲanítis]
paz (f)	**ειρήνη** (θηλ.)	[iríni]
mundial	**παγκόσμιος**	[pangózmios]
pátria (f)	**πατρίδα** (θηλ.)	[patríða]
povo (m)	**λαός** (αρ.)	[lʲaós]
população (f)	**πληθυσμός** (αρ.)	[pliθizmós]
gente (f)	**άνθρωποι** (αρ.πλ.)	[ánθropi]
nação (f)	**έθνος** (ουδ.)	[éθnos]
geração (f)	**γενιά** (θηλ.)	[ʝeniá]
território (m)	**έδαφος** (ουδ.)	[éðafos]
região (f)	**περιοχή** (θηλ.)	[perioxí]
estado (m)	**πολιτεία** (θηλ.)	[politía]
tradição (f)	**παράδοση** (θηλ.)	[paráðosi]
costume (m)	**έθιμο** (ουδ.)	[éθimo]
ecologia (f)	**οικολογία** (θηλ.)	[ikolʲoʝía]
índio (m)	**Ινδιάνος** (αρ.)	[inðiános]
cigano (m)	**τσιγγάνος** (αρ.)	[tsingános]
cigana (f)	**τσιγγάνα** (θηλ.)	[tsingána]
cigano	**τσιγγάνικος**	[tsingánikos]
império (m)	**αυτοκρατορία** (θηλ.)	[aftokratoría]
colónia (f)	**αποικία** (θηλ.)	[apikía]

escravidão (f)	**δουλεία** (θηλ.)	[ðulía]
invasão (f)	**εισβολή** (θηλ.)	[isvolí]
fome (f)	**πείνα** (θηλ.)	[pína]

246. Grupos religiosos mais importantes. Confissões

religião (f)	**θρησκεία** (θηλ.)	[θriskía]
religioso	**θρησκευτικός**	[θriskeftikós]
crença (f)	**πίστη** (θηλ.)	[písti]
crer (vt)	**πιστεύω**	[pistévo]
crente (m)	**πιστός** (αρ.)	[pistós]
ateísmo (m)	**αθεϊσμός** (αρ.)	[aθeizmós]
ateu (m)	**αθεϊστής** (αρ.)	[aθeistís]
cristianismo (m)	**χριστιανισμός** (αρ.)	[xristianizmós]
cristão (m)	**χριστιανός** (αρ.)	[xristianós]
cristão	**χριστιανικός**	[xristianikós]
catolicismo (m)	**Καθολικισμός** (αρ.)	[kaθolikizmós]
católico (m)	**καθολικός** (αρ.)	[kaθolikós]
católico	**καθολικός**	[kaθolikós]
protestantismo (m)	**Προτεσταντισμός** (αρ.)	[prostetandizmós]
Igreja (f) Protestante	**Προτεσταντική εκκλησία** (θηλ.)	[protestandikí eklisía]
protestante (m)	**προτεστάντης** (αρ.)	[protestándis]
ortodoxia (f)	**Ορθοδοξία** (θηλ.)	[orθoðoksía]
Igreja (f) Ortodoxa	**Ορθόδοξη εκκλησία** (θηλ.)	[orθóðoksi eklisía]
ortodoxo (m)	**ορθόδοξος** (αρ.)	[orθóðoksos]
presbiterianismo (m)	**Πρεσβυτεριανισμός** (αρ.)	[prezviterianizmós]
Igreja (f) Presbiteriana	**Πρεσβυτεριανή εκκλησία** (θηλ.)	[prezvitarianí eklisía]
presbiteriano (m)	**πρεσβυτεριανός** (αρ.)	[prezviterianós]
Igreja (f) Luterana	**Λουθηρανική εκκλησία** (θηλ.)	[lʲuθiranikí eklisía]
luterano (m)	**λουθηρανός** (αρ.)	[lʲuθiranós]
Igreja (f) Batista	**Βαπτιστική Εκκλησία** (θηλ.)	[vaptistikí eklisía]
batista (m)	**βαπτιστής** (αρ.)	[vaptistís]
Igreja (f) Anglicana	**Αγγλικανική εκκλησία** (θηλ.)	[anglikanikí eklisía]
anglicano (m)	**αγγλικανός** (αρ.)	[anglikanós]
mormonismo (m)	**Μορμονισμός** (αρ.)	[mormonizmós]
mórmon (m)	**μορμόνος** (αρ.)	[mormónos]
Judaísmo (m)	**Ιουδαϊσμός** (αρ.)	[iuðaizmós]
judeu (m)	**Ιουδαίος** (αρ.)	[iuðéos]
budismo (m)	**Βουδισμός** (αρ.)	[vuðizmós]
budista (m)	**βουδιστής** (αρ.)	[vuðistís]

hinduísmo (m)	**Ινδουισμός** (αρ.)	[inðuizmós]
hindu (m)	**ινδουιστής** (αρ.)	[inðuistís]
Islão (m)	**Ισλάμ** (ουδ.)	[islʲám]
muçulmano (m)	**μουσουλμάνος** (αρ.)	[musulʲmános]
muçulmano	**μουσουλμανικός**	[musulʲmanikós]
Xiismo (m)	**Σιιτισμός** (αρ.)	[siitizmós]
xiita (m)	**Σιίτης** (αρ.)	[siítis]
sunismo (m)	**Σουνιτικό Ισλάμ** (ουδ.)	[sunitikó islʲám]
sunita (m)	**σουνίτης** (αρ.)	[sunítis]

247. Religiões. Padres

padre (m)	**ιερέας** (αρ.)	[ieréas]
Papa (m)	**Πάπας** (αρ.)	[pápas]
monge (m)	**καλόγερος** (αρ.)	[kalʲój̯eros]
freira (f)	**μοναχή** (θηλ.)	[monaxí]
pastor (m)	**πάστορας** (αρ.)	[pástoras]
abade (m)	**αβάς** (αρ.)	[avás]
vigário (m)	**βικάριος** (αρ.)	[vikários]
bispo (m)	**επίσκοπος** (αρ.)	[epískopos]
cardeal (m)	**καρδινάλιος** (αρ.)	[karðinálios]
pregador (m)	**ιεροκήρυκας** (αρ.)	[ierokírikas]
sermão (m)	**κήρυγμα** (ουδ.)	[kíriɣma]
paroquianos (pl)	**ενορίτες** (αρ.πλ.)	[enorítes]
crente (m)	**πιστός** (αρ.)	[pistós]
ateu (m)	**αθεϊστής** (αρ.)	[aθeistís]

248. Fé. Cristianismo. Islão

Adão	**Αδάμ** (αρ.)	[aðám]
Eva	**Εύα** (θηλ.)	[éva]
Deus (m)	**Θεός** (αρ.)	[θeós]
Senhor (m)	**Κύριος** (αρ.)	[kírios]
Todo Poderoso (m)	**Παντοδύναμος** (αρ.)	[pandoðínamos]
pecado (m)	**αμαρτία** (θηλ.)	[amartía]
pecar (vi)	**αμαρταίνω**	[amarténo]
pecador (m)	**αμαρτωλός** (αρ.)	[amartolʲós]
pecadora (f)	**αμαρτωλή** (θηλ.)	[amartolí]
inferno (m)	**κόλαση** (θηλ.)	[kólʲasi]
paraíso (m)	**παράδεισος** (αρ.)	[paráðisos]
Jesus	**Ιησούς** (αρ.)	[iisús]
Jesus Cristo	**Ιησούς Χριστός** (αρ.)	[iisús xristós]

Espírito (m) Santo	**Άγιο Πνεύμα** (ουδ.)	[ájo pnévma]
Salvador (m)	**Σωτήρας** (αρ.)	[sotíras]
Virgem Maria (f)	**Παναγία** (θηλ.)	[panaɣía]
Diabo (m)	**Διάβολος** (αρ.)	[ðiávolʲos]
diabólico	**διαβολικός**	[ðiavolikós]
Satanás (m)	**Σατανάς** (αρ.)	[satanás]
satânico	**σατανικός**	[satanikós]
anjo (m)	**άγγελος** (αρ.)	[ángelʲos]
anjo (m) da guarda	**φύλακας άγγελος** (αρ.)	[fílʲakas ángelʲos]
angélico	**αγγελικός**	[angelikós]
apóstolo (m)	**Απόστολος** (αρ.)	[apóstolʲos]
arcanjo (m)	**αρχάγγελος** (αρ.)	[arxángelʲos]
anticristo (m)	**Αντίχριστος** (αρ.)	[andíxristos]
Igreja (f)	**Εκκλησία** (θηλ.)	[eklisía]
Bíblia (f)	**βίβλος** (θηλ.)	[vívlʲos]
bíblico	**βιβλικός**	[vivlikós]
Velho Testamento (m)	**Παλαιά Διαθήκη** (θηλ.)	[paleá ðiaθíki]
Novo Testamento (m)	**Καινή Διαθήκη** (θηλ.)	[kení ðiaθíki]
Evangelho (m)	**Ευαγγέλιο** (ουδ.)	[evangélio]
Sagradas Escrituras (f pl)	**Αγία Γραφή** (θηλ.)	[ajía ɣrafí]
Céu (m)	**ουρανός** (αρ.)	[uranós]
mandamento (m)	**εντολή** (θηλ.)	[endolí]
profeta (m)	**προφήτης** (αρ.)	[profítis]
profecia (f)	**προφητεία** (θηλ.)	[profitía]
Alá	**Αλλάχ** (αρ.)	[alʲáx]
Maomé	**Μωάμεθ** (αρ.)	[moámeθ]
Corão, Alcorão (m)	**Κοράνι** (ουδ.)	[koráni]
mesquita (f)	**τζαμί** (ουδ.)	[dzamí]
mulá (m)	**μουλάς** (αρ.)	[mulʲás]
oração (f)	**προσευχή** (θηλ.)	[prosefxí]
rezar, orar (vi)	**προσεύχομαι**	[proséfxome]
peregrinação (f)	**προσκύνημα** (ουδ.)	[proskínima]
peregrino (m)	**προσκυνητής** (αρ.)	[proskinitís]
Meca (f)	**Μέκκα** (θηλ.)	[méka]
igreja (f)	**Εκκλησία** (θηλ.)	[eklisía]
templo (m)	**ναός** (αρ.)	[naós]
catedral (f)	**καθεδρικός** (αρ.)	[kaθeðrikós]
gótico	**γοτθικός**	[ɣotθikós]
sinagoga (f)	**συναγωγή** (θηλ.)	[sinaɣojí]
mesquita (f)	**τζαμί** (ουδ.)	[dzamí]
capela (f)	**παρεκκλήσι** (ουδ.)	[pareklísi]
abadia (f)	**αβαείο** (ουδ.)	[avaío]
convento (m)	**γυναικείο μοναστήρι** (ουδ.)	[jinekío monastíri]
mosteiro (m)	**μοναστήρι** (ουδ.)	[monastíri]
sino (m)	**καμπάνα** (θηλ.)	[kabána]

campanário (m)	**καμπαναριό** (ουδ.)	[kabanarió]
repicar (vi)	**χτυπάω**	[xtipáo]
cruz (f)	**σταυρός** (αρ.)	[stavrós]
cúpula (f)	**θόλος** (αρ.)	[θólʲos]
ícone (m)	**εικόνα** (θηλ.)	[ikóna]
alma (f)	**ψυχή** (θηλ.)	[psixí]
destino (m)	**μοίρα** (θηλ.)	[míra]
mal (m)	**κακό** (ουδ.)	[kakó]
bem (m)	**καλό** (ουδ.)	[kalʲó]
vampiro (m)	**βρικόλακας** (αρ.)	[vrikólʲakas]
bruxa (f)	**μάγισσα** (θηλ.)	[májisa]
demónio (m)	**δαίμονας** (αρ.)	[ðémonas]
espírito (m)	**πνεύμα** (ουδ.)	[pnévma]
redenção (f)	**λύτρωση** (θηλ.)	[lítrosi]
redimir (vt)	**λυτρώνω**	[litróno]
missa (f)	**λειτουργία** (θηλ.)	[liturjía]
celebrar a missa	**τελώ λειτουργία**	[telʲó liturjía]
confissão (f)	**εξομολόγηση** (θηλ.)	[eksomolʲójisi]
confessar-se (vr)	**εξομολογούμαι**	[eksomolʲoɣúme]
santo (m)	**άγιος** (αρ.)	[ájos]
sagrado	**ιερός**	[ierós]
água (f) benta	**αγιασμός** (αρ.)	[ajazmós]
ritual (m)	**τελετουργία** (θηλ.)	[teleturjía]
ritual	**τελετουργικός**	[teleturjikós]
sacrifício (m)	**θυσία** (θηλ.)	[θisía]
superstição (f)	**δεισιδαιμονία** (θηλ.)	[ðisiðemonía]
supersticioso	**δεισιδαίμων**	[ðisiðémon]
vida (f) depois da morte	**μεταθανάτια ζωή** (θηλ.)	[metaθanátia zoí]
vida (f) eterna	**αιώνια ζωή** (θηλ.)	[eónia zoí]

TEMAS DIVERSOS

249. Várias palavras úteis

ajuda (f)	**βοήθεια** (θηλ.)	[voíθia]
barreira (f)	**φραγμός** (αρ.)	[fraɣmós]
base (f)	**βάση** (θηλ.)	[vási]
categoria (f)	**κατηγορία** (θηλ.)	[katiɣoría]
causa (f)	**αιτία** (θηλ.)	[etía]
coincidência (f)	**σύμπτωση** (θηλ.)	[símptosi]
coisa (f)	**πράγμα** (ουδ.)	[práɣma]
começo (m)	**αρχή** (θηλ.)	[arxí]
cómodo (ex. poltrona ~a)	**άνετος**	[ánetos]
comparação (f)	**σύγκριση** (θηλ.)	[síngrisi]
compensação (f)	**αποζημίωση** (θηλ.)	[apozimíosi]
crescimento (m)	**ανάπτυξη** (θηλ.)	[anáptiksi]
desenvolvimento (m)	**εξέλιξη** (θηλ.)	[ekséliksi]
diferença (f)	**διαφορά** (θηλ.)	[ðiaforá]
efeito (m)	**αποτέλεσμα** (ουδ.)	[apotélezma]
elemento (m)	**στοιχείο** (ουδ.)	[stixío]
equilíbrio (m)	**ισορροπία** (θηλ.)	[isoropía]
erro (m)	**λάθος** (ουδ.)	[lʲáθos]
esforço (m)	**προσπάθεια** (θηλ.)	[prospáθia]
estilo (m)	**ύφος** (ουδ.)	[ífos]
exemplo (m)	**παράδειγμα** (ουδ.)	[paráðiɣma]
facto (m)	**γεγονός** (ουδ.)	[ʝeɣonós]
fim (m)	**τέλος** (ουδ.)	[télʲos]
forma (f)	**μορφή** (θηλ.)	[morfí]
frequente	**συχνός**	[sixnós]
fundo (ex. ~ verde)	**φόντο** (ουδ.)	[fóndo]
género (tipo)	**είδος** (ουδ.)	[íðos]
grau (m)	**βαθμός** (αρ.)	[vaθmós]
ideal (m)	**ιδανικό** (ουδ.)	[iðanikó]
labirinto (m)	**λαβύρινθος** (αρ.)	[lʲavírinθos]
modo (m)	**τρόπος** (αρ.)	[trópos]
momento (m)	**στιγμή** (θηλ.)	[stiɣmí]
objeto (m)	**αντικείμενο** (ουδ.)	[andikímeno]
obstáculo (m)	**εμπόδιο** (ουδ.)	[embóðio]
original (m)	**πρωτότυπο** (ουδ.)	[protótipo]
padrão	**τυποποιημένος**	[tipopiiménos]
padrão (m)	**πρότυπο** (ουδ.)	[prótipo]
paragem (pausa)	**στάση** (θηλ.)	[stási]
parte (f)	**κομμάτι** (ουδ.)	[komáti]

partícula (f)	**σωματίδιο** (ουδ.)	[somatíðio]
pausa (f)	**διάλειμμα** (ουδ.)	[ðiálima]
posição (f)	**θέση** (θηλ.)	[θési]
princípio (m)	**αρχή** (θηλ.)	[arxí]
problema (m)	**πρόβλημα** (ουδ.)	[próvlima]
processo (m)	**διαδικασία** (θηλ.)	[ðiaðikasía]
progresso (m)	**πρόοδος** (θηλ.)	[próoðos]
propriedade (f)	**ιδιότητα** (θηλ.)	[iðiótita]
reação (f)	**αντίδραση** (θηλ.)	[andíðrasi]
risco (m)	**ρίσκο** (ουδ.)	[rísko]
ritmo (m)	**τέμπο** (ουδ.)	[témpo]
segredo (m)	**μυστικό** (ουδ.)	[mistikó]
série (f)	**σειρά** (θηλ.)	[sirá]
sistema (m)	**σύστημα** (ουδ.)	[sístima]
situação (f)	**κατάσταση** (θηλ.)	[katástasi]
solução (f)	**λύση** (θηλ.)	[lísi]
tabela (f)	**πίνακας** (αρ.)	[pínakas]
termo (ex. ~ técnico)	**όρος** (αρ.)	[óros]
tipo (m)	**τύπος** (αρ.)	[típos]
urgente	**επείγων**	[ipíɣon]
urgentemente	**επειγόντως**	[epiɣóndos]
utilidade (f)	**χρησιμότητα** (θηλ.)	[xrisimótita]
variante (f)	**εκδοχή** (θηλ.)	[ekðoxí]
variedade (f)	**επιλογές** (θηλ.)	[epiʎojés]
verdade (f)	**αλήθεια** (θηλ.)	[alíθia]
vez (f)	**σειρά** (θηλ.)	[sirá]
zona (f)	**ζώνη** (θηλ.)	[zóni]

250. Modificadores. Adjetivos. Parte 1

aberto	**ανοιχτός**	[anixtós]
afiado	**κοφτερός**	[kofterós]
agradável	**ευχάριστος**	[efxáristos]
agradecido	**ευγνώμων**	[efɣnómon]
alegre	**χαρούμενος**	[xarúmenos]
alto (ex. voz ~a)	**δυνατός**	[ðinatós]
amargo	**πικρός**	[pikrós]
amplo	**ευρύχωρος**	[evríxoros]
antigo	**αρχαίος**	[arxéos]
apropriado	**κατάλληλος**	[katáliʎos]
arriscado	**επικίνδυνος**	[epikínðinos]
artificial	**τεχνητός**	[texnitós]
azedo	**ξινός**	[ksinós]
baixo (voz ~a)	**σιγανός**	[siɣanós]
barato	**φτηνός**	[ftinós]
belo	**όμορφος**	[ómorfos]

bom	**καλός**	[kalʲós]
bondoso	**καλός**	[kalʲós]
bonito	**όμορφος**	[ómorfos]
bronzeado	**μαυρισμένος**	[mavrizménos]
burro, estúpido	**χαζός**	[xazós]
calmo	**ήσυχος**	[ísixos]
cansado	**κουρασμένος**	[kurazménos]
cansativo	**κουραστικός**	[kurastikós]
carinhoso	**στοργικός**	[storɟikós]
caro	**ακριβός**	[akrivós]
cego	**τυφλός**	[tiflʲós]
central	**κεντρικός**	[kendrikós]
cerrado (ex. nevoeiro ~)	**πυκνός**	[piknós]
cheio (ex. copo ~)	**γεμάτος**	[ɟemátos]
civil	**δημόσιος**	[ðimósios]
clandestino	**κρυφός**	[krifós]
claro	**ανοιχτός**	[anixtós]
claro (explicação ~a)	**σαφής**	[safís]
compatível	**συμβατός**	[simvatós]
comum, normal	**κανονικός**	[kanonikós]
congelado	**κατεψυγμένος**	[katepsiɣménos]
conjunto	**κοινός**	[kinós]
considerável	**σημαντικός**	[simandikós]
contente	**ευχαριστημένος**	[efxaristiménos]
contínuo	**μακρόχρονος**	[makróxronos]
contrário (ex. o efeito ~)	**αντίθετος**	[andíθetos]
correto (resposta ~a)	**σωστός**	[sostós]
cru (não cozinhado)	**ωμός**	[omós]
curto	**κοντός**	[kondós]
de curta duração	**σύντομος**	[síndomos]
de sol, ensolarado	**ηλιόλουστος**	[ilióʲustos]
de trás	**πίσω**	[píso]
denso (fumo, etc.)	**πυκνός**	[piknós]
desanuviado	**αίθριος, καθαρός**	[éθrios], [kaθarós]
descuidado	**αμελής**	[amelís]
diferente	**διαφορετικός**	[ðiaforetikós]
difícil	**δύσκολος**	[ðískolʲos]
difícil, complexo	**δύσκολος**	[ðískolʲos]
direito	**δεξιός**	[ðeksiós]
distante	**μακρινός**	[makrinós]
diverso	**ποικίλος**	[pikílʲos]
doce (açucarado)	**γλυκός**	[ɣlikós]
doce (água)	**γλυκό**	[ɣlikó]
doente	**άρρωστος**	[árostos]
duro (material ~)	**σκληρός**	[sklirós]
educado	**ευγενικός**	[evɟenikós]
encantador	**ευγενικός**	[evɟenikós]

enigmático	**αινιγματικός**	[eniɣmatikós]
enorme	**τεράστιος**	[terástios]
escuro (quarto ~)	**σκοτεινός**	[skotinós]
especial	**ειδικός**	[iðikós]
esquerdo	**αριστερός**	[aristerós]
estrangeiro	**ξένος**	[ksénos]
estreito	**στενός**	[stenós]
exato	**ακριβής**	[akrivís]
excelente	**άριστος**	[áristos]
excessivo	**υπερβολικός**	[ipervolikós]
externo	**εξωτερικός**	[eksoterikós]
fácil	**εύκολος**	[éfkolʲos]
faminto	**νηστικός**	[nistikós]
fechado	**κλειστός**	[klistós]
feliz	**ευτυχισμένος**	[eftixizménos]
fértil (terreno ~)	**καρπερός**	[karperós]
forte (pessoa ~)	**δυνατός**	[ðinatós]
fraco (luz ~a)	**αμυδρός**	[amiðrós]
frágil	**εύθραυστος**	[éfθrafstos]
fresco	**δροσερός**	[ðroserós]
fresco (pão ~)	**φρέσκος**	[fréskos]
frio	**κρύος**	[kríos]
gordo	**λιπαρός**	[liparós]
gostoso	**νόστιμος**	[nóstimos]
grande	**μεγάλος**	[meɣálʲos]
gratuito, grátis	**δωρεάν**	[ðoreán]
grosso (camada ~a)	**παχύς**	[paxís]
hostil	**εχθρικός**	[exθrikós]
húmido	**υγρός**	[iɣrós]

251. Modificadores. Adjetivos. Parte 2

igual	**όμοιος, ίδιος**	[ómios], [íðios]
imóvel	**ακίνητος**	[akínitos]
importante	**σημαντικός**	[simandikós]
impossível	**αδύνατος**	[aðínatos]
incompreensível	**ακατανόητος**	[akatanóitos]
indigente	**πάμφτωχος**	[pámftoxos]
indispensável	**απαραίτητος**	[aparétitos]
inexperiente	**άπειρος**	[ápiros]
infantil	**παιδικός**	[peðikós]
ininterrupto	**συνεχής**	[aðiákopos]
insignificante	**ασήμαντος**	[asímandos]
inteiro (completo)	**όλος, ολόκληρος**	[ólʲos], [olʲókliros]
inteligente	**έξυπνος**	[éksipnos]
interno	**εσωτερικός**	[esoterikós]
jovem	**νέος**	[néos]

largo (caminho ~)	**φαρδύς**	[farðís]
legal	**νόμιμος**	[nómimos]
leve	**ελαφρύς**	[el'afrís]
limitado	**περιορισμένος**	[periorizménos]
limpo	**καθαρός**	[kaθarós]
líquido	**υγρός**	[iɣrós]
liso	**λείος**	[líos]
liso (superfície ~a)	**επίπεδος**	[epípeðos]
livre	**ελεύθερος**	[eléfθeros]
longo (ex. cabelos ~s)	**μακρύς**	[makrís]
maduro (ex. fruto ~)	**ώριμος**	[órimos]
magro	**αδύνατος**	[aðínatos]
magro (pessoa)	**κοκαλιάρης**	[kokaliáris]
mais próximo	**πλησιέστερος**	[plisiésteros]
mais recente	**περασμένος**	[perazménos]
mate, baço	**ματ**	[mat]
mau	**κακός**	[kakós]
meticuloso	**ακριβής**	[akrivís]
míope	**μύωπας**	[míopas]
mole	**μαλακός**	[mal'akós]
molhado	**βρεγμένος**	[vreɣménos]
moreno	**μελαψός**	[mel'apsós]
morto	**νεκρός**	[nekrós]
não difícil	**εύκολος**	[éfkol'os]
não é clara	**ασαφής**	[asafís]
não muito grande	**μικρός**	[mikrós]
natal (país ~)	**καταγωγής**	[kataɣoʝís]
necessário	**αναγκαίος**	[anangéos]
negativo	**αρνητικός**	[arnitikós]
nervoso	**νευρικός**	[nevrikós]
normal	**κανονικός**	[kanonikós]
novo	**καινούριος**	[kenúrios]
o mais importante	**πιο σημαντικός**	[pio simandikós]
obrigatório	**υποχρεωτικός**	[ipoxreotikós]
original	**πρωτότυπος**	[protótipos]
passado	**προηγούμενος**	[proiɣúmenos]
pequeno	**μικρός**	[mikrós]
perigoso	**επικίνδυνος**	[epikínðinos]
permanente	**μόνιμος**	[mónimos]
perto	**κοντινός**	[kondinós]
pesado	**βαρύς**	[varís]
pessoal	**προσωπικός**	[prosopikós]
plano (ex. ecrã ~ a)	**επίπεδος**	[epípeðos]
pobre	**φτωχός**	[ftoxós]
pontual	**συνεπής**	[sinepís]
possível	**πιθανός**	[piθanós]
pouco fundo	**ρηχός**	[rixós]

presente (ex. momento ~)	**τωρινός**	[torinós]
prévio	**προγενέστερος**	[proʝenésteros]
primeiro (principal)	**βασικός**	[vasikós]
principal	**κύριος**	[kírios]
privado	**ιδιωτικός**	[iðiotikós]
provável	**πιθανός**	[piθanós]
próximo	**κοντινός**	[kondinós]
público	**δημόσιος**	[ðimósios]
quente (cálido)	**ζεστός**	[zestós]
quente (morno)	**ζεστός**	[zestós]
rápido	**γρήγορος**	[ɣríɣoros]
raro	**σπάνιος**	[spánios]
remoto, longínquo	**μακρινός**	[makrinós]
reto	**ευθύς**	[efθís]
salgado	**αλμυρός**	[alʲmirós]
satisfeito	**ικανοποιημένος**	[ikanopiiménos]
seco	**ξερός**	[kserós]
seguinte	**επόμενος**	[epómenos]
seguro	**ασφαλής**	[asfalís]
similar	**παρόμοιος**	[parómios]
simples	**απλός**	[aplʲós]
soberbo	**υπέροχος**	[ipéroxos]
sólido	**ανθεκτικός**	[anθektikós]
sombrio	**σκοτεινός**	[skotinós]
sujo	**λερωμένος**	[leroménos]
superior	**ο υψηλότερος**	[o ipsilóteros]
suplementar	**πρόσθετος**	[prósθetos]
terno, afetuoso	**τρυφερός**	[triferós]
tranquilo	**ήσυχος**	[ísixos]
transparente	**διαφανής**	[ðiafanís]
triste (pessoa)	**στεναχωρημένος**	[stenaxoriménos]
triste (um ar ~)	**θλιμμένος**	[sliménos]
último	**τελευταίος**	[teleftéos]
único	**μοναδικός**	[monaðikós]
usado	**μεταχειρισμένος**	[metaxirizménos]
vazio (meio ~)	**άδειος**	[áðios]
velho	**παλιός**	[paliós]
vizinho	**γειτονικός**	[ʝitonikós]

500 VERBOS PRINCIPAIS

252. Verbos A-B

aborrecer-se (vr)	**βαριέμαι**	[variéme]
abraçar (vt)	**αγκαλιάζω**	[angaliázo]
abrir (~ a janela)	**ανοίγω**	[aníɣo]
acalmar (vt)	**ηρεμώ**	[iremó]
acariciar (vt)	**χαϊδεύω**	[xaiðévo]
acenar (vt)	**κουνάω**	[kunáo]
acender (~ uma fogueira)	**ανάβω**	[anávo]
achar (vt)	**νομίζω**	[nomízo]
acompanhar (vt)	**συνοδεύω**	[sinoðévo]
aconselhar (vt)	**συμβουλεύω**	[simvulévo]
acordar (despertar)	**ξυπνάω**	[ksipnáo]
acrescentar (vt)	**προσθέτω**	[prosθéto]
acusar (vt)	**κατηγορώ**	[katiɣoró]
adestrar (vt)	**εκπαιδεύω**	[ekpeðévo]
adivinhar (vt)	**μαντεύω**	[mandévo]
admirar (vt)	**θαυμάζω**	[θavmázo]
advertir (vt)	**προειδοποιώ**	[proiðopió]
afirmar (vt)	**ισχυρίζομαι**	[isxirízome]
afogar-se (pessoa)	**πνίγομαι**	[pníɣome]
afugentar (vt)	**διώχνω**	[ðióxno]
agir (vi)	**πράττω**	[práto]
agitar, sacudir (objeto)	**ανακινώ**	[anakinó]
agradecer (vt)	**ευχαριστώ**	[efxaristó]
ajudar (vt)	**βοηθώ**	[voiθó]
alcançar (objetivos)	**πετυχαίνω**	[petixéno]
alimentar (dar comida)	**ταΐζω**	[tézo]
almoçar (vi)	**τρώω μεσημεριανό**	[tróo mesimerianó]
alugar (~ o barco, etc.)	**νοικιάζω**	[nikiázo]
alugar (~ um apartamento)	**νοικιάζω**	[nikiázo]
amar (pessoa)	**αγαπάω**	[aɣapáo]
amarrar (vt)	**δένω**	[ðéno]
ameaçar (vt)	**απειλώ**	[apilʲó]
amputar (vt)	**ακρωτηριάζω**	[akrotiriázo]
anotar (escrever)	**σημειώνω**	[simióno]
anular, cancelar (vt)	**ακυρώνω**	[akiróno]
apagar (com apagador, etc.)	**σβήνω**	[zvíno]
apagar (um incêndio)	**σβήνω**	[zvíno]
apaixonar-se de ...	**ερωτεύομαι**	[erotévome]

aparecer (vi)	**εμφανίζομαι**	[emfanízome]
aplaudir (vi)	**χειροκροτώ**	[xirokrotó]
apoiar (vt)	**υποστηρίζω**	[ipostirízo]
apontar para ...	**στοχεύω σε ...**	[stoxévo se]
apresentar (alguém a alguém)	**συστήνω**	[sistíno]
apresentar (Gostaria de ~)	**συστήνω**	[sistíno]
apressar (vt)	**κάνω κάποιον να βιαστεί**	[káno kápion na viastí]
apressar-se (vr)	**βιάζομαι**	[viázome]
aproximar-se (vr)	**πλησιάζω**	[plisiázo]
aquecer (vt)	**ζεσταίνω**	[zesténo]
arrancar (vt)	**κόβω**	[kóvo]
arranhar (gato, etc.)	**γρατζουνίζω**	[ɣradzunízo]
arrepender-se (vr)	**λυπάμαι**	[lipáme]
arriscar (vt)	**ρισκάρω**	[riskáro]
arrumar, limpar (vt)	**τακτοποιώ**	[taktopió]
aspirar a ...	**επιθυμώ**	[epiθimó]
assinar (vt)	**υπογράφω**	[ipoɣráfo]
assistir (vt)	**βοηθώ**	[voiθó]
atacar (vt)	**επιτίθεμαι**	[epitíθeme]
atar (vt)	**δένω**	[ðéno]
atirar (vi)	**πυροβολώ**	[pirovolʲó]
atracar (vi)	**αράζω**	[arázo]
aumentar (vi)	**αυξάνομαι**	[afksánome]
aumentar (vt)	**αυξάνω**	[afksáno]
avançar (sb. trabalhos, etc.)	**προχωράω**	[proxoráo]
avistar (vt)	**βλέπω**	[vlépo]
baixar (guindaste)	**κατεβάζω**	[katevázo]
barbear-se (vr)	**ξυρίζομαι**	[ksirízome]
basear-se em ...	**βασίζομαι**	[vasízome]
bastar (vi)	**φτάνω**	[ftáno]
bater (espancar)	**χτυπάω**	[xtipáo]
bater (vi)	**χτυπάω**	[xtipáo]
bater-se (vr)	**παλεύω**	[palévo]
beber, tomar (vt)	**πίνω**	[píno]
brilhar (vi)	**λάμπω**	[lʲámbo]
brincar, jogar (crianças)	**παίζω**	[pézo]
buscar (vt)	**ψάχνω**	[psáxno]

253. Verbos C-D

caçar (vi)	**κυνηγώ**	[kiniɣó]
calar-se (parar de falar)	**σιωπώ**	[siopó]
calcular (vt)	**υπολογίζω**	[ipolʲoʝízo]
carregar (o caminhão)	**φορτώνω**	[fortóno]
carregar (uma arma)	**γεμίζω**	[ʝemízo]

casar-se (vr)	**παντρεύομαι**	[pandrévome]
causar (vt)	**προκαλώ**	[prokalʲó]
cavar (vt)	**σκάβω**	[skávo]
ceder (não resistir)	**υποχωρώ**	[ipoxoró]
cegar, ofuscar (vt)	**τυφλώνω**	[tiflʲóno]
censurar (vt)	**κατηγορώ**	[katiɣoró]
cessar (vt)	**σταματώ**	[stamató]
chamar (~ por socorro)	**καλώ**	[kalʲó]
chamar (dizer em voz alta o nome)	**καλώ**	[kalʲó]
chegar (a algum lugar)	**φτάνω**	[ftáno]
chegar (sb. comboio, etc.)	**φτάνω**	[ftáno]
cheirar (tem o cheiro)	**μυρίζω**	[mirízo]
cheirar (uma flor)	**μυρίζω**	[mirízo]
chorar (vi)	**κλαίω**	[kléo]
citar (vt)	**παραθέτω**	[paraθéto]
colher (flores)	**μαζεύω**	[mazévo]
colocar (vt)	**βάζω**	[vázo]
combater (vi, vt)	**μάχομαι**	[máxome]
começar (vt)	**αρχίζω**	[arxízo]
comer (vt)	**τρώω**	[tróo]
comparar (vt)	**συγκρίνω**	[singríno]
compensar (vt)	**αποζημιώνω**	[apozimióno]
competir (vi)	**ανταγωνίζομαι**	[andaɣonízome]
complicar (vt)	**δυσκολεύω**	[ðiskolévo]
compor (vt)	**συνθέτω**	[sinθéto]
comportar-se (vr)	**συμπεριφέρομαι**	[siberiférome]
comprar (vt)	**αγοράζω**	[aɣorázo]
compreender (vt)	**καταλαβαίνω**	[katalʲavéno]
comprometer (vt)	**διακυβεύω**	[ðiakivévo]
concentrar-se (vr)	**συγκεντρώνομαι**	[singendrónome]
concordar (dizer "sim")	**συμφωνώ**	[simfonó]
condecorar (dar medalha)	**απονέμω**	[aponémo]
conduzir (~ o carro)	**οδηγώ αυτοκίνητο**	[oðiɣó aftokínito]
confessar-se (criminoso)	**ομολογώ**	[omolʲoɣó]
confiar (vt)	**εμπιστεύομαι**	[embistévome]
confundir (equivocar-se)	**μπερδεύω**	[berðévo]
conhecer (vt)	**γνωρίζω**	[ɣnorízo]
conhecer-se (vr)	**γνωρίζομαι**	[ɣnorízome]
consertar (vt)	**τακτοποιώ**	[taktopió]
consultar ...	**συμβουλεύομαι με ...**	[simvulévome me]
contagiar-se com ...	**μολύνομαι**	[molínome]
contar (vt)	**διηγούμαι**	[ðiiɣúme]
contar com ...	**υπολογίζω σε ...**	[ipolʲoʝízo se]
continuar (vt)	**συνεχίζω**	[sinexízo]
contratar (vt)	**προσλαμβάνω**	[proslʲamváno]

controlar (vt)	**ελέγχω**	[elénxo]
convencer (vt)	**πείθω**	[píθo]
convidar (vt)	**προσκαλώ**	[proskalʲó]
cooperar (vi)	**συνεργάζομαι**	[sinerɣázome]
coordenar (vt)	**συντονίζω**	[sindonízo]
corar (vi)	**κοκκινίζω**	[kokinízo]
correr (vi)	**τρέχω**	[tréxo]
corrigir (vt)	**διορθώνω**	[ðiorθóno]
cortar (com um machado)	**αποκόβω**	[apokóvo]
cortar (vt)	**κόβω**	[kóvo]
cozinhar (vt)	**μαγειρεύω**	[maʝirévo]
crer (pensar)	**πιστεύω**	[pistévo]
criar (vt)	**δημιουργώ**	[ðimiurɣó]
cultivar (vt)	**καλλιεργώ**	[kalierɣó]
cuspir (vi)	**φτύνω**	[ftíno]
custar (vt)	**κοστίζω**	[kostízo]
dar banho, lavar (vt)	**λούζω**	[lʲúzo]
datar (vi)	**χρονολογούμαι από ...**	[xronolʲoɣúme apó]
decidir (vt)	**αποφασίζω**	[apofasízo]
decorar (enfeitar)	**στολίζω**	[stolízo]
dedicar (vt)	**αφιερώνω**	[afieróno]
defender (vt)	**υπερασπίζω**	[iperaspízo]
defender-se (vr)	**υπερασπίζομαι**	[iperaspízome]
deixar (~ a mulher)	**εγκαταλείπω**	[engatalípo]
deixar (esquecer)	**αφήνω**	[afíno]
deixar (permitir)	**επιτρέπω**	[epitrépo]
deixar cair (vt)	**ρίχνω**	[ríxno]
denominar (vt)	**ονομάζω**	[onomázo]
denunciar (vt)	**καταγγέλω**	[katangélʲo]
depender de ... (vi)	**εξαρτώμαι**	[eksartóme]
derramar (vt)	**χύνω**	[xíno]
desaparecer (vi)	**εξαφανίζομαι**	[eksafanízome]
desatar (vt)	**λύνω**	[líno]
desatracar (vi)	**σαλπάρω**	[salʲpáro]
descansar (um pouco)	**ξεκουράζομαι**	[ksekurázome]
descer (para baixo)	**κατεβαίνω**	[katevéno]
descobrir (novas terras)	**ανακαλύπτω**	[anakalípto]
descolar (avião)	**απογειώνομαι**	[apoʝiónome]
desculpar (vt)	**συγχωρώ**	[sinxoró]
desculpar-se (vr)	**ζητώ συγνώμη**	[zitó siɣnómi]
desejar (vt)	**εύχομαι**	[éfxome]
desempenhar (vt)	**παίζω**	[pézo]
desligar (vt)	**σβήνω**	[zvíno]
desprezar (vt)	**περιφρονώ**	[perifronó]
destruir (documentos, etc.)	**καταστρέφω**	[katastréfo]
dever (vi)	**πρέπει**	[prépi]

devolver (vt)	**στέλνω πίσω**	[stélʲno píso]
direcionar (vt)	**κατευθύνω**	[katefθíno]
dirigir (~ uma empresa)	**διευθύνω**	[ðiefθíno]
dirigir-se (a um auditório, etc.)	**απευθύνομαι**	[apefθínome]
discutir (notícias, etc.)	**συζητώ**	[sizitó]
distribuir (folhetos, etc.)	**διανέμω**	[ðianémo]
distribuir (vt)	**διανέμω**	[ðianémo]
divertir (vt)	**διασκεδάζω**	[ðiaskeðázo]
divertir-se (vr)	**διασκεδάζω**	[ðiaskeðázo]
dividir (mat.)	**διαιρώ**	[ðieró]
dizer (vt)	**λέω**	[léo]
dobrar (vt)	**διπλασιάζω**	[ðiplʲasiázo]
duvidar (vt)	**αμφιβάλλω**	[amfiválʲo]

254. Verbos E-J

elaborar (uma lista)	**συντάσσω**	[sindáso]
elevar-se acima de ...	**υψώνομαι**	[ipsónome]
eliminar (um obstáculo)	**απομακρύνω**	[apomakríno]
embrulhar (com papel)	**τυλίγω**	[tilíɣo]
emergir (submarino)	**αναδύομαι**	[anaðíome]
emitir (vt)	**διαχέω**	[ðiaxéo]
empreender (vt)	**αναλαμβάνω**	[analʲamváno]
empurrar (vt)	**σπρώχνω**	[spróxno]
encabeçar (vt)	**ηγούμαι**	[iɣúme]
encher (~ a garrafa, etc.)	**γεμίζω**	[ʝemízo]
encontrar (achar)	**βρίσκω**	[vrísko]
enganar (vt)	**εξαπατώ**	[eksapató]
ensinar (vt)	**διδάσκω**	[ðiðásko]
entrar (na sala, etc.)	**μπαίνω**	[béno]
enviar (uma carta)	**στέλνω**	[stélʲno]
equipar (vt)	**εξοπλίζω**	[eksoplízo]
errar (vi)	**κάνω λάθος**	[káno lʲáθos]
escolher (vt)	**επιλέγω**	[epiléɣo]
esconder (vt)	**κρύβω**	[krívo]
escrever (vt)	**γράφω**	[ɣráfo]
escutar (vt)	**ακούω**	[akúo]
escutar atrás da porta	**κρυφακούω**	[krifakúo]
esmagar (um inseto, etc.)	**συνθλίβω**	[sinθlívo]
esperar (contar com)	**αναμένω**	[anaméno]
esperar (o autocarro, etc.)	**περιμένω**	[periméno]
esperar (ter esperança)	**ελπίζω**	[elʲpízo]
espreitar (vi)	**κρυφοκοιτάζω**	[krifokitázo]
esquecer (vt)	**ξεχνάω**	[ksexnáo]
estar	**βρίσκομαι**	[vrískome]

estar convencido	**πείθομαι**	[píθome]
estar deitado	**ξαπλώνω**	[ksapʲóno]
estar perplexo	**απορώ**	[aporó]
estar sentado	**κάθομαι**	[káθome]
estremecer (vi)	**τρέμω**	[trémo]
estudar (vt)	**μελετάω**	[meletáo]
evitar (vt)	**αποφεύγω**	[apofévɣo]
examinar (vt)	**εξετάζω**	[eksetázo]
exigir (vt)	**απαιτώ**	[apetó]
existir (vi)	**υπάρχω**	[ipárxo]
explicar (vt)	**εξηγώ**	[eksiɣó]
expressar (vt)	**εκφράζω**	[ekfrázo]
expulsar (vt)	**αποβάλλω**	[apoválʲo]
facilitar (vt)	**διευκολύνω**	[ðiefkolíno]
falar com ...	**μιλάω με ...**	[milʲáo me]
faltar a ...	**απουσιάζω**	[apusiázo]
fascinar (vt)	**μαγεύω**	[maʝévo]
fatigar (vt)	**κουράζω**	[kurázo]
fazer (vt)	**κάνω**	[káno]
fazer lembrar	**υπενθυμίζω**	[ipenθimízo]
fazer piadas	**αστειεύομαι**	[astiévome]
fazer uma tentativa	**προσπαθώ**	[prospaθó]
fechar (vt)	**κλείνω**	[klíno]
felicitar (dar os parabéns)	**συγχαίρω**	[sinxéro]
ficar cansado	**κουράζομαι**	[kurázome]
ficar em silêncio	**σιωπώ**	[siopó]
ficar pensativo	**σκέφτομαι**	[skéftome]
forçar (vt)	**αναγκάζω**	[anangázo]
formar (vt)	**σχηματίζω**	[sximatízo]
fotografar (vt)	**φωτογραφίζω**	[fotoɣrafízo]
gabar-se (vr)	**καυχιέμαι**	[kafxiéme]
garantir (vt)	**εγγυώμαι**	[engióme]
gostar (apreciar)	**μου αρέσει**	[mu arési]
gostar (vt)	**μου αρέσει**	[mu arési]
gritar (vi)	**φωνάζω**	[fonázo]
guardar (cartas, etc.)	**φυλάω**	[filʲáo]
guardar (no armário, etc.)	**τακτοποιώ**	[taktopió]
guerrear (vt)	**πολεμώ**	[polemó]
herdar (vt)	**κληρονομώ**	[klironomó]
iluminar (vt)	**φωτίζω**	[fotízo]
imaginar (vt)	**φαντάζομαι**	[fandázome]
imitar (vt)	**μιμούμαι**	[mimúme]
implorar (vt)	**ικετεύω**	[iketévo]
importar (vt)	**εισάγω**	[isáɣo]
indicar (orientar)	**δείχνω**	[ðíxno]
indignar-se (vr)	**αγανακτώ**	[aɣanaktó]

infetar, contagiar (vt)	**μολύνω**	[molíno]
influenciar (vt)	**επηρεάζω**	[epireázo]
informar (fazer saber)	**ειδοποιώ**	[iðopió]
informar (vt)	**πληροφορώ**	[pliroforó]
informar-se (~ sobre)	**ζητάω πληροφορίες**	[zitáo pliroforíes]
inscrever (na lista)	**καταχωρώ**	[kataxoró]
inserir (vt)	**εισάγω**	[isáɣo]
insinuar (vt)	**υπαινίσσομαι**	[ipenísome]
insistir (vi)	**επιμένω**	[epiméno]
inspirar (vt)	**εμπνέω**	[embnéo]
instruir (vt)	**διδάσκω**	[ðiðásko]
insultar (vt)	**προσβάλλω**	[prozválʲo]
interessar (vt)	**ενδιαφέρω**	[enðiaféro]
interessar-se (vr)	**ενδιαφέρομαι**	[enðiaférome]
intervir (vi)	**παρεμβαίνω**	[paremvéno]
invejar (vt)	**ζηλεύω**	[zilévo]
inventar (vt)	**εφευρίσκω**	[efevrísko]
ir (a pé)	**πηγαίνω**	[pij̯éno]
ir (de carro, etc.)	**πηγαίνω**	[pij̯éno]
ir nadar	**κάνω μπάνιο**	[káno bánio]
ir para a cama	**πηγαίνω για ύπνο**	[pij̯éno ja ípno]
irritar (vt)	**εκνευρίζω**	[eknevrízo]
irritar-se (vr)	**εκνευρίζομαι**	[eknevrízome]
isolar (vt)	**απομονώνω**	[apomonóno]
jantar (vi)	**τρώω βραδινό**	[tróo vraðinó]
jogar, atirar (vt)	**πετάω**	[petáo]
juntar, unir (vt)	**ενώνω**	[enóno]
juntar-se a ...	**ενώνομαι**	[enónome]

255. Verbos L-P

lançar (novo projeto)	**εκκινώ**	[ekinó]
lavar (vt)	**πλένω**	[pléno]
lavar a roupa	**πλένω**	[pléno]
lavar-se (vr)	**πλένομαι**	[plénome]
lembrar (vt)	**θυμάμαι**	[θimáme]
ler (vt)	**διαβάζω**	[ðiavázo]
levantar-se (vr)	**σηκώνομαι**	[sikónome]
levar (ex. leva isso daqui)	**παίρνω**	[pérno]
libertar (cidade, etc.)	**απελευθερώνω**	[apelefθeróno]
ligar (o radio, etc.)	**ανοίγω**	[aníɣo]
limitar (vt)	**περιορίζω**	[periorízo]
limpar (eliminar sujeira)	**καθαρίζω**	[kaθarízo]
limpar (vt)	**καθαρίζω**	[kaθarízo]
lisonjear (vt)	**κολακεύω**	[kolʲakévo]
livrar-se de ...	**ξεφορτώνομαι**	[ksefortónome]

lutar (combater)	**πολεμώ**	[polemó]
lutar (desp.)	**παλεύω**	[palévo]
marcar (com lápis, etc.)	**σημειώνω**	[simióno]
matar (vt)	**σκοτώνω**	[skotóno]
memorizar (vt)	**απομνημονεύω**	[apomnimonévo]
mencionar (vt)	**αναφέρω**	[anaféro]
mentir (vi)	**ψεύδομαι**	[psévðome]
merecer (vt)	**αξίζω**	[aksízo]
mergulhar (vi)	**βουτάω**	[vutáo]
misturar (combinar)	**ανακατεύω**	[anakatévo]
morar (vt)	**ζω, διαμένω**	[zo], [ðiaméno]
mostrar (vt)	**δείχνω**	[ðíxno]
mover (arredar)	**μετακινώ**	[metakinó]
mudar (modificar)	**αλλάζω**	[alʲázo]
multiplicar (vt)	**πολλαπλασιάζω**	[polʲaplʲasiázo]
nadar (vi)	**κολυμπώ**	[kolibó]
negar (vt)	**αρνούμαι**	[arnúme]
negociar (vi)	**διαπραγματεύομαι**	[ðiapraɣmatévome]
nomear (função)	**διορίζω**	[ðiorízo]
obedecer (vt)	**υπακούω**	[ipakúo]
objetar (vt)	**αντιλέγω**	[andiléɣo]
observar (vt)	**παρατηρώ**	[paratiró]
ofender (vt)	**προσβάλλω**	[prozválʲo]
olhar (vt)	**κοιτάζω**	[kitázo]
omitir (vt)	**παραλείπω**	[paralípo]
ordenar (mil.)	**διατάζω**	[ðiatázo]
organizar (evento, etc.)	**διοργανώνω**	[ðiorɣanóno]
ousar (vt)	**τολμώ**	[tolʲmó]
ouvir (vt)	**ακούω**	[akúo]
pagar (vt)	**πληρώνω**	[pliróno]
parar (para descansar)	**σταματάω**	[stamatáo]
parecer-se (vr)	**μοιάζω**	[miázo]
participar (vi)	**συμμετέχω**	[simetéxo]
partir (~ para o estrangeiro)	**φεύγω**	[févɣo]
passar (vt)	**περνάω**	[pernáo]
passar a ferro	**σιδερώνω**	[siðeróno]
pecar (vi)	**αμαρταίνω**	[amarténo]
pedir (comida)	**παραγγέλνω**	[parangélʲno]
pedir (um favor, etc.)	**ζητώ**	[zitó]
pegar (tomar com a mão)	**πιάνω**	[piáno]
pegar (tomar)	**παίρνω**	[pérno]
pendurar (cortinas, etc.)	**κρεμάω**	[kremáo]
penetrar (vt)	**διεισδύω**	[ðiizðío]
pensar (vt)	**σκέφτομαι**	[skéftome]
pentear-se (vr)	**χτενίζομαι**	[xtenízome]
perceber (ver)	**παρατηρώ**	[paratiró]

perder (o guarda-chuva, etc.)	**χάνω**	[xáno]
perdoar (vt)	**συγχωρώ**	[sinxoró]
permitir (vt)	**επιτρέπω**	[epitrépo]
pertencer a ...	**ανήκω σε ...**	[aníko se]
perturbar (vt)	**ενοχλώ**	[enoxlʲó]
pesar (ter o peso)	**ζυγίζω**	[zʝízo]
pescar (vt)	**ψαρεύω**	[psarévo]
planear (vt)	**σχεδιάζω**	[sxeðiázo]
poder (vi)	**μπορώ**	[boró]
pôr (posicionar)	**τοποθετώ**	[topoθetó]
possuir (vt)	**κατέχω**	[katéxo]
predominar (vi, vt)	**επικρατώ**	[epikrató]
preferir (vt)	**προτιμώ**	[protimó]
preocupar (vt)	**ανησυχώ**	[anisixó]
preocupar-se (vr)	**ανησυχώ**	[anisixó]
preocupar-se (vr)	**ανησυχώ**	[anisixó]
preparar (vt)	**προετοιμάζω**	[proetimázo]
preservar (ex. ~ a paz)	**διατηρώ**	[ðiatiró]
prever (vt)	**προβλέπω**	[provlépo]
privar (vt)	**αποστερώ**	[aposteró]
proibir (vt)	**απαγορεύω**	[apaɣorévo]
projetar, criar (vt)	**σχεδιάζω**	[sxeðiázo]
prometer (vt)	**υπόσχομαι**	[ipósxome]
pronunciar (vt)	**προφέρω**	[proféro]
propor (vt)	**προτείνω**	[protíno]
proteger (a natureza)	**προστατεύω**	[prostatévo]
protestar (vi)	**διαμαρτύρομαι**	[ðiamartírome]
provar (~ a teoria, etc.)	**αποδεικνύω**	[apoðiknío]
provocar (vt)	**προκαλώ**	[prokalʲó]
publicitar (vt)	**διαφημίζω**	[ðiafimízo]
punir, castigar (vt)	**τιμωρώ**	[timoró]
puxar (vt)	**τραβάω**	[traváo]

256. Verbos Q-Z

quebrar (vt)	**σπάω**	[spáo]
queimar (vt)	**καίω**	[kéo]
queixar-se (vr)	**παραπονιέμαι**	[paraponiéme]
querer (desejar)	**θέλω**	[θélʲo]
rachar-se (vr)	**ραγίζω**	[raʝízo]
realizar (vt)	**πραγματοποιώ**	[praɣmatopió]
recomendar (vt)	**προτείνω**	[protíno]
reconhecer (identificar)	**γνωρίζω**	[ɣnorízo]
reconhecer (o erro)	**παραδέχομαι**	[paraðéxome]
recordar, lembrar (vt)	**θυμάμαι**	[θimáme]

recuperar-se (vr)	**αναρρώνω**	[anaróno]
recusar (vt)	**αρνούμαι**	[arnúme]
reduzir (vt)	**μειώνω**	[mióno]
refazer (vt)	**ξανακάνω**	[ksanakáno]
reforçar (vt)	**ενισχύω**	[enisxío]
refrear (vt)	**συγκρατώ**	[singrató]
regar (plantas)	**ποτίζω**	[potízo]
remover (~ uma mancha)	**απομακρύνω**	[apomakríno]
reparar (vt)	**επισκευάζω**	[episkevázo]
repetir (dizer outra vez)	**επαναλαμβάνω**	[epanalʲamváno]
reportar (vt)	**αναφέρω**	[anaféro]
repreender (vt)	**μαλώνω**	[malʲóno]
reservar (~ um quarto)	**κλείνω**	[klíno]
resolver (o conflito)	**διευθετώ**	[ðiefθetó]
resolver (um problema)	**λύνω**	[líno]
respirar (vi)	**αναπνέω**	[anapnéo]
responder (vt)	**απαντώ**	[apandó]
rezar, orar (vi)	**προσεύχομαι**	[proséfxome]
rir (vi)	**γελάω**	[ʝelʲáo]
romper-se (corda, etc.)	**σκίζομαι**	[skízome]
roubar (vt)	**κλέβω**	[klévo]
saber (vt)	**ξέρω**	[kséro]
sair (~ de casa)	**βγαίνω**	[vʝéno]
sair (livro)	**βγαίνω**	[vʝéno]
salvar (vt)	**σώζω**	[sózo]
satisfazer (vt)	**ικανοποιώ**	[ikanopió]
saudar (vt)	**χαιρετώ**	[xeretó]
secar (vt)	**στεγνώνω**	[steɣnóno]
seguir ...	**ακολουθώ**	[akolʲuθó]
selecionar (vt)	**επιλέγω**	[epiléɣo]
semear (vt)	**σπείρω**	[spíro]
sentar-se (vr)	**κάθομαι**	[káθome]
sentenciar (vt)	**καταδικάζω**	[kataðikázo]
sentir (~ perigo)	**αισθάνομαι**	[esθánome]
ser diferente	**διαφέρω**	[ðiaféro]
ser indispensável	**χρειάζομαι**	[xriázome]
ser necessário	**χρειάζομαι**	[xriázome]
ser preservado	**διατηρούμαι**	[ðiatirúme]
ser, estar	**είμαι**	[íme]
servir (restaurant, etc.)	**εξυπηρετώ**	[eksipiretó]
servir (roupa)	**ταιριάζω**	[teriázo]
significar (palavra, etc.)	**σημαίνω**	[siméno]
significar (vt)	**σημαίνω**	[siméno]
simplificar (vt)	**απλοποιώ**	[aplʲopió]
sobrestimar (vt)	**υπερτιμώ**	[ipertimó]
sofrer (vt)	**υποφέρω**	[ipoféro]

sonhar (vi)	**ονειρεύομαι**	[onirévome]
sonhar (vt)	**ονειρεύομαι**	[onirévome]
soprar (vi)	**φυσάω**	[fisáo]
sorrir (vi)	**χαμογελάω**	[xamoʝelʲáo]
subestimar (vt)	**υποτιμώ**	[ipotimó]
sublinhar (vt)	**υπογραμμίζω**	[ipoɣramízo]
sujar-se (vr)	**λερώνομαι**	[lerónome]
supor (vt)	**υποθέτω**	[ipoθéto]
suportar (as dores)	**αντέχω**	[andéxo]
surpreender (vt)	**εκπλήσσω**	[ekplíso]
surpreender-se (vr)	**εκπλήσσομαι**	[ekplísome]
suspeitar (vt)	**υποπτεύομαι**	[ipoptévome]
suspirar (vi)	**αναστενάζω**	[anastenázo]
tentar (vt)	**προσπαθώ**	[prospaθó]
ter (vt)	**έχω**	[éxo]
ter medo	**φοβάμαι**	[fováme]
terminar (vt)	**τελειώνω**	[telióno]
tirar (vt)	**βγάζω**	[vɣázo]
tirar cópias	**κάνω αντίγραφα**	[káno andíɣrafa]
tirar uma conclusão	**συμπεραίνω**	[siberéno]
tocar (com as mãos)	**αγγίζω**	[angízo]
tomar emprestado	**δανείζομαι**	[ðanízome]
tomar nota	**σημειώνω**	[simióno]
tomar o pequeno-almoço	**παίρνω πρωινό**	[pérno proinó]
tornar-se (ex. ~ conhecido)	**γίνομαι**	[ʝínome]
trabalhar (vi)	**δουλεύω**	[ðulévo]
traduzir (vt)	**μεταφράζω**	[metafrázo]
transformar (vt)	**μετατρέπω**	[metatrépo]
tratar (a doença)	**γιατρεύω**	[ʝatrévo]
trazer (vt)	**φέρνω**	[férno]
treinar (pessoa)	**προπονώ**	[proponó]
treinar-se (vr)	**προπονούμαι**	[proponúme]
tremer (de frio)	**τρέμω**	[trémo]
trocar (vt)	**ανταλλάσσω**	[andalʲáso]
trocar, mudar (vt)	**αλλάζω**	[alʲázo]
usar (uma palavra, etc.)	**χρησιμοποιώ**	[xrisimopió]
utilizar (vt)	**χρησιμοποιώ**	[xrisimopió]
vacinar (vt)	**εμβολιάζω**	[emvoliázo]
vender (vt)	**πουλώ**	[pulʲó]
verter (encher)	**χύνω**	[xíno]
vingar (vt)	**εκδικούμαι**	[ekðikúme]
virar (ex. ~ à direita)	**στρίβω**	[strívo]
virar (pedra, etc.)	**αναποδογυρίζω**	[anapoðoʝirízo]
virar as costas	**γυρίζω**	[ʝirízo]
viver (vi)	**ζω**	[zo]
voar (vi)	**πετάω**	[petáo]

voltar (vi)	**επιστρέφω**	[epistréfo]
votar (vi)	**ψηφίζω**	[psifízo]
zangar (vt)	**θυμώνω**	[θimóno]
zangar-se com ...	**θυμώνω**	[θimóno]
zombar (vt)	**κοροϊδεύω**	[koroiðévo]

www.ingramcontent.com/pod-product-compliance
Lightning Source LLC
Chambersburg PA
CBHW071327090426
42738CB00012B/2820
* 9 7 8 1 7 8 4 0 0 8 4 9 9 *